D1730484

Vollständige Geschichte

der

Methodisten

in England

von

Johann Gottlieb Burckhardt

Faksimile der Ausgabe Nürnberg 1795

Einführung von Michel Weyer:
Johann Gottlieb Burckhardt
und seine Zeit,
die Umstände seiner Veröffentlichung
und die Wirkungsgeschichte

Christliches Verlagshaus Stuttgart

Reprint der Originalausgabe, die 1795 im Verlag der Raw'schen Buchhandlung in Nürnberg erschienen ist und sich im Besitz des Christlichen Verlagshauses befindet.

Die Deutsche Bibliothek – CIP-Einheitsaufnahme

Burckhardt, Johann G.:
Vollständige Geschichte der Methodisten in England / von Johann Gottlieb Burckhardt. Einf. von Michel Weyer. – Nachdr. der Ausg. Nürnberg, Raw, 1795. Einf. von Michel Weyer: Johann Gottlieb Burckhardt und seine Zeit, die Umstände seiner Veröffentlichung und die Wirkungsgeschichte. – Stuttgart : Christl. Verl.-Haus, 1995
    ISBN 3-7675-8900-1
NE: Weyer, Michel : Johann Gottlieb Burckhardt und seine Zeit, die Umstände seiner Veröffentlichung und die Wirkungsgeschichte

© 1995 Christliches Verlagshaus GmbH, Stuttgart
Gesamtherstellung: Druckhaus West GmbH, Stuttgart
ISBN 3-7675-8900-1

> *„Fahren Sie fort, Christum zu predigen, denn die*
> *jetzigen gekünstelten Predigten ohne Ihn helfen*
> *mir nichts, und werden auch nicht bestehen!"*

Solche Worte hatte ihm einer der hohen Herren „mit Ordensbande und Sterne" mit auf den Weg gegeben, als er seinen „vornehmen Wohltätern und Gönnern" seine Abschiedsvisite abgestattet hatte. Und ein anderer, der auch zum Kreise der sächsischen Regierenden gehörte, hatte ihm bei dieser Gelegenheit den ausdrücklichen Auftrag erteilt, „ihm bisweilen Sachen zu schreiben, welche den Bau des Reiches Gottes betreffen". Mit diesen mitten in einer von der Aufklärung beherrschten Zeit sehr pietistisch klingenden Ermahnungen im Gedächtnis und im Herzen hatte der 25jährige Theologe Johann Gottlieb Burckhardt*) sehr bald darauf seine heißgeliebte sächsische Heimat verlassen, um am 12. Mai 1781 die lange Reise nach London anzutreten, wo er Pfarrer der deutsch–lutherischen Gemeinde der Marienkirche in der Savoy werden sollte. Er wird bis zu seinem Tode am 10. August 1800 diese Stelle innehaben.

In der englischen Hauptstadt dauerte es nicht

---

*) In den meisten nachweisbaren Veröffentlichungen ist der Name Burckhardt mit „ck" und „dt" geschrieben worden. Daran habe ich mich in meiner Einführung gehalten, auch wenn im Original eine andere Schreibweise gewählt worden ist.

lange, bis er einem Methodismus begegnete, in dem er sofort die englische Variante seines heimatlichen Pietismus zu erblicken geglaubt hat. Darum wurde der lutherische Theologe aus Sachsen vom Methodismus auch sofort angetan. Die *„Vollständige Geschichte der Methodisten in England"*, die er allerdings erst vierzehn Jahre später publizierte, vertritt ja nachdrücklich die These, daß das große Verdienst der methodistischen Erweckungsbewegung letzten Endes darin bestehe, daß ihre Hauptgestalten sich wie Pietisten verhielten: John Wesley sei „in die Fußstapfen Speners" getreten, und George Whitefield habe sich in seiner karitativen Tätigkeit am „Beispiel des berühmten Stifters des Hallischen Waisenhauses, Francke", orientiert. „Methodisten stifteten eben den Nutzen in England, welchen die ersten Pietisten zu Anfang dieses Jahrhunderts für Deutschland stifteten", heißt es noch, wobei der Verfasser mit einem Blick auf die Aufklärer seiner Heimat sehr symptomatisch hinzufügt:

> *„Unter dem Einfluß des Pietismus waren unsere guten alten Vorfahren doch wahrhaftig nicht weniger tätig und wirksam für das Beste der Religion und der Menschheit, als es unser Zeitalter unter dem Lichte der Aufklärung ist; und ich weiß nicht, welches von beiden bei einer Vergleichung des Guten, das dadurch in der Welt gestiftet wird, den Vorzug verdient."*

Burckhardt läßt also deutlich durchblicken, daß er sich nicht ganz sicher sei, ob die viel gepriesenen Verdienste seiner eigenen aufklärerischen Genera-

6

tion bei einem Vergleich mit den Verdiensten des Pietismus den Sieg davontragen würden!

Das intensive Studium der Schriften John Wesleys, mit dem er auch persönlich in Berührung gekommen war, hatte seine Begeisterung für den Methodismus noch gesteigert, denn hier entdeckte er eine Mischung von pietistischer Herzensfrömmigkeit und aufgeklärter Vernunft, die ihm sehr zusagte. Burckhardt meinte nämlich im Methodismus jene eigenartige Kombination wiedergefunden zu haben, die seiner eigenen Position im theologisch-kirchlichen Umfeld seiner deutschen Heimat am besten entsprach. Ein biblisch fundierter evangelischer Glaube und unerschütterliches Festhalten an einigen wenigen aber wesentlichen Punkten der traditionellen christlichen Lehrgrundlage, die eine sich damals radikalisierende Aufklärung immer stärker erschütterte, gepaart mit einer gewissen Freiheit, die vom früheren lutherisch-orthodoxen Pochen auf die „rechte Lehre" schon weit entfernt war, und mit einer Herzensfrömmigkeit, die schon bemerkenswert offen war für jenes Anliegen der „Vernünftigkeit", das seit Jahrzehnten das kulturelle und kirchliche Leben so stark prägte – das war es, was Burckhardt an Wesley so sehr gefiel. Vor allem faszinierte ihn die methodistische Verbindung von solider evangelischer Lehrsubstanz und praxisorientiertem ethischem Heiligungsernst, eine Verbindung, die er sowohl bei den orthodoxen Lutheranern seiner Kirche als auch bei den Aufklärern weitgehend aufgelöst sah.

Das war insbesondere der Fall bei Dr. Gerhard Friedrich August Wendeborn, einem Zeitgenossen und Landsmann Burckhardts, den er gleich nach seiner Ankunft in London kennenlernen sollte. Auf ihn hatte der englische Methodismus alles andere als faszinierend gewirkt. Dieser ziemlich radikal aufklärerisch gesinnte Pfarrer von Ludgate Hill, einer der anderen Londoner deutschen Auslandsgemeinden, der übrigens 1790 sein Amt niederlegen wird, um als freier Schriftsteller „in philosophischer Unabhängigkeit", wie er sagte, wirken zu können, hatte in einem damals viel gelesenen Werk über den *„Zustand des Staates, der Religion, der Gelehrsamkeit und der Kunst in Großbritannien"* (Berlin 1785–1788) in auffallendem Unterschied zu seinem Kollegen Burckhardt den Methodismus vernichtend kritisiert und die deutsche Öffentlichkeit mit einem ziemlich abschreckenden Methodismusbild konfrontiert. Wendeborns Begründung für seine Abneigung vor dem Methodismus dürfte für den Verlust der christlichen Offenbarungswahrheit zugunsten einer völligen Moralisierung des Christentums bei den radikalsten unter den Aufklärern ziemlich bezeichnend sein:

> *„Dogmatische Sätze werden (...) mit Moral, die nicht selten in der gemeinsten Pöbelsprache eingekleidet und mit unglaublichen Geschichten geschmückt ist, durchknetet und so der Versammlung, als Brot des Lebens, vorgelegt. Die Lieblingslehren aus der Dogmatik, womit sich die Methodisten, in ihren Vorträgen, fast immer beschäftigen, sind die Lehre von der Erbsünde, vom Verdienste des Erlösers, von der Rechtfertigung und besonders von der Hölle. Sie machen*

8

den Menschen so erschrecklich schwarz, daß wenn
es wahr wäre, was diese Leute sagen, der Nach-
denkende fragen möchte: warum der wohltätige
Urheber aller Dinger, der sich überall so gütig
und weise in seinen Werken zeiget, einem solchen
Geschlechte von Bösewichten und Ungeheuern das
Dasein gegeben?"

Ebenso bezeichnend ist es aber nun für Burckhardt, daß er gerade in dieser für den Methodismus typischen engen Verknüpfung von Ethik
und Dogmatik die Theologie wiederzufinden
meinte, die er als deutscher Pietist in einer von der
Aufklärung so stark dominierten Kirche selber vertreten möchte. Im Unterschied zur früheren
lutherischen Orthodoxie, die „Dogmatik ohne
Moral trieb", wie es in der *„Vollständigen Geschichte*
der Methodisten" an einer Stelle heißt, aber auch im
Gegensatz zu einer Aufklärung, die „jetzt bloß
Moral ohne Dogmatik" predigen zu können
meinte, ohne zu fragen, „was der Mensch glauben,
sondern bloß, was er tun müsse, um selig zu
werden", wollte Burckhardt die den Aufklärern so
wichtige Verkündigung der praktischen christlichen Tugenden von den grundlegenden bib-
lisch-dogmatischen Inhalten ungetrennt wissen.
Das waren im wesentlichen, wie im Wendeborn-
schen Zitat sichtbar wird, die Erbsündenlehre, die
Lehre vom versöhnenden Charakter des Opfer-
todes Christi sowie die Rechtfertigung aus
Glauben und allein aus Gnade. Daran trennten
sich ja sowohl die Orthodoxen als auch die Spätpietisten von den Aufklärungstheologen, auch
wenn hier hinzugefügt werden muß, daß die Spät-

pietisten das Anliegen einer größeren Lebensbe-
zogenheit der christlichen Verkündigung sowie
die Sorge der Aufklärer um eine größere Vernünftigkeit und um eine Vereinfachung des Glaubens
schon weitgehend übernommen hatten und sich
darin von den älteren Orthodoxen bereits stark
unterschieden.

Denn Burckhardts pietistische Gesinnung
gehörte ja bereits zu jenem „Spätpietismus", der
von der kirchengeschichtlichen Forschung so
lange vernachlässigt worden ist, sich jedoch heute
eines wachsenden Interesses erfreut, weil er uns
besser zu verstehen erlaubt, wie damals eine
Brücke von der Aufklärung des 18. Jhs. zur Erwek-
kungsbewegung des frühen 19. Jhs. geschlagen
wurde. Die zahlreichen Hinweise auf Philipp
Jakob Spener, den Vater des Pietismus des 17. Jahrhunderts, oder auf August Hermann Francke, den
Begründer des Hallischen Pietismus der zweiten
Generation, mit denen die „Vollständige Geschichte
der Methodisten" regelrecht gespickt ist, dürfen den
Leser nicht täuschen: Der Pietismus unseres Verfassers war bereits ein anderer als derjenige der
beiden ersten Generationen. Er war anders, weil er
bereits durch die ganze Herausforderung der Aufklärung gegangen war und weil er sich ebenfalls,
wenn auch auf seine Weise, auf die Anforderungen
der neuen Zeit einstellen wollte. Dieser Spätpietismus hatte schon (bewußt oder unbewußt – bei
Burckhardt war es bewußt!) manches von der
Denk- und Redeweise der Aufklärer übernommen, was der aufmerksame Leser der „Vollständigen Geschichte der Methodisten" mühelos
merken wird. Wie das im Spätpietismus nicht

selten der Fall war, wollte auch Burckhardt Aufklärer sein. Er konnte selbst die „Aufklärung unseres Zeitalters" in einer Predigt ansprechen, und dieses sein Zeitalter als eines qualifizieren, „in welchem es in den Seelen der Menschen anfängt zu tagen, und in dem Finsternisse verschwinden, wie Nebel vor der aufgehenden Sonne". Er unterscheidet aber sehr sorgfältig zwischen einer „wahren" und einer zersetzenden Aufklärung. Nach der Eschütterung der Französischen Revolution von 1789, die in der „*Vollständigen Geschichte der Methodisten*" noch keine Spuren hinterlassen hat, wird er in manchen seiner Predigten zu gesellschaftlich-politischen Themen deutlich machen, daß er im Umsturz des Nachbarlandes die dramatische Folge einer falsch verstandenen Aufklärung sowie den Ausdruck mißgeleiteter, fehlverstandener Freiheit und verdrehter Wahrheit erblickte. Der durchaus nicht als reaktionär zu betrachtende Sachse war ein Gegner des Despotismus und ein Bewunderer Englands, das er gerne als „das Land der Freiheit" bezeichnet. Genau wie Wesley war er ein erklärter Befürworter einer konstitutionellen und aufgeklärten Monarchie, die bereit ist, im christlichen Sinne im Dienste des (allerdings zum Gehorsam verpflichteten) Volkes für dessen Wohl zu wirken. Auch reklamierte er die „wahre" Aufklärung für sich und für solche Christen, die, wie die englischen Methodisten, eine Herzensreligion praktizierten, in der weder die Vernunft, die auch eine Gabe Gottes ist, noch die vom historischen Christentum vertretenen biblischen Grundaussagen verschmäht werden. Diese Religion war in seinen Augen die beste Stütze des Staates und die beste Gewährleistung für das Wohl und den Fortschritt der Gesellschaft.

Es dürfte bezeichnend sein, wie der aufgeklärte Pietist Burckhardt sich bemüht, Wesleys „Vernünftigkeit" zu beweisen:

> *„Wesley (...) zeigt sich in allen seinen Schriften als einen denkenden scharfsinnigen Mann, welcher Gelehrsamkeit und Sprachen hochschätzt, weil er sie selbst kennt, und welcher eben deswegen das wahre Christentum mit solchem Eifer auszubreiten suchte, weil er es, wie Locke, so vernunftmäßig fand."*

Um diese behauptete Nähe des *spiritus rector* des Methodismus zum englischen Frühaufklärer John Locke (1632–1704) zu beweisen, zitiert Burckhardt sehr ausführlich aus Wesleys *„Appellation an Leute von Verstand und Religion"*. Die neuesten Studien zur Rolle der Vernunft in Wesleys Theologie bestätigen durchaus, was Burckhardt hier von ihm sagt. Wie Locke in seiner Schrift über die *„Vernünftigkeit des Christentums"* (1695), so meinte auch Wesley, daß die Vernunft das Handeln Gottes, von dem die Bibel berichtet, als folgerichtig und geschickt anerkennen müsse, und daß sie dem Glauben nicht im Wege zu stehen brauche, auch dort nicht, wo biblische Offenbarungswahrheiten dem denkenden Menschen uneinsichtig sind. Diese Sicht der Dinge schien dem Spätpietisten Burckhardt die richtige Einstellung zu sein in einer Zeit, in der die immer rationalistischer werdenden Aufklärer seiner deutschen Heimat das Verhältnis von Vernunft und Offenbarung bereits so definierten, daß nur noch diejenigen Offenbarungsinhalte bestehen konnten, die vor dem Richterstuhl der menschlichen Vernunft akzeptabel waren. Die Vernunft, für die sich sowohl Wesley als auch Burckhardt einsetzten, war halt die „gesunde, durch das Evangelium erleuchtete Vernunft", wie es an einer Stelle der *„Vollständigen Geschichte der Methodisten"* heißt.

Der Verfasser hat wahrscheinlich im achten Jahr seines England-Aufenthaltes die Abfassung dieser Schrift in Angriff genommen. Vieles im Text läßt nämlich das Jahr 1789 als Verfassungszeit vermuten. Der noch lebende Wesley (1703–1791), der Burckhardt zum Zwecke seiner angekündigten Arbeit eine Dokumentation (vielleicht sogar die in der *„Vollständigen Geschichte der Methodisten"* erwähnte Bristoler Ausgabe seiner Werke) zur Verfügung gestellt hatte, war bereits 87 Jahre alt, als der Verfasser den zweiten Teil seines Buchs zu schreiben begann. Da aber Burckhardt irrtümlicherweise 1702 für Wesleys Geburtsjahr gehalten hat, kommt hier das Jahr 1789 in Frage. Diese internen Angaben stimmen überein mit einer Bemerkung, die gegen Ende des Buchs formuliert wird und Lady Huntingdon, die große Dame des Whitefieldschen Methodismus, betrifft. Diese war ebenfalls noch am Leben und war bereits 82 Jahre alt. Da Lady Huntingdon am 17. Juni 1791 starb, kann das Manuskript nur zwischen Anfang 1789 und Mitte 1791 geschrieben worden sein. Das schon erwähnte Schweigen in bezug auf revolutionäre Ereignisse in Frankreich, die erst im Sommer 1789 richtig begonnen und im Laufe der Herbstmonate die ganze Welt in Aufregung gebracht hatten, legt seinerseits die Vermutung nahe, daß das Manuskript noch zu einem Zeitpunkt abgeschlossen wurde, da die Öffentlichkeit noch nicht ganz beherrscht war von den aus Frankreich in alle Länder dringenden Nachrichten über den großen Umsturz. An einer Stelle seines Buchs bezieht sich Burckhardt auf Jacques Neckers *„De l'importance des idées religieuses"*, ein Werk, das der protestantische Finanzminister des französischen Königs Ludwig XVI. 1788 gleichzeitig in Paris und London hatte publizieren lassen. Da Necker am 11. Juli 1789 des Landes verwiesen, dann wieder zurückgerufen worden war, um schließlich in die Unruhen der Revolution hineinzugeraten, und da dies weithin bekannt geworden war, wäre das die Gelegenheit gewesen, das große gesellschaftliche Erdbeben mindestens anzudeuten. Spätestens dort, wo Burckhardt die Methodisten in Schutz vor dem Vorwurf nimmt, sie seien gefährliche soziale Unruhestifter, hätte er sich auf die Französische Revolution bezogen (wie er das in seinen späteren Schriften sehr oft tun wird), wenn er dies zu einem Zeitpunkt geschrieben hätte, da die große Aktualität die französischen Ereignisse gewesen wären. Das war offenbar nicht der Fall. So dürfte die erste Hälfte des Jahres 1789 als die wahrscheinlichste Zeitspanne erklärt werden, in der Burckhardt sein Manuskript verfaßte und abschloß.

Dies machte aus Burckhardt den ersten deutschen Verfasser einer selbständigen Monographie zum Methodismus. Aus uns nicht erklärbaren Gründen gab er das Manuskript erst 1795 in Druck. Haben die Revolutionsunruhen zu dieser

Verzögerung beigetragen? Wir wissen es nicht. Sicher ist allerdings, daß Burckhardts Manuskript sich 1793 noch bei August Hermann Niemeyer (1754–1828), dem königlichen preußischen Konsistorialrat und Professor der Theologie in Halle, befand. Dieser Urenkel August Hermann Franckes, der seine pietistische Familientradition hinter sich gelassen hatte, um sich einem dezidiert aufklärerischen Christentum zuzuwenden, schickte sich an, eine mit persönlichen Anmerkungen und ausführlichen Zusätzen versehene selbst angefertigte Übersetzung einer englischen Wesley-Biographie zu publizieren. Mit seinem 1793 in Halle erschienenen „*Leben Johann Wesleys, Stifters der Methodisten, nebst einer Geschichte des Methodismus*" wird Niemeyer ein bedeutend weniger positives Methodismusbild in der deutschsprachigen Öffentlichkeit entstehen lassen. Ist doch sein Buch nichts anderes als die kommentierte Übersetzung von John Hampsons „*Memoires of the Late Rev. John Wesley, A.M.*" (London 1791). Hampson war nämlich ein ehemaliger methodistischer Prediger, der in einer gekränkten Reaktion auf Wesleys Neuordnung seiner Bewegung dem Methodismus den Rücken gekehrt und 1785 anglikanischer Geistlicher geworden war. Als der Hallenser von Burckhardts Manuskript gehört hatte, hatte er natürlich die beiden Darstellungen des Methodismus miteinander vergleichen wollen, und Burckhardt hatte ihm sein Manuskript großzügig zur Verfügung gestellt.

Als er dieses Manuskript zwei Jahre später zum Druck gab, wandte sich Burckhardt symptomatischerweise nicht an irgendeinen der Verlage, bei denen er bereits allerlei publiziert hatte, sondern wählte ausgerechnet den Verlag des Nürnberger Johann Philipp Raw, dessen enge Verbindung mit der 1780 von J.A. Urlsperger ins Leben gerufenen „Deutschen Christentumsgesellschaft" bekannt ist. Diese Institution hat nämlich ihren festen Platz innerhalb der Geschichte des deutschsprachigen Spätpietismus, und Burckhardts Verhältnis zur Christentumsgesellschaft muß später noch zur Sprache gebracht werden.

Es ist sehr zu begrüßen, daß ein deutscher methodistischer Verlag es heute unternimmt, diese selten gewordene und von der kirchengeschichtlichen Forschung bisher kaum beachtete Schrift zum erstenmal – nach genau zweihundert Jahren – nachzudrucken. Die vielfältigen Aspekte des damaligen kirchlichen und gesellschaftlichen Lebens in Deutschland, die dieses Werk widerspiegelt, sowie die vom Verfasser gefällten Urteile sind nämlich für das Verständnis der religiösen Situation am Ende des 18. Jahrhunderts von nicht geringem Interesse. Mit seinem Buch gewährt ja Burckhardt nicht nur einen einmaligen Einblick in den von ihm direkt thematisierten jungen angelsächsischen Methodismus, sondern vermittelt darüber hinaus ein sehr lebendiges Bild der spannungsvollen Situation des deutschsprachigen Protestantismus seiner Zeit, zu dem die potentiellen Leser gehörten.

Mit seiner „*Vollständigen Geschichte der Methodisten*" erzielte Burckhardt nicht lediglich die von ihm in der Einleitung ausdrücklich angekündigte

Vervollständigung und Verbesserung eines defizitären Informationsstandes des deutschen Leserpublikums bezüglich des englischen Methodismus. Der Verfasser verfolgte im Grunde ein Ziel, das über das rein informatorische und kirchengeschichtliche Interesse weit hinausgeht. Er schreibt zwar über die methodistische Erweckungsbewegung innerhalb der anglikanischen Staatskirche Englands und über ihre missionarische Tätigkeit bis nach Amerika, jedoch stets mit einem Auge auf den deutschsprachigen Protestantismus des Kontinentes. Apologetische, ja manchmal sogar polemische Absichten sind in seiner Darstellung des Methodismus überdeutlich, auch wenn das Polemische sich bei diesem aufgeklärten, gebildeten und feinfühligen Menschen immer in einer vornehmen und überaus differenzierten Weise artikuliert, wie der Leser mühelos feststellen können wird. Mit seinem Buch hat sich Burckhardt von seiner deutschsprachigen Londoner Gemeinde aus zweifelsohne in die innerevangelische Diskussion eingemischt, die in der Heimat die Geister bewegte. Es ist die Stimme eines deutschen Spätpietisten, der seine (sehr präzisen) Informationen über den in Deutschland noch unbekannten Methodismus sehr geschickt instrumentalisiert, um sie in den Dienst dessen zu stellen, was er selber seinen deutschen Lesern ans Herz legen möchte.

Der kaum fünfzig Jahre alte Methodismus war damals noch keine weltweite Erscheinung und hatte jedenfalls noch nichts unternommen, um auf dem europäischen Festland aktiv zu werden. Die anglikanische Erweckungs– und Erneuerungsbewegung, die unter diesem seltsamen Namen bekannt wurde, war noch auf ihren britischen Entstehungsort, auf die jungen Vereinigten Staaten von Amerika sowie auf einige westindischen Inseln begrenzt. Nach Deutschland waren bisher die den Methodismus betreffenden Nachrichten nur sehr spärlich durchgedrungen, auch wenn sie zahlreicher und umfänglicher waren, als Burckhardt dies anzunehmen schien. Mit dem 19. Jahrhundert wird sich diese Situation erheblich ändern. Fünfunddreißig Jahre nach dem Erscheinen von Burckhardts Buch wird es zu ersten Ansätzen einer methodistischen Missionsarbeit auf deutschem Boden kommen. Einige Jahrzehnte später werden diese Ansätze sogar zur Gründung von methodistischen Freikirchen in mehreren deutschsprachigen Gegenden führen. In Zusammenhang mit dieser zunehmenden methodistischen Aktivität auf dem Kontinent, die von seiten der deutschen bzw. schweizerischen evangelischen Landeskirchen meistens als Störung oder gar als ausländische religiöse Invasion empfunden wurde, wird es dann zu einer regelrechten Flut von Schriften für oder wider den Methodismus kommen. Auch die pietistisch gesinnten Leute der deutschsprachigen Erweckungsbewegungen, die, wie Burckhardt selbst, den Methodismus zunächst als den willkommenen Geistes– und Glaubensverwandten begrüßt hatten, werden zunehmend in ein gespanntes Verhältnis zur methodistischen „Mission" auf dem Kontinent geraten. Doch am Ausgang des 18. Jahrhunderts sah die Situation noch ganz anders aus. Deutschsprachige Informationen über den Methodismus waren bisher zwar nicht ganz ausgeblieben aber meistens bruchstückhaft geblieben, teilweise sogar ziemlich unsachlich gewesen. Deshalb beklagt Burckhardt gleich zu Beginn seiner Schrift den sehr unbefriedigenden Informationsstand seiner deutschen Zeitgenossen in bezug auf sein Thema:

> *„Die Nachrichten, welche man in Deutschland von den sogenannten Methodisten hat, sind so mangelhaft, so verschieden, und zum Teil so ungegründet, daß ich es für meine Pflicht halte, die Geschichte derselben aus glaubwürdigen Quellen, nach ihrem ganzen Umfange und in möglichster Vollkommenheit zu beschreiben. Ich habe mich oft über die Kühnheit gewundert, mit welcher man über diese Sekte urtheilt, ohne sie genau zu kennen; und die wunderlichen Vorstellungen, die man sich von ihr macht, haben ihren Ursprung in der Unwißenheit derer, welche davon schrieben oder sprachen, und in der Täuschung derer, welche ohne weitere Untersuchung solchen Urteilen oder Gerüchten glaubten.“*

Auch wenn hier nicht präzisiert wird, an wen bei dieser Klage gedacht wird, läßt die aufmerksame Lektüre des Buchs allmählich sichtbar werden, welche früheren Informationen hier vervollständigt, differenziert und vor allem richtiggestellt werden sollen.

Zum einen setzt sich Burckhardt ausdrücklich mit einem Urteil auseinander, das „der berühmte Mosheim in seiner Kirchengeschichte“ über den

19

Methodistenführer George Whitefield gefällt hatte. Unser Verfasser hatte offensichtlich großen Respekt vor dem früheren Göttinger Theologieprofessor Johann Lorenz von Mosheim (1694–1755), der mit seiner pragmatischen Kirchengeschichtsschreibung als einer der Vorläufer einer wissenschaftlichen kirchlichen Historiographie zu betrachten ist. Doch bei aller Verehrung des großen Gelehrten, dessen historiographischen Stil er sich übrigens nachzuahmen bemüht, war der Londoner Pfarrer durchaus nicht gewillt, den von Mosheim an den Methodismus gerichteten Vorwurf unwidersprochen zu lassen, die ganze Erweckungsbewegung sei eine sowohl die Vernunft als auch die Erkenntnis verschmähende und allein mit Gefühlen operierende Schwärmerei.

Mit dem einleitenden Hinweis auf die „wunderlichen Vorstellungen", die man zu seiner Zeit von „den sogenannten Methodisten" offenbar haben konnte, meinte jedoch Burckhardt nicht nur Mosheims gerade zur Sprache gebrachtes Urteil, sondern auch die verstreuten Äußerungen zum Methodismus, die in den damals beliebten deutschen Reiseberichten aus England gelegentlich zu finden waren. In seiner Absicht, das verzerrte Methodismusbild, mit dem die deutsche Öffentlichkeit bisher konfrontiert worden war, zu korrigieren, protestiert unser Verfasser gegen den Eindruck von Lächerlichkeit, den ein solcher zeitgenössischer Reisebericht schon durch seine unvorsichtige Wortwahl bei den Lesern unvermeidlich erwecken mußte. Johann Wilhelm von Archenholtz, einer der damals bekanntesten und einflußreichsten Publizisten Deutschlands, hatte 1785 in

Leipzig unter dem Titel *„England und Italien"* ein ungemein erfolgreiches Buch publiziert. Dieser im damals sehr anglophil gesinnten deutschsprachigen Bürgertum als großer England-Experte geltende frühere preußische Offizier hatte in diesem Buch, das bereits 1787 neu aufgelegt worden war, die Straßenpredigt der von ihm beobachteten methodistischen Prediger kurz erwähnt und bei dieser Gelegenheit die „Grimassen" der „in Fässern predigenden" Straßenevangelisten verspottet. Auch solche Karikaturen wollte der Verfasser der *„Vollständigen Geschichte der Methodisten"* nicht unwidersprochen lassen.

Doch dürfte die eigentliche Zielscheibe Burckhardts der von uns schon erwähnte Dr. Wendeborn sein, den er, wohl aus Rücksicht auf persönliche Bekanntschaft und Kollegialitätspflicht, nicht namentlich erwähnt:

> *„Ebensowenig finde ich das der Wahrheit gemäß, was ein anderer neuer beliebter Schriftsteller über den Zustand der Religion und des Staates in Großbritannien, dem seligen Whitefield Schuld gibt..."*

Wendeborn hatte eine regelrechte Karikatur des Methodismus entworfen, bei der ihm alles gut gewesen war, wenn es darum ging, eine Form des Christlichen zu disqualifizieren, für die er kein Verständnis aufbringen konnte und die er nicht einmal genau kannte – nicht zuletzt weil er deren Schriften nur oberflächlich „durchgeblättert" hatte, wie er selber zugab. Für diesen radikalen Aufklärer bestand ja das „Wesen der Religion"

21

darin, „daß man Gott fürchte, den Wert der Tugend annehme, und recht tue". Sogar für die anglikanische Missionsgesellschaft hatte er nur Spott und Kritik übrig, da ihre Missionare „halbe Schwärmer" seien, die nichts als „schwach abgefaßte Missionsberichte" zu verschicken imstande wären, die „mit ebenso schwachen Köpfen gelesen" würden. Nicht ohne intellektuelle Überheblichkeit meinte er, es seien in Indien sowieso die „Einfältigsten und Niedrigsten", die „sich zu Christen machen ließen". Auch müßte man den „Heidenaposteln aus Deutschland", die so zahlreich im Dienste dieser englischen Gesellschaft wären, sagen: „Laßt sie (die Heiden) in dem Zustand, darin sie der Allmächtige seit Jahrtausenden gelassen! Sie sind tugendhafter als die meisten unserer Christen, und der Ewige ist ihr Vater, so wie der unsrige!"

Fast alles Positive, was Burckhardt vom englischen Methodismus zu berichten weiß, wird von ihm sehr zielbewußt in den Dienst des eigenen Kampfes zugunsten eines deutschen Pietismus gestellt, der in der Heimat von den Aufklärern angegriffen war. Mit einer derartigen Instrumentalisierung des Methodismus tat Burckhardt ziemlich genau das, was der Aufklärer Wendeborn selber ein Jahrzehnt früher schon getan hatte. Wendeborn hatte in der methodistischen Erweckungsbewegung ausschließlich das mehr oder weniger abschreckende Beispiel einer viel zu schwärmerischen und bei einer nicht mehr vertretbaren dogmatischen Tradition verharrenden abergläubischen Religion gesehen, die es auf jeden Fall zu überwinden gelte. Sein möglichst negativ gezeichnetes Methodismusbild hatte er in den Dienst einer Überwindung von Orthodoxie und Pietismus durch das Aufklärungschristentum gestellt, weil er dies als die dringendste Aufgabe seines deutschen Protestantismus betrachtete. In erklärtem Gegensatz dazu zeichnete Burckhardt den Methodismus vor den Augen seiner deutschsprachigen Leser als ein in vielem nachahmungswertes Beispiel einer lebendigen, biblisch orientierten und tatkräftigen Religion, die das Herz des Volkes zu erreichen und viel Gutes in der Gesellschaft zu vollbringen imstande war. Und er betonte: das sei die englische Variante des deutschen Pietismus! Damit führte Burckhardt im Grunde das weiter, was ein halbes Jahrhundert früher ein anderer pietistisch gesinnter Deutsche bereits versucht hatte. Nicht von ungefähr wird an einer Stelle der *„Vollständigen Geschichte der Methodisten"* für weitere Einzelheiten dankbar auf die *„Briefe betreffend den allerneuesten Zustand der Religion und der Wissenschaften in Großbritannien"* des Göttinger lutherischen Theologen Georg Wilhelm Alberti verwiesen, der sich bereits 1752 sehr positiv zum Methodismus geäußert hatte.

Das Methodismusbild, das der deutschen Öffentlichkeit des 18. Jahrhunderts vermittelt wurde, ist ein Bild, das seine Konturen im Spannungsfeld von Spätpietismus und Aufklärungstheologie gewonnen hat. Der räumlich enggesteckte Rahmen dieser Einführung läßt es leider nicht zu, dies ausführlich zu zeigen und angemessen zu begründen. Es sei uns aber an dieser Stelle erlaubt, auf ein noch unveröffentlichtes umfangreiches

Manuskript zu verweisen, das dieser Einleitung zugrunde liegt. Im Folgenden soll lediglich das mitgeteilt werden, was Burckhardts Person sowie die Umstände, unter denen seine „*Vollständige Geschichte der Methodisten*" veröffentlicht wurde, erhellen und somit das Verständnis des Werkes erleichtern kann. Es soll auch, abschließend, die Rezeption des Buchs kurz angesprochen werden. Und das Ganze möchte zur Lektüre anspornen, denn keine Einführung ersetzt den Originalton.

* * *

Über die äußeren Umstände, unter denen Burckhardt seine Heimat verlassen hat, sind wir bestens informiert. Auch der Einblick in die ihn damals bewegenden Gedanken und in die ersten Monate seines Lebens in England ist leicht zu gewinnen. Dank seiner bereits 1783 publizierten „*Bemerkungen auf einer Reise von Leipzig nach London*" dürfen wir den jungen, Abschied nehmenden, philosophischen Privatdozenten der Leipziger Universität, der sich im Mai 1781 anschickte „der Stimme des Höchsten" Gehorsam zu leisten und Pfarrer einer deutschen Auslandsgemeinde in der britischen Hauptstadt zu werden, so lang auf dem Wege begleiten, bis uns seine Persönlichkeit vertraut geworden ist.

Als „*Supremi vox*" hat er jedenfalls in seinem späteren, zum Zwecke seiner theologischen Doktorpromotion im Jahre 1786 verfaßten Lebenslauf jenen Ruf ausgelegt, der ihn damals über Gottlieb Anastasius Freylinghausen, den Direktor des Hallischen Waisenhauses, erreicht hatte. Der Vorstand der verwaisten deutschsprachigen lutherischen Gemeinde der Londoner Marienkirche in der Savoy hatte sich dieser früheren Hochburg des deutschen Pietismus mit der Bitte zugewandt, ihm einen neuen Pfarrer zu vermitteln. Welches Pfarrerideal den Londoner Herren vorschwebte, wird in einem Brief sichtbar, mit dem sie – fast zwanzig Jahre später – einen Nachfolger für den verstorbenen Johann Gottlieb Burckhardt suchen werden. Keiner der Kandidaten, die nach Burckhardts frühem Tod sich mit Probepredigten vorgestellt hatten, konnten Gnade vor ihren Augen finden, weil die Gemeindevertreter sich „einen wahren bekehrten rechtschaffenen Lehrer" wünschten, „der nicht nach der Mode, sondern ein echter evangelischer Lehrer ist". So steht es wörtlich in ihrem Brief an die Evangelisch-Theologische Fakultät der Universität Tübingen. Und mit dem Schwaben Karl Friedrich Adolf Steinkopf, den die Fakultät ihnen dann empfahl, bekamen sie auch den Burckardt-Nachfolger, den sie sich wünschten. Der Sekretär der Basler Deutschen Christentumsgesellschaft und spätere „ausländische Sekretär" der „British and Foreign Bible Society" ist ein würdiger Nachfolger Burckhardts geworden: Die beiden Männer haben offensichtlich im selben Geiste gewirkt.

Denn bei aller schon erwähnten geistigen und geistlichen Offenheit für manche der seine Zeit charakterisierenden Dimensionen war Burckhardt kein „Modeprediger". Jedenfalls nicht in dem Sinne, in dem man in den spätpietistischen Kreisen jener Zeit die Neologen, das heißt die Vertreter der theologischen Aufklärung, zu nennen pflegte.

Das zeigen auch die anderen seiner Publikationen, die er uns hinterlassen hat, fünfunddreißig an der Zahl. Auch wenn er durchaus kein orthodoxer Lutheraner mehr, sondern bereits stark aufklärerisch beeinflußt war, gehörte Burckhardt zu denen, die nicht gewillt waren, die Grundlehren des traditionellen Christentums fallenzulassen, wie dies viele Neologen taten. Er verwarf die deutsche Aufklärung beileibe nicht. Aber mit Besorgnis beobachtete er, wie sie sich mit der Zeit radikalisierte und zu einem dem Glauben schädlichen Rationalismus geführt hatte. In einer viel späteren Predigt unter der Überschrift *„Warnung vor dem Mißbrauch der größeren Erkenntnis und Freiheit unseres Zeitalters"* stehen die bezeichnenden Worte:

> *„Allein offenbar gehet man alsdenn auch zu weit, wenn man aus einer übertriebenen Vorliebe für alles, was neu ist, das Alte verachtet; offenbar leidet der Glaube an die Bibel und Offenbarung darunter, wenn man allein die Vernunft auf den Thron erhebt, alles blos aus natürlichen Ursachen erklären und nichts glauben will, als was man begreifen kann."*

Obwohl er immer vornehm und differenziert in seiner Argumentationsweise blieb, wie die *„Vollständige Geschichte der Methodisten"* an vielen Stellen sichtbar werden läßt, ja obwohl er sich grundsätzlich über die durch die Aufklärung möglich gewordene Toleranz freute und in keinem Fall die Unduldsamkeit eines vergangenen orthodoxen Zeitalters sich zurückwünschte, konnte Burckhardt gelegentlich etwas schroff gegen den

„Einfluß der Modegelehrsamkeit auf die Religion" (Leipzig 1787) schreiben oder sogar *„Die Neubegierde in der Religion"*, wie das Thema einer Leipziger Predigt aus dem Jahr 1786 lautet, so stark anprangern, daß er sich damit die scharfe Entgegnung eines aufklärerischen Rezensenten der Leipziger *„Gelehrten Zeitung"* einhandelte.

Noch vor seinem Verlassen der Heimat hatte er sich bei einem Abschiedsbesuch am Grabe der Mutter die Worte notiert:

> *„Die altväterische Ehrfurcht für Religion, Bibel und Gottesdienst, die sie vermutlich von ihren Eltern haben mochte, suchte sie (scil.: die Mutter) auf uns, ihre Kinder, fortzupflanzen; und wenn es gleich dabei oft an unaufgeklärten Begriffen fehlte, und nur Gewohnheitssache war: so weiß ich doch nicht, ob die jetzige Mode, lieber das alles wegzuschmeißen, (...) nicht viel tausendmal schädlicher ist, als jene unter gemeinen und Handwerksleuten fortgepflanzte Ehrerbietung für alles, was heilig ist, sollte sie auch nur oft mechanisch und äußerlich sein."*

Unserm Verfasser war es also schmerzlich bewußt, daß die Aufklärung, unter deren Einfluß er teilweise selber stand, Kirche und Gesellschaft in eine Krise hineingeführt hatte. Er erwartete offenbar eine Abhilfe in einer religiösen Neubelebung, die er sich wünschte und für die der entdeckte englische Methodismus ihm das Vorbild gab. Deshalb war er auch gerne bereit, dieser Erweckungsbewegung das zu vergeben, was ihm an ihr nicht sonderlich gefiel. Denn in der *„Vollständigen Geschichte der*

Methodisten" wird kein Hehl daraus gemacht, daß bestimmte Aspekte des religiösen „Enthusiasmus", den die methodistische Verkündigung zweifelsohne bei manchen auslöste, dem Verfasser durchaus nicht behagten.

Im Februar 1756 in Eisleben geboren, hatte Burckhardt seinen Vater sehr früh verloren. Der europäische „siebenjährige Krieg" (1756–1763), der bald auch den ältesten Bruder wegraffte, hatte die Familie in große wirtschaftliche Not gebracht. Die Erinnerung an diese Vergangenheit eines armen Waisenkindes wird der junge lutherische Pastor in London bewußt pflegen und in großer Dankbarkeit Gott gegenüber auf den zurückgelegten Weg schauen. Nicht von ungefähr wird er in seiner Darstellung des Methodismus immer wieder hervorheben, daß die englischen Methodisten so viele Arme in ihren Reihen zählten. Das Waisenkind eines Hauses, in dem oft „kein Brot und kein Geld" vorhanden waren, ist somit für seine Ausbildung ganz auf Gönner und Wohltäter angewiesen gewesen, derer er zeitlebens dankbar gedenken wird. Wie aus der Widmung seiner späteren philosophischen Dissertation *„De memoria"* sowie aus dem schon erwähnten Lebenslauf ersichtlich wird, gehörten auch der kursächsische Minister Burgsdorff und Friedrich Ludwig Wurmb, das Oberhaupt des Dresdener Oberkonsistoriums, zu denen, die ihm zu einer akademischen Ausbildung verholfen hatten.

Nach dem Besuch der Grundschule im Eislebener Luther-Haus verbrachte er einige Jahre im Hallischen Gymnasium. Halle, die frühere Hochburg des Pietismus, hatte sich dem fortschreitenden Geiste der Aufklärung weit geöffnet. August Hermann Francke war zwar nicht vergessen, doch bestimmte seine pietistische Gesinnung schon lange nicht mehr den Kurs der Dinge. Burckhardt wird später durchblicken lassen, daß er diese Entwicklung mit gemischten Gefühlen wahrgenommen hatte. Vor seinem Verlassen Deutschlands stattete er dem Hallischen Waisenhaus einen letzten Besuch ab, den er wie folgt beschrieb:

> *„Ich empfahl dem Herrn auf meinen Knieen in meinem letzten Morgengebet in diesem Hause noch recht sehnlich dies große erstaunende Werk, das die ganze Welt besser und vollkommener gemacht hat, und das noch eine große Stütze des wahren Christentums, wo nicht in Deutschland, doch andern Ländern ist."*

Nur in der überseeischen Hallischen Mission schien ihm also das „wahre Christentum" bewahrt zu sein, das früher das Merkmal der Franckeschen Anstalten war! Und in diesem Zusammenhang zitiert er zustimmend den Spruch eines von ihm bewunderten Freundes:

> *„Nie hat sich das Christentum länger als ein Menschenalter in einer Gegend aufgehalten. Dies scheint das Schicksal des Waisenhauses aufs neue zu bestätigen."*

Nach dem Gymnasium besuchte Burckhardt die Philosophische Fakultät der Leipziger Universität und wurde 1777 zum *Magister artium* promoviert. Anschließend ließ er sich auf die Liste der Kandidaten zum Predigtamt des Dresdener Oberkonsistoriums setzen, entschloß sich aber für das Weiterstudium. In diesem Jahr erhielt er auch eine Katechetenstelle an der Petruskirche von Leipzig, was ihm erlaubte, seinen Lebensunterhalt zu bestreiten.

Auf der Leipziger Universität hat unser Verfasser den berühmten Zusammenstoß zwischen Crusius und Ernesti miterlebt, denn beide hatten zu seinen Professoren gezählt. Goethe, der zwischen 1766 und 1769 ebenfalls dort studiert hatte, erwähnt in *„Dichtung und Wahrheit"* die jahrelangen Auseinandersetzungen zwischen „Crusianern" und „Ernestianern". Während der vom württembergischen Pietismus eines Bengel stark beeinflußte Professor Crusius sich über Profanität und deistisches Unwesen beklagte, spottete der aufklärerisch viel offenere Professor Ernesti über Ignoranz und Seherei. Beide gossen auf ihre Schüler den Geist der Zwietracht. Doch als Crusius 1775 starb, war auch sein Anhang so gut wie ausgelöst, denn der Geist der theologischen Aufklärung mit ihrer wachsenden Distanzierung vom traditionellen evangelischen Glauben war nicht mehr aufzuhalten. In einem Brief Jean Pauls, der sich später einen Namen als Schriftsteller machen sollte und zu jener Zeit in Leipzig studierte, steht der aufschlußreiche Satz: „Die ‚Crusianer' sind fast mit ihrem Stifter erloschen. Man ist im Jahre 1781 zu aufgeklärt, um ganz ‚Crusianer' sein zu können, wenigstens zu klug, um es zu sagen (...) Die Nachricht, die ich Ihnen von der heiligen

Orthodoxie in Leipzig geben soll, wird sehr kurz ausfallen. Die meisten und fast alle Studenten neigen auf die Seite der Heterodoxie."

Burckhardt gehörte mit Sicherheit nicht zu dieser Mehrheit, die sich in Leipzig auf die „modische Theologie" eingelassen hatte und kein Verständnis mehr aufbringen konnte für jenen Lehrer, der die „ganz und unverstümmelt christliche, nach der ganzen Schrift sich ohne Ausnahme demütig richtende theologische Moral, nicht Naturalisterei, nicht Deisterei, nicht ein Zerstreuen und Versplittern der Güter des Herrn" (K.F.A. Kahnis) verfochten hatte. Hatte er doch 1777 in Dresden eine „Ode" zu Ehren von Crusius publiziert, zu dessen Erkenntnislehre er sich in seiner späteren Dissertation auch offen bekennen wird!

Erste Publikationen, insbesondere über die damals viel behandelte theologische Frage der „Harmonie des Reichs der Natur und der Gnade" (Leipzig 1779), sowie das stete Arbeiten an seiner philosophischen Dissertation über das Gedächtnis („De memoria, disputatio philosophiae"), die er im Mai 1780 verteidigen wird, zeigen, daß Burckhardt sich damals ernsthaft auf eine akademische Karriere vorzubereiten gedachte.

Dazu hätte auch die Studien- und Bildungsreise dienen sollen, die ihn während der zweiten Hälfte des Jahres 1779 nach Niedersachsen und bis nach Hamburg und Kiel geführt hatte. In Hamburg lernte er Johann Melchior Goeze, den streitbaren Vertreter der lutherischen Orthodoxie, kennen, der damals in schärfstem Konflikt mit der Berliner Aufklärung stand und seit seiner Schrift „Die gute

Sache des wahren Religions–Eifers" (1770) in ganz Deutschland als der Hauptexponent einer strengen lutherischen Orthodoxie bekannt war. Burckhardt selber wird nie einen solchen Standpunkt vertreten, sondern, wie auch in seiner *„Vollständigen Geschichte der Methodisten"* immer wieder sichtbar wird, die notwendige Übereinstimmung in Lehrfragen auf einige Grundwahrheiten reduzieren, was ein spätpietistisches Merkmal ist. Wie schon sein viel beschworener Gewährsmann Spener, so war auch Burckhardt der Meinung, daß man nicht auf die Vereidigung auf die lutherischen Bekenntnisschriften pochen sollte. Bei seiner späteren theologischen Promotion wird er sogar die These vertreten, daß die Verpflichtung auf die symbolischen Bücher des Luthertums mehr von politischer als von kirchlicher Bedeutung sei. Er war kein Mensch, der selber Ketzerhüte verteilte, und wünschte auch keine Verdammung der Andersdenkenden. Das erklärt, warum er in seiner *„Vollständigen Geschichte der Methodisten"* so stark hervorhebt, daß Wesley keine Mühe scheute, um in den eigenen methodistischen Reihen den „blinden, und unvernünftigen Religionseifer" zu unterbinden, jene „Engigkeit der Seele (...), welche Andersdenkende verdammt".

In Hamburg hatte unser Verfasser auch Kontakt aufgenommen mit Christoph Christian Sturm, dem Hauptpastor der Sankt Petri Kirche, der als Erbauungsschriftsteller und Liederdichter bekannt war. In Kiel war er in Verbindung mit dem ehemaligen Kopenhagener Hofprediger und nun Kieler Theologieprofessor Johann Andreas Cramer getreten, der auch belletristisch tätig war und noch heute als ein Vertreter der norddeutschen „Empfindsamkeit" bekannt ist.

Daß Burckhardt während dieser Reise keine Berührungsängste zeigte und in seiner Suche nach einer vertieften Bekanntschaft mit der gelehrten Welt keine Scheu vor dem Kontakt mit ganz anders gearteten Menschen hatte, wird darin sichtbar, daß er prominente Aufklärer besuchte. So hat er während seines Aufenthaltes in Wolfenbüttel Gottlob Ephraim Lessing selbst aufgesucht, der ihm den Zugang zur von ihm geleiteten herzoglichen Bibliothek verschaffte. Und so war es auch schon in Braunschweig zu einer Begegnung mit dem berühmten Abt J. F. W. Jerusalem gekommen. Bei aller Bewunderung für die große Kanzelberedsamkeit dieses Aufklärers, die auch in der „*Vollständigen Geschichte der Methodisten*" zum Ausdruck gebracht wird, dürfte für Burckhardt bezeichnend sein, daß die Kritik bei ihm nicht ausblieb, wie er das in seinen „*Bemerkungen zu einer Reise*" unumwunden erzählt. Von einem französischen Mitreisenden, der Jerusalems „*Betrachtungen über die vornehmsten Wahrheiten der Religion*", dessen zweiter Band (über Mose) gerade in diesem Jahr 1779 erschienen war, über alles schätzte und mit dem Burckhardt ein Gespräch zum Gegenstand geführt hatte, meinte unser Verfasser, daß sein Gesprächspartner „nur als Philosoph von der Religion sprach", weil Jerusalems „*Betrachtungen*" „ihm das waren, was mir die Bibel ist". Burckhardt stellte also seine eigene biblische Theologie dem gegenüber, was er bei Jerusalem als eine bloße Religionsphilosophie betrachtete! In diesem Zusammenhang läßt er auch durchblicken,

daß der letzte Teil der „*Betrachtungen*" des Braun-
schweiger Aufklärers ihm deshalb nicht gefiel,
„weil er zu kühn in Beurteilung einiger Stellen der
mosaischen Schriften" sei. „Man sieht dem sonst
so würdigen Greise zuverläßig in diesem letzten
Teil seines (...) Buches hier und da die Schwachheit
des Alters an", meint auch, in leichter jugendlicher
Überheblichkeit, der 25jährige Leipziger, dem
aber bei aller aufklärerischer Offenheit die pietistische Grundhaltung doch Grenzen auferlegte, vor
allem im Bereich der Bibelkritik. Die Art und
Weise, wie er in seinem „*System of Divinity*", einem
Katechismus, den er in englischer Sprache 1797 in
London publizieren wird, mit dem biblischen Stoff
umgeht, zeigt, wie konservativ Burckhardt bis zu
seinem Lebensende in diesem Bereich denken
wird. Was er bei den Methodisten offensichtlich
geschätzt hat, war ihre starke Bibelbezogenheit,
die biblische Dimension ihrer Lehre und Frömmigkeit, die biblisch gesättigte Sprache ihrer Verkündigung, wobei er nicht verschweigt, daß er
keine besondere Sympathie für die damalige
methodistische Sitte der „Stichomantie" (Bibel-
aufschlagens) hegte. Burckhardt war nicht bereit,
„jede zuerst aufstoßende Stelle der Bibel, außer
dem Zusammenhange, ohne Erklärung sogleich in
Gefühl zu verwandeln", und er läßt den Leser der
„*Vollständigen Geschichte der Methodisten*" auch
nicht im Ungewissen darüber, was er selber als
gesunde Bibelauslegung betrachtete.

Am Ende des Jahres 1779 war er nach Leipzig
zurückgekommen. Nach der Verteidigung der
schon erwähnten philosophischen Dissertation

hatte er sich ausdrücklich mit dem Gedanken getragen, eine akademische Karriere anzupeilen und sich zunächst um das Amt eines Rektors des Halleschen Gymnasiums bemüht. Seine Katechetenstelle wurde um diese Zeit in die eines Abendpredigers der Leipziger Thomas-Kirche verwandelt. Zusätzlich zu dieser Tätigkeit fing er jetzt auch als Privatdozent an der Universität zu fungieren an. Aber da seine Hoffnung, die begehrte Stelle in Halle bekleiden zu können, „sich seiner Jugend wegen" zerschlagen hatte, folgte er schon ein Jahr später dem erwähnten Ruf, der ihn aus seiner deutschen Heimat herausführen sollte.

Im Sommer 1779 hatte Burckhardt auch die Bekanntschaft von Johann Kaspar Lavater gemacht. Wie seine Korrespondenz mit dieser Zentralfigur des damaligen schweizerischen Protestantismus zeigt, hat auch er zeitlebens wie so viele seiner Zeitgenossen die Faszination erlebt, die von der Persönlichkeit des damals europäisch bekannten Zürchers ausging. Der junge Leipziger hatte den intellektuellen Austausch mit dem gesucht, den man zu Recht einen ‚Christuszeugen in der Aufklärung' genannt hat. Lavater hat er fast schwärmerisch verehrt. Unmittelbar vor dem Verlassen Sachsens versicherte er ihm: „Auch das Meer kann die Flammen der Liebe und Hochachtung nicht auslöschen, die in meinem Herzen gegen Sie lodern." Man wird sich übrigens an einer solchen Stelle gut merken müssen, wie stark unser Verfasser von der sogenannten ‚Empfindsamkeit' seines Zeitalters geprägt war. Gewisse Äußerungen in der „*Vollständigen Geschichte der Methodi-*

sten" zum „Anblick der offenen Natur und des freien Himmels", der „ungemein viel Erhebendes für das Herz" habe und „bei dem Nachdenkenden und Gefühlvollen schon selbst Andacht ist", sind ein Signal dafür, wie eng die spätpietistischen Überzeugungen unseres Verfassers in einem Zusammenhang mit der empfindsamen Generation seiner Zeit zu verstehen sind. Daß unser Verfasser das Recht der „Gefühle" in der Religion so stark verteidigt, ist vielsagend in dieser Beziehung.

Lavater gehörte zu jener Gruppe von „frommen Außenseitern" (E. Hirsch), die der Aufklärung Widerstand leisteten. Er war einer der Bekanntesten unter denen, die sich damals gegen den herrschenden Zeitgeist stemmten und eine Alternative zur Aufklärungstheologie bieten wollten, die am Ende des 18. Jahrhunderts zwar dominierend war, aber bei weitem nicht das ganze Feld beherrschte, wie man das früher meinte. Daß Burckhardt von Lavater nicht wenig beeinflußt worden ist, wird an vielen Stellen seines Schrifttums deutlich. Der den so typisch „empfindsamen" Kult der Freundschaft zu pflegen wußte, hatte sich mit bewundernswerter Selbstlosigkeit angeboten, von London aus allerlei Geschäfte für Lavater zu erledigen. Und der Zürcher hatte vom Angebot reichlich Gebrauch gemacht, aber dadurch kam es auch dazu, daß Burckhardt mit allerlei interessanten Geschäften betraut wurde, die mit der Publikation der französischen Ausgabe der damals europaweit bekannten Lavaterschen *„Physiognomik"* verbunden waren, und auch in Berührung kam mit dem in London lebenden schweizerischen Maler Füßli oder mit Madame

Lafitte, der französischen Lektorin der Königin Charlotte, um nur einige Beispiele zu nennen. Das war eine bemerkenswerte Horizonterweiterung für das Kind der armen sächsischen Witwe.

Es gab damals insgesamt fünf Gemeinden für die etwa 6000 in der englischen Hauptstadt residierenden deutschsprachigen Protestanten. Die seit 1692 bestehende lutherische Savoy-Gemeinde, die Marienkirche, war die größte unter ihnen. Im selben Gebäude trafen sich auch seit 1697 die reformierten Glaubensverwandten. Neben der Marienkirche gab es sonst noch drei lutherische Gemeinden, die sogenannte „Hamburger-Gemeinde", in der Trinity-Lane, die königlich-deutsche lutherische „Hofkapelle" in St. James (seit 1702) und die „Sankt Georgskirche" in Littel-Alie-Street, Whitechapel. Das Gemeindeleben war nicht besonders lebendig, und nach Burckhardts eigener Schätzung in seiner späteren *Kirchengeschichte der deutschen Gemeinden in London* (Tübingen 1798) haben die fünf Gemeinden zusammen „nicht viel über tausend" Gottesdienstbesucher gezählt. Seine Gemeinde war in der Tradition des deutschen Pietismus besonders tief verwurzelt. In London hatten nicht nur die Herrnhuter des Grafen von Zinzendorf schon vor vielen Jahren Fuß gefaßt, sondern es gab in der englischen Hauptstadt auch eine lange pietistische Tradition Hallischer Prägung. An der Hofkapelle in St. James war von 1722 bis 1776 der Hallenser Friedrich Michael Ziegenhagen Pfarrer gewesen, der auch als „Agent der Direktoren des Hallischen Waisenhauses in England" fungiert hatte. Ziegenhagen ist es übrigens gewesen, der bereits 1736 (und von da an immer wieder neu) die Hallischen Pietisten auf Wesley und die frühmethodistische Bewegung aufmerksam gemacht hatte. Daß Wesley auf seiner Deutschlandreise Ende Juli 1737 auch die Hallischen Anstalten besichtigt hatte, ist allgemein bekannt. Im Januar 1739 war es zu einer brüderlichen Korrespondenz zwischen Whitefield und Gotthilf August Francke gekommen, die dreißig Jahre andauern wird. Erstaunlicherweise haben sich damals der Hallische Pietismus und der englische Methodismus kaum richtig gegenseitig beeinflußt. Das methodistische Predigen im Freien war offensichtlich in Halle auf kein Verständnis gestoßen. 1741 hatte Ziegenhagen G. A. Francke auf dessen Anforderung Schriften Wesleys nach Halle geschickt. Am 23. 1. 1750 hatte J. D. Noth, einer von Ziegenhagens Londoner Mitarbeitern, nach Halle berichtet, daß es wenig Unterschiede gebe zwischen der methodistischen Bewegung und dem deutschen Pietismus – allerdings bis auf Whitefields Prädestinationslehre, welche aber dank des guten Einflusses von Ziegenhagen dieser Zweig des Methodismus wahrscheinlich einmal fallen lassen werde. Daß Burckhardts neue Wirkungsstätte eine stark pietistisch geprägte Gemeinde war, zeigte bereits die oben erwähnte Tatsache, daß sie den größten Wert darauf legte, Pfarrer einzustellen, die dem Pietismus günstig gestimmt waren. In seiner Darstellung der Geschichte dieser deutschsprachigen evangelischen Diaspora–Arbeit in London, wird Burckhardt selbst die lange pietistische Tradition dieser Gemeinde hervorheben, in die er sich offensichtlich bewußt und willig als letztes Glied einer langen Kette einreihen ließ. Sowohl die deutsche Hofkapelle von St. James als auch seine eigene Gemeinde in der Savoy seien „meist mit Predigern besetzt" gewesen, „welche sich in der Alt-Hallischen Schule gebildet" hätten. „So entstand", meinte er, „unter den Deutschen der Hang zum Pietismus". In diesem Zusammenhang schreibt er übrigens, daß die Verwandtschaft zwischen deutschem Pietismus und Methodismus so groß sei, daß „es kein Wunder" sei, „wenn seit jeher viele Deutsche in London ihre Mutterkirche verließen, und sich zur Englischen Methodistenpartei wendeten". Daß Burckhardt die feste Absicht hatte, im selben Geiste zu wirken, beweist ein Satz aus einem Brief an die schon erwähnte Freundin unmittelbar nach seiner Ankunft in London:

> *„Ach daß mir der Herr den Geist einer meiner Vorgänger, eines Pittius, schenkte, der 25 Jahre an dieser Gemeinde gearbeitet hat!"*

Johann Reichard Pittius (1742–1768) war ebenfalls ein Hallenser gewesen, der durch die Einführung von pietistischen Erbauungsstunden viel zur Hebung der Gemeinde beigetragen hatte und in der Marienkirche ganz in der geistigen Haltung Ziegenhagens als überzeugter Pietist gewirkt hatte.

Seine erste am Sonntag Trinitatis 1781 in der Marienkirche gehaltene Predigt läßt keinen Zweifel darüber bestehen, daß Burckhardt sein Pfarramt dezidiert im Zeichen des Pietismus zu gestalten gedachte. Dies muß um so deutlicher gesagt werden, als daß manches, sowohl in den zwei Bänden seiner *„Predigten zur Beglückung der Menschen im gesellschaftlichen Leben"* (Halle 1793 und 1794) als auch in der *„Vollständigen Geschichte der Methodisten"*, so aufklärerisch klingt, daß die in dieser programmatischen Predigt an den Tag gelegten pietistischen Grundüberzeugungen nicht selten wieder aufs Spiel gesetzt zu sein scheinen. Das hängt einfach damit zusammen, daß unser Verfasser sich voll und ganz mit den andrängenden Fragen seiner aufgeklärten Zeit beschäftigte, was man vom früheren Pietismus noch nicht erwarten konnte. „Tugend und Glückseligkeit", diese beiden so typisch aufklärerischen Größen, spielen bei Burckhardt bereits eine sehr große Rolle, doch ohne daß dabei die zentralen Heilswahrheiten der Schrift verlorengegangen wären. Er war bereits „modern", ohne zu jenen „Mode-Predigern" zu gehören, die er in der *„Vollständigen Geschichte der Methodisten"* so oft rügt. Wesley und ihm war dieser Zug zweifelsohne gemeinsam. Auch Burckhardts äußerer Lebensstil sah übrigens nicht unbedingt pietistisch aus, wie sein Pfeifenrauchen und seine Liebe zu Oper, Ballett und Theater zeigen. Hier hörte die Ähnlichkeit mit dem asketisch lebenden John Wesley allerdings auf. Nicht aber mit dessen Bruder Charles, der bekanntlich ein großer Theaterliebhaber war! Hier muß einfach das beachtet werden, was man vom Spätpietismus zu bedenken gegeben hat, nämlich daß man bei ihm mit einer „erheblichen geistigen und kulturellen Bandbreite" (Martin Brecht) zu rechnen habe. Aber etwas von der traditionellen pietistischen Kritik am Wesen dieser Welt bricht bei Burckhardt doch immer wieder durch, nicht nur in der programmatischen Antrittspredigt.

Schon das Eingangsgebet zeigt, wie stark Burckhardt damit rechnete, daß der Gottesdienst zur Erfahrung Gottes werde, auch auf der Ebene des Gefühls. Er erwartete nicht nur „Belehrung", sondern „Rührung und Erweckung" von seiner Predigt, die er Johannes 3,1–18 zugrunde legte. In eindrücklicher Weise wird das klassisch pietistische Thema der notwendigen „Wiedergeburt" des Menschen durch die „geheimnisvolle Wirkung des Geistes Gottes" entfaltet. Sehr bezeichnend für den Einfluß Lavaters auf Burckhardt ist die Tatsache, daß der Prediger die ersten, markanten, emphatischen Sätze von Lavaters *„Nachdenken über mich selbst" (1770)* als Einstieg benutzt, freilich ohne seine Quelle zu nennen. Er fragt mit Lavater: „Wer bin ich? Was soll ich? Was werde ich sein?" und möchte mit des Zürchers eigenen Worten seinen Zuhörern deutlich machen, daß „sich jeder vernünftige Mensch" … „diese Fragen in seinem Leben wenigstens einmal recht ernsthaft vorlegen und beantworten" müsse, denn:

> *„Das sind die wichtigen Fragen, die wenigstens einmal in meinem Hiersein mein ernsthaftestes Nachdenken verdienen (…) Einmal muß ich es doch wissen, wie mein Herz beschaffen ist; einmal muß ich es doch selbst bei mir ausmachen, wie ich mit Gott stehe, und was ich für meine eigne Person für ein Schicksal zu erwarten habe, wenn dieses kurze Leben, Gott weiß wenn? für mich zu*

41

> *Ende geht (...) Jeder sage zu sich: Ich will und*
> *muß es sehen, wie ich beschaffen bin. Ich will und*
> *muß es mir frei heraussagen, wie ich mich finde.*
> *Ich will mich selbst vor den Richterstuhl der*
> *Wahrheit, des Gewissens fordern, und mein Herz*
> *im Namen meines Gottes und Heilandes Jesu*
> *Christi, des heiligen und gerechten Weltrichters,*
> *zur Rechenschaft ziehen."*

Burckhardt reproduziert also die Lavatersche
Betonung der religiösen Selbstbeobachtung, die so
typisch für jenen aufgeklärten Spätpietismus – wie
übrigens auch für den damaligen Methodismus –
gewesen ist. Den Ausgangspunkt der Auslegung
bildet dann ein charakteristischer Rückgriff auf die
von der Aufklärungstheologie damals so scharf
angegriffene Erbsündenlehre:

> *„Unser inneres Gefühl sagt es uns laut", „jede*
> *Erfahrung und der Ausspruch der ewigen Wahr-*
> *heit lehrt es uns stark, daß wir verderbt, daß wir*
> *Sünder sind". „Es kann auch nicht anders sein.*
> *Was vom Fleisch geboren ist, das ist Fleisch, was*
> *von schwachen, sündlichen, sterblichen Menschen*
> *geboren ist, ist ein schwacher, sündlicher, sterbli-*
> *cher Mensch. Sünder können nur Sünder fort-*
> *pflanzen." „Alle unsere Voreltern waren ohn-*
> *mächtige, sündige, sterbliche Menschen, und das*
> *sind auch wir, das werden auch unsere Nach-*
> *kommen sein. ... Es ist dahin, die Unschuld, die*
> *wir aus der Hand unsers Schöpfers empfingen; es*
> *ist dahin, das Bild der Gottheit, das wir an uns*
> *tragen sollten, und wir befinden uns in einem*
> *unleugbaren tiefen Verfall, befinden uns in*

einem ungöttlichen Zustand der Finsternis und Unwissenheit, der Sünde und des Todes."

Unter Heranziehung von Genesis 6,12 und Jesaja 1 lehrte Burckhardt ganz klassisch, aber für seine Zeit höchst atypisch, daß „nichts Gesundes" am Menschen sei. Er scheut sich also nicht, massiv zu betonen, was im damaligen Aufklärungsprotestantismus als eine nicht mehr akzeptable Zumutung empfunden war. Unser Prediger wird später diesbezüglich an Lavater schreiben, der ihn in seiner Reaktion gegen den anthropologischen Optimismus der Aufklärer bestärken wird. „Was sie über den Menschen sagen, ist fürchterlich wahr", wird ihm der Zürcher im April 1784 schreiben – und ihn bei dieser Gelegenheit auf Johann Georg Hamann aufmerksam machen. Der „Magus aus dem Norden", wie man den großen Mann genannt hat, der am Ende des Jahrhunderts eine scharfe antiaufklärerische Reaktion einleitete, hatte gerade in London eine Erweckung erlebt, die ihn von der vorherrschenden Aufklärungstheologie weggeführt und in die alte lutherische Beziehung von Bibelwort und Rechtfertigungsglauben hineingestellt hatte:

> *„Hamann spricht von der Höllenfahrt der Selbsterkenntnis. So gewiß ein Himmel und eine Erde ist, so gewiß ist ein Gott und ein Teufel in uns. Der Mensch ist der Vereiniger aller Extreme."*

Daß Burckhardt von der durchaus ähnlichen Lehrbetonung bei den englischen Methodisten besonders angetan war, wird auch darin deutlich, daß er

43

in seinem späteren Katechismus nach der Behandlung der Sünde ausgerechnet John Wesleys *„Traktat von der Erbsünde"* (1756) und John Fletchers Schrift zum selben Thema als weiterführende Lektüre ausdrücklich empfehlen wird. Vom damals massiven methodistischen Hinweis auf Teufel und Hölle war Burckhardt allerdings weniger angetan! Man beobachte die schon stark aufklärerischen Züge seiner diesbezüglichen Äußerungen in der *Vollständigen Geschichte der Methodisten"*, wobei nicht übersehen werden darf, daß auch er mit der Realität des Teufels und einer ewigen Verdammnis rechnete. Deshalb redete er seinen Zuhörern ins Gewissen: Solange keine Wiedergeburt stattgefunden habe, führe jede unbestechliche Selbstbeobachtung zum Fazit:

> *„Du lebst zwar, aber es ist ein bloß natürliches Pflanzen– oder Tierleben, Christus lebt nicht in dir, und du bist also lebendig tot, und würdest, wenn du noch heute stürbest, nicht als ein Jünger Christi sterben, würdest, wenn auch Menschen von deinem gutem Herzen noch soviel Rühmen machten ... dennoch deine Augen nicht vor dem höchsten Richter aufheben dürfen, sondern verdammt sein."* *„Ach wer bist du, wer bist du? Erschrecke vor dir selbst! Es sei denn, daß du wiedergeboren, ein ganz anderer neuer, besserer Mensch wirst, sonst kannst du nicht ruhig, nicht heilig, nicht selig sein."*

Nach dieser drastischen Diagnose im besten pietistischen Stil Hallischer Prägung, beschrieb der Prediger das Mittel der Heilung. Der Mensch verfüge nicht über die Kräfte, die eine Bekehrung möglich machen; darüber anders denken, würde Verkennung „unserer zerrütteten Natur" bedeuten. Hier hülfen auch die „besten und aufrichtigsten Entschließungen" nicht. Auch die Faszination, die wir für „die Tugend und das Gute" empfinden, wäre ein Holzweg. Die Tugenden, über die auch Burckhardt fast wie ein Aufklärer predigen konnte, waren für ihn nichts als die Früchte des Glaubens, und zwar des Glaubens eines Menschen, der durch die Kraft des Geistes Gottes zu einem neuen Leben gebracht worden ist. „Ach", ruft der Prediger aus, „in meinem Fleische wohnet nichts Gutes", und er zitiert Römer 7. Was einzig und allein weiterhelfe, sei, „sich in die Arme der göttlichen Erbarmung zu werfen (...) und still mein Herz den Wirkungen des Geistes zu eröffnen". Das sei eine Sache des Glaubens, denn diese Wirkungen des Geistes seien „sehr geheimnisvoll". Das sei ein Wunder „von oben". Der Prediger weist aber dann sofort das Mißverständnis ab, das darin bestünde, zu glauben, der Mensch könne dabei „untätig und träge" bleiben: „Diesen Weg schlägt uns das Evangelium nicht vor. Wir sollen vielmehr bitten, suchen, wachen, anklopfen, ringen, sollen dem Himmelreiche Gewalt anthun, sollen Gott nicht eher lassen, bis er uns segnet." Und dabei steht das urchristliche Vorbild Pate:

> *„Keiner der ersten Christen empfing die Gabe des heiligen Geistes, ehe er sich nicht öffentlich und mit Aufopferung alles dessen, was ihm lieb war, als einen Jünger Jesu Christi angab, und sein Leben aufzuopfern bereit war."*

In dieser Predigt kommt also der pietistische Buß-kampf der früheren Hallischen Verkündigung zum Tragen. „Beten also müssen wir, unabläßig, eifrig, ernstlich, beten: ‚Schaff in mir Gott ein reines Herz und gib mir einen neuen gewissen Geist', und das, bis Gottes Licht uns erleuchtet, bis die Kraft aus der Höhe unsere Schwachheit ver-schlingt, bis das Feuer des heiligen Geistes die Lüste des Fleisches verzehrt, und alles außer Gott und der Tugend uns Nichts ist."

Wer diese Antrittspredigt liest, kann darüber nicht im Zweifel sein, daß der junge Privatdozent den Rat des hohen Gönners, von dem er sich verab-schiedet hatte, voll beherzigt hatte. Und doch gewännen wir ein falsches Bild unseres Verfassers, wollten wir in ihm nur jenen Bekehrungsprediger sehen, wie die eben zur Sprache gebrachte Predigt es nahelegen könnte. Unsere Quellen lassen näm-lich einen vielseitigeren Kirchenmann sichtbar werden. Einem kaufmännischen Gesprächs-partner stimmte er begeistert zu, der meinte:

> „Wenn der Geistliche mir nicht auch in meinen politischen und ökonomischen Umständen einen guten Rath geben kann, dann achte ich ihn nicht so sehr."

Das wünschte sich Burckhardt sogar als Zusatz in der nächsten Auflage von Deylings „*Pastoral-Klug-heit*", einem pastoraltheologischen Werk jener Zeit. Auch er wollte den Pfarrer mitten im kon-kreten Leben der Menschen sehen, nicht in seinem Studierzimmer eingeschlossen, nicht abstrakt denkend, sondern „mit seinen Lehren ins Detail des menschlichen Lebens hineingehend", Belehrungen und Ratschläge erteilend. Dieses Ideal hat er sowohl in seiner Verkündigung als auch in seiner sonstigen Wirksamkeit zu verwirklichen versucht. Seine *„Predigten zur Beglückung der Menschen im gesellschaftlichen Leben"* decken eine erstaunlich breite Palette von konkreten Lebensbereichen ab. Er predigte sowohl über die „Verbesserung unserer Seele" wie auch über höchst konkrete Fragen wie die „Wahl eines Berufs", „Die Plicht des Meisters und Lehrlings", den „Wert und Gebrauch des Geldes", „Das christliche Verhalten in den Prozessen" usw. Man stößt in diesem Zusammenhang immer wieder auf den Nützlichkeitsgedanken, der sowohl als ein pietistisches als auch als ein aufklärerisches Merkmal ausgelegt werden kann und auch den Spätpietismus charakterisiert hat.

Für die sozialen Probleme der englischen Weltstadt scheint Burckhardt stets ein waches Auge gehabt zu haben. Er brachte allerlei in die Wege, um hier Abhilfe zu schaffen. In diesem Sinne entwarf er, ganz dem Sozietätsgedanken der Zeit entsprechend, einen Plan für „eine nähere Vereinigung der Deutschen in London durch Stiftung einer vaterländischen Wohltätigen Gesellschaft", die „der deutschen Nation zur wahren Ehre gereichen" sollte. In aufklärerischer Manier definierte er den Zweck dieser ihm vorschwebenden Gesellschaft als „Beistand für Deutsche", die einfach „als Menschen betrachtet" werden müßten, sofern sie „Hülfe nötig haben", „ohne Rücksicht auf eine Particular-Religion" oder „Landschaft". Mit der

Marienkirche war seit 1708 auch eine „Deutsche Schule" verbunden. Burckhardt, der *ex officio* ihr Vorsitzender geworden war, entwickelte auch in diesem Bereich eine rührige Aktivität. Bereits 1782 setzte er eine durchgreifende Reform durch, die erheblich zum Neuaufblühen der Schule beigetragen hat.

Wie seine *„Kirchengeschichte der deutschen Gemeinden in London"* zeigt, fand er manches zu kritisieren an der kongregationalistischen Verfassung der einzelnen deutschsprachigen Gemeinden Londons, die praktisch ohne Kontakt untereinander waren, wodurch den (oft unfähigen) Gemeindevorstand zuviel Macht gegeben sei. Zum Zwecke einer Besserung dieser unbefriedigenden Situation schlug er eine Revision der Verfassung vor.

Burckhardt, der auf eine akademische Laufbahn verzichtet hatte, wird in dieser praktischen Gemeindearbeit jedoch nie ganz aufgehen. Er wird den intellektuellen Kontakt mit der deutschen Heimat ununterbrochen pflegen. So war er offensichtlich stets auf dem laufenden, was den Büchermarkt anbelangt. Man beachte doch die vielen Neuerscheinungen, die in seiner *„Vollständigen Geschichte der Methodisten"* angesprochen werden! Mehr: er wird sogar stets darum bemüht sein, sich akademisch–literarisch zu betätigen und sich zu den Fragen zu äußern, die seinen heimatlichen Protestantismus bewegten. Die beachtliche Zahl seiner Publikationen ist ein deutlicher Beweis dafür. Er hat Predigten und Andachten herausgegeben. Gelegentlich verfaßte er auch einen hymnologischen oder homiletischen Zeitschriftenaufsatz, wie zum Beispiel im *„Prediger-Journal"*, dessen Herausgeber Christoph Christian Sturm er seit der Hamburger Begegnung gut kannte. Von Johann Kaspar Lavater selbst dazu angespornt, schrieb er auch einiges für den Zürcher *„Kirchenboten"*, dessen Herausgeber Lavaters Freund Johann Konrad Pfenninger war. Die beiden Zürcher zählten übrigens seit dem Anfang des Jahres 1780 zu den „Freunden" der jungen *„Deutschen Gesellschaft edler tätiger Beförderer reiner Lehre und wahrer Gottseligkeit"*, dessen korrespondierendes Mitglied Burckhardt jetzt geworden war.

Burckhardt wird auch sein wissenschaftliches Interesse immer wieder dokumentieren. Und es dürfte für ihn bezeichnend sein, daß dieses Interesse vorwiegend im Dienste einer Apologie des angegriffenen christlichen Glaubens stand. Von einer Wissenschaft, die „bloß zu unserm eigenen Zeitvertreib, aus Liebhaberei, aus einer Art gelehrter Wollust" getrieben wird, hielt er nicht viel. Hier klingt gewiß etwas von der alten pietistischen Vorsicht vor einer Wissenschaft und Gelehrsamkeit mit, die nicht unmittelbar im Dienste des Reiches Gottes wäre. Aber hier kommt ganz sicher auch etwas von der aufklärerischen Kritik an einem Gelehrtenstand vor, der von keiner Nützlichkeit für die Gesellschaft wäre:

> *„Sprachen, Kritik, Altertümer und einige Teile der Philosophie sollen in den Wißenschaften nicht Zweck, sondern Mittel sein, den eigentlich großen Zweck aller Gelehrsamkeit, die immer größere Ausbildung des Verstandes zur wahren prakti-*

schen Weisheit, und des Herzens zur wahren
Tugend und Frömmigkeit bei uns selbst und
andern zu befördern."

Auch die in seiner „*Vollständigen Geschichte der
Methodisten*" gelegentlich vorkommenden ironi-
schen Pointen gegen Gelehrte, die „zeitlebens
Varianten sammeln" oder „die verschiedenen Meinungen über den Ursprung des Übels zu vereinigen streben", gehören hierher. Aber das ist bei
unserem Verfasser beileibe keine Äußerung, die
eine persönliche Wissenschaftsfeindlichkeit signa-
lisieren würde. Hier spricht nur der Spätpietist,
der geistliche Prioritäten zu setzen imstande ist,
und für den der Mensch, „der eine einzige Kernstelle der Bibel glaubt und übt, (...) des Beifalls
Gottes würdiger (ist), als der, welcher ohne jene
Eigenschaft zeitlebens dieselben Varianten sammelt". Burckhardt war fest davon überzeugt, daß
„der einzige Kleine Katechismus eines Luthers (...)
mehr wert (sei), als die gelehrteste Ausgabe der
Werke des Homers oder Cicero". Diese letzte
Bemerkung ist vielleicht sogar mit einem Seiten-
blick auf den ehemaligen Lehrer Ernesti, den
„Cicero der Deutschen", gemacht worden. Das
alles jedoch, auch seine Kritik der Universitäten
seiner Zeit, in denen das Studium seiner Meinung
nach zu oft Selbstzweck war, ist und bleibt die
Kritik eines Akademikers, der die wissenschaft-
liche Arbeit grundsätzlich schätzte, vorausgesetzt
sie stehe im Dienste der „praktischen Weisheit".
Burckhardt verstand sich sogar als „Lobredner der
Wissenschaften", jedoch nur „sofern sie dazu
dienen, uns zu guten und glückseligen Menschen

zu machen". Deshalb ist es nicht verwunderlich, daß er in seiner Geschichte des Methodismus John Wesleys große Gelehrsamkeit besonders hervorhebt und auf seine vielen Werke aufmerksam macht, die er persönlich offensichtlich auch sehr genau gelesen und als Quellen für seine Darstellung der methodistischen Erweckungsbewegung weitgehend benützt hat. Doch die Art, wie hier betont wird, daß Wesleys „Lieblingswissenschaft Jesus Christus, der Gekreuzigte," war, ist natürlich hoch symptomatisch für Burckhardts eigene spätpietistische Grundposition.

Es liegt in der Logik dieser Grundhaltung, daß Burckhardt auch missionsgeschichtliche Schriften publizierte, um das Interesse an der Verbreitung des Reiches Gottes in aller Welt zu fördern; oder daß er englische religionswissenschaftliche Studien übersetzte und, mit Kommentaren versehen, für ein größeres Publikum herausgab. Genauso wie bei Wesley kommt auch bei unserem Verfasser ein aufklärerisch–volksmissionarischer Erziehungswille zum Ausdruck; so z.B., wenn er ein naturwissenschaftliches Werk übersetzt, verkürzt und mit erbaulichen Anmerkungen versieht. Burckhardts *„Grundzüge einer Philosophie der Naturgeschichte zur bessern Erkenntnis des Schöpfers und der Geschöpfe, insbesondere aber der Bestimmung und Würde des Menschen"* (Bern 1791), mit der er sich, wie so viele Theologen seiner Zeit, in die Tradition der aufklärerischen aber frommen Physikotheologie eingliederte, stehen in Inspiration und Inhalt Wesleys *„Compendium of Natural Philosophy"* sehr nahe, von dem er meinte, es gehöre zu den „wichtigsten Werken" des Vaters des Methodismus. Mit solchen Werken wollte man sich auf die aufgekommenen modernen Naturwissenschaften einlassen und der damit verbundenen Gefahr des Unglaubens apologetisch begegnen, indem man zu zeigen versuchte, daß auch die Natur „die Ehre Gottes" bezeuge.

Vor allem aber wird sich Burckhardt 1786 mit einer neutestamentlichen textkritischen Arbeit den Titel eines Doktors der Theologie bei seiner Leipziger *alma mater* erwerben. Anlaß zu dieser Dissertation hatte ihm die Editionsarbeit des von ihm gut bekannten Charles Geoffrey Woide (1725–1790) gegeben. Dieser Pole, der seit 1770 in London als Gelehrter der Ägyptologie, Hofprediger an der holländischen Kapelle und Pfarrer der reformierten deutschen Savoy-Gemeinde tätig war, hatte 1780 auf Anraten englischer Bischöfe und gelehrter Kollegen die Herausgabe des sich im Britischen Museum befindenden „*Codex Alexandrinus*" in Angriff genommen. Das Werk wurde 1786 als ein prächtiger Band in Folio gedruckt, der die Vorlage in Faksimile wiedergab. Burckhardts Dissertation wollte im Dienste der traditionellen Lehre von der Gottheit Christi stehen und sie vor der Infragestellung durch die Neologen schützen. Er wollte sie nämlich auch textkritisch gesichert wissen. Schon mit seiner 1782 in Leipzig publizierten „*Predigt über die Gottheit Jesu Christi*" hatte er die Aufmerksamkeit spätpietistischer Kreise geweckt, die von der neologischen Aushöhlung gerade dieser Dimension des traditionellen christlichen Glaubens beunruhigt waren. Johann Christoph Karg, ein führendes Mitglied der Nürnberger Partikulargesellschaft der Deutschen Christentumsgesellschaft, hatte die Initiative ergriffen und eine große Anzahl von Exemplaren dieser Predigt vertrieben.

Gerade diese Nürnberger Partikulargesellschaft ist es gewesen, die zwölf Jahre später die Herausgabe seiner *„Vollständigen Geschichte der Methodisten"* in ihrem Rawschen Verlag besorgte. Man wird beachten, mit welchen warmen Worten Burckhardts Art und Weise, Kirchengeschichte zu schreiben, vom Verlag gerühmt wurde: sie sei eine „Stütze unseres Glaubens an Bibel und Offenbarung" und zeige, „wie fest man sich auf Gottes Wort verlassen könne; wie wahrhaftig die Lehre und Geschichte von Christo sei". Der Verfasser des Vorwortes versichert auch den Lesern, daß Burckhardt ein Mann sei, bei dem sie die richtige theologische Haltung finden würden: „Das dürfen wir bei seiner uns bekannten Denkungsart voraussetzen".

Als Nachfolger Adam Lamperts hatte Burckhardt bei seiner Übernahme des Pfarramtes in der Londoner Marienkirche die Nachfolge eines entschlossenen Freundes der Deutschen Christentumsgesellschaft angetreten. Dr. J. A. Urlsperger, der Augsburger Seniorpfarrer und Gründer dieses Bollwerkes des Spätpietismus, hatte in Lampert „ein recht auserwähltes Werkzeug zur Beförderung dieses wichtigen Werkes" gefunden, wie er von London aus nach Augsburg geschrieben hat. Zusammen mit Lampert hatte dann Urlsperger am 25. Dezember 1779 in der Marienkirche selbst die erste Partikulargesellschaft der *„Deutschen Gesellschaft zur Beförderung reiner Lehre und wahrer Gottseligkeit"* ins Leben gerufen. Ihre Mitglieder verpflichteten sich, miteinander zu korrespondieren, sich gegenseitig zu stärken und über alles zu informieren, was die Ausbreitung des Reiches Gottes betrifft. Urlspergers ursprüngliche Zielsetzung war eigentlich höher gesteckt, da er auch eine aktive literarische Bekämpfung der Aufklärungstheologie befürwortet hatte. Aber bei dem Basler Direktorium und bei einflußreichen Vertretern der Christentumsgesellschaft in Süddeutschland herrschte die Meinung vor, daß man überfordert gewesen wäre: „Unter den Theologen, die es mit uns halten", hieß es, „gibt es wenige (vielleicht keine), die die gelehrte Fechtkunst so gut verstehen, daß sie es wagen dürften, die Herren Neologen zum Kampf herauszufordern. Besser ist es also für die alte Wahrheit, wir schweigen, als daß wir eine gute Sache überverteidigen".

Das Interim nach Lamperts Tod brachte die Tätigkeit der Londoner Partikulargesellschaft ins Stocken, was Urlsperger und das Basler Direktorium der Christentumsgesellschaft sogar eine Zeitlang beunruhigt hatte. Burckhardt hatte sich jedoch von Anfang an bemüht, das Werk zu unterstützen, und war „korrespondierendes Mitglied" geworden. Es ist ihm aber kaum möglich gewesen, die Londoner Partikulargesellschaft zu einer richtigen Aktivität zu bewegen, so daß die Korrespondenz sich in Grenzen hielt. Am 1. August 1793 schrieb er ja an Friedrich Ludwig Busch, den Korrespondenten der Partikulargesellschaft von Amsterdam, der sich über die „unterlassene Korrespondenz" ein wenig beschwert und dringend um neue Nachrichten „über die Ausbreitung des Reiches Jesu" in London gebeten hatte:

> *„Was das Erste betrifft, so muß ich sagen, daß die Ursachen, warum diese Korrespondenz ins Stocken geriet, noch immer dieselben sind. Sie liegen teils in der großen Entfernung, wodurch die Kommunikation weitläufig und mühsam wird, teils aber auch in der hiesigen Verfassung unserer Deutschen, unter welchen schwer sich eine solche Particulargesellschaft zusammenbringen läßt. (...) Die Deutschen Gemeinden stehen unter sich in gar keiner Verbindung, sondern jede ist für sich. (...) Was den Zustand des innern Erfahrungschristentums unter uns und in England überhaupt betrifft, so scheint freilich das Leben nicht mehr zu sein wie vor 30, 40 und mehrern Jahren, wo man von so vielen plötzlichen Bekehrungen besonders zu der Zeit hörte, da Wesley und Whitefield predigten, welche die Stifter der sogenannten Methodisten waren."*

In seiner „*Vollständigen Geschichte der Methodisten*" gibt er auch seiner Meinung Ausdruck, daß die in England bereits vorhandenen vielen ähnlichen Gesellschaften eine Erschwerung für eine Etablierung und Ausbreitung der Deutschen Christentumsgesellschaft auf englischem Boden darstellten. Aber gerade an dieser Stelle läßt er keinen Zweifel darüber bestehen, wie notwendig er eine solche Gesellschaft für Deutschland finde, und er nimmt die Gelegenheit wahr, um Urlsperger und sein Werk zu loben und insbesondere in Schutz zu nehmen vor den Attacken der Aufklärer, die ihn als Zielscheibe genommen hatten.

Die ganze schriftstellerische Tätigkeit Burckhardts zeigt, daß er sich mit der Basler Devise „Nicht offensiv, ja noch nicht einmal defensiv, sondern nur intensiv wirken" nicht begnügen wollte. Er scheint eher die Linie der ursprünglichen Urlspergerschen Zielsetzung zu vertreten, die man vielleicht auch in Nürnberg weiterzuziehen bereit war. Jedenfalls legt seine *„Vollständige Geschichte der Methodisten"* sehr deutlich Zeugnis davon ab, daß er nicht bereit war, die Attacken der Aufklärer unwidersprochen zu lassen. Das Buch enthält eine klare Widerlegung eines neuesten, gegen Orthodoxie und Pietismus gerichteten Werkes. In seinen *„Freymüthigen Untersuchungen über Pietismus und Orthodoxie"* (Halle 1787) hatte der Heilbronner Prälat Ch. F. Duttenhofer, ein besonders streitbarer Neologe und regelmäßiger Mitarbeiter in der *„Allgemeinen Deutschen Bibliothek"* des Berliner Aufklärers Nicolai, Urlsperger und die Christentumsgesellschaft massiv angegriffen. Der Leser wird sein Augenmerk darauf richten müssen, wie geschickt Burckhardt Duttenhofers Argumente entkräftet. Es geschieht unter gezielter Heranziehung dessen, was der Methodismus für gute Früchte in England gezeitigt habe, der ja dort in seinem Wirken und Denken nichts anderes vertrete als das, was in Deutschland Urlsperger und die Gleichgesinnten vertreten möchten. Dem aufmerksamen Leser wird es aber gerade in diesem Zusammenhang nicht entgehen, daß Burckhardt bei dieser Gelegenheit es nicht unterläßt, der

Christentumsgesellschaft auch einige gute Ratschläge zu erteilen. Ganz kritiklos ihr gegenüber war er nämlich nicht! Er entschuldigt zwar manches als Kinderkrankheiten, aber formuliert dann auch sehr freimütig einige Bedingungen, unter denen allein es nach seinen Begriffen zu einer segensvollen Weiterentwicklung dieser spätpietistischen Institution kommen könne.

Burckhardts Verhältnis zur Christentumsgesellschaft war nämlich jene eigenartige Mischung von Nähe und Distanz, die man auch bei anderen Spätpietisten von Format, wie z. B. Lavater oder Jung-Stilling, beobachten kann. Der Londoner Pfarrer hatte sich 1784 bei Lavater erkundigt, was er persönlich von der Christentumsgesellschaft halte, da er selber anscheinend nicht genau wußte, mit welcher Intensität er sich da engagieren sollte. Die Antwort des Zürchers lautete:

> *„Von Urlspergers christlicher Gesellschaft weiß ich zu wenig, um darüber urteilen zu können. Was ich aber davon weiß, ist nicht sehr ermunternd. Gut meinen mögen sies immer. Aber Licht fehlt, und freie, forschende Erkenntnis. Es ist ein, schon in eine Form gegossenes, Völklein, das über jedem ungeweihten Wort erschrickt ..."*

Lavater meinte allerdings auch, Gott würde sich ihre gute Absicht und ihren Eifer gefallen lassen; und wir wissen, daß sein Verhältnis zur Christentumsgesellschaft doch noch ein herzliches geworden ist. So scheint es auch Burckhardt ergangen zu sein. Bei aller Nähe zur Christentumsgesellschaft und bei aller Zustimmung in bezug auf ihr Grundanliegen, sieht sein scharfes Auge, daß es dort Christen gibt,

> *„denen in ihren beschränkten Einsichten alles als Neuerung in der Religion vorkommt, was die alte Lehre bloß mit neuen Worten vorträgt".*

Darum enthält die *„Vollständige Geschichte der Methodisten"* auch ernsthafte Warnungen vor einer pietistischen Verengung, die dem aufklärerisch offenen und berührungsangstfreien Verfasser überhaupt nicht paßte. Wie hätte es auch anders sein können bei jemandem, der im anglikanischen Bischof Joseph Butler (1692–1752) einen Bundesgenossen im Kampf um das „wahre Christentum" sah, sich also am rationalen Supranaturalismus und an dessen antideistischer Apologie des Christentums wie der berühmten *„Analogy of religion, natural and revealed"* (1736) nicht im geringsten störte, sondern das Buch (in der deutschen Übersetzung des Aufklärers Spalding!) seinen Lesern empfehlen konnte?

Und trotzdem ist Burckhardt ein Förderer der Christentumsgesellschaft geworden. Ihr Sekretär Steinkopf konnte sogar in einem Brief vom 15. Februar 1798 in dem Pfarrer der Marienkirche einen hoffnungsvollen Träger ihrer Anliegen erblicken. Schrieb er ihm doch damals:

> *„Sie haben solch ein großes Interesse an der ersten Formierung unserer Gesellschaft gezeigt, daß wir keinen Zweifel darüber haben, daß Sie deren Sache immer noch zu fördern wünschen. Wir laden Sie ein, uns dadurch zu ermutigen, daß sie*

weiterhin mit uns korrespondieren. Denn in unserer Zeit wird eine enge Verbindung der zerstreut wohnenden Kinder Gottes doppelt notwendig und segensreich."

Im selben Brief bittet ihn Steinkopf, einen Bericht aus dem Deutschen ins Englische zu übersetzen und den Text der kurz vorher gegründeten „Londoner Missionsgesellschaft" zukommen zu lassen. Burckhardt, der selber voller Bewunderung für die missionarischen Leistungen Wesleys, Whitefields und der Herrnhuter war und die Hallische Mission von Anfang an aktiv gefördert hatte, ja sogar eine *„Geschichte der Mission"* kurz vor seinem Tode publizieren wird, trat somit noch gegen Ende seines Lebens in die Rolle eines Vertreters der Christentumsgesellschaft in London und eines Bindeglieds zwischen der Londoner Mission und den an der missionarischen Ausbreitung des Reiches Gottes interessierten Kreisen des deutschsprachigen Kontinents. Einige Übersetzungen des „Mitdirektors" der Londoner Missionsgesellschaft J. G. Burckhardt stehen somit abgedruckt im Londoner *„Evangelical Magazin"*.

* * *

Wo und von wem wurde Burckhardts Darstellung des Methodismus nach ihrer Veröffentlichung gelesen? Es gibt keine leichte Antwort auf diese Fragen. Man geht aber kaum fehl in der Annahme, daß die Kreise der Deutschen Christentumsgesellschaft zu den Hauptabnehmern des Werkes zu rechnen sind. Ein Indiz dafür dürfte die Reaktion des Stuttgarter Hofkaplans Gottlieb H. Rieger sein, der noch im Erscheinungsjahr 1795 ein Exemplar des Buchs zu erwerben suchte. Da schon sein Vater, ein Konsistorialrat der württembergischen Landeskirche, vom erwähnten Heilbronner Prälaten Duttenhofer früher einmal als „bigott-piestistischer Ignorant" apostrophiert worden war, hatte der Sohn auch einige persönliche Gründe, um das Buch anschaffen zu wollen, in welchem dem Beleidiger seines Vaters öffentlich widersprochen wurde. Dieses federführende Mitglied der Stuttgarter Partikulargesellschaft, die neben Nürnberg und Basel zu den wichtigsten zählte, war zudem ein erwiesener Gegner der „Modephilosophie und Modetheologie", der viele der Predigtamtskandidaten seiner württembergischen Kirche offensichtlich verfallen waren. Er sah in Burckhardts Schrift eine willkommene Hilfe auf jener antineologischen Front, die auch er stärken wollte, ein „antidotum gegen Nicolai und Nicolaiten, falsche Kantianer und Aufklärer aller Art", wie er sich einmal ausdrückte.

Auch von Jung-Stilling, damals noch Professor der Nationalökonomie in Marburg, der kurz vorher beschlossen hatte, seine Erbauungsschriften bei Johann Philipp Raw in Nürnberg drucken und verlegen zu lassen, wissen wir, daß er schon am 11. Februar 1795 Burckhardts *„Geschichte der Methodisten"* ins Haus geschickt bekam. Stilling, der ebenfalls zwischen Pietismus und Aufklärung anzusiedeln ist, hatte sich in der letzten Phase seines Lebens einer entschiedenen Erweckungstheologie zugewandt. Derjenige, der sich nach Lavaters Tod als dessen Nachfolger gesehen hat, ist durch seine erbaulichen Schriften als „Patriarch der Erweckungsbewegung" in die Geschichte eingegangen. Dieser „Missionarius in der Aufklärung", wie er sich 1798 einmal selbst bezeichnete, ist tatsächlich ein wichtiger Faktor in der Vorbereitung der Erweckungsbewegung geworden, die im beginnenden 19. Jahrhundert die Aufklärungstheologie in großen Teilen des deutschen Protestantismus (für eine Zeit) wegfegen wird. Gerade im Erscheinungsjahr von Burckhardts Geschichte des Methodismus fing für Jung-Stilling die Zeit der intensiven Korrespondenz und Zusammenarbeit mit dem Basler Sitz der Deutschen Christentumsgesellschaft an. Nach vielen Jahren, die auch bei ihm von Nähe und Distanz gekennzeichnet gewesen waren, war er jetzt entschlossen, mit kleinen Volksschriften „gegen die wütenden Fortschritte der Aufklärung" vorzugehen, und wandte sich zu diesem Zwecke dem Rawschen Verlag zu, um ab Sommer 1795 ein Periodikum erscheinen zu lassen. In „*Der Graue Mann*", wie die Zeitschrift hieß, hat Jung-Stilling immer wieder Schriften mit dem gleichen biblischen Geist und erbaulich-missionarischen Anliegen empfohlen. Im sog. 6. Stück dieser Zeitschrift (erstes Halbjahr 1799) finden wir eine Darstellung der methodistischen Erweckungsbewegung in England, die Jung-Stilling als Beweis für die nahe Endzeit verstanden wissen wollte. Und bei dieser Gelegenheit wird die „*Vollständige Geschichte der Methodisten*" zur weiteren Beschäftigung mit der Materie empfohlen.

Auch bei den späteren Befürwortern der deutschsprachigen Erweckungsbewegungen des frühen 19. Jahrhunderts wird man aus leicht zu verstehenden Gründen den Methodismus in einer Art und Weise zur Sprache bringen, die der Burckhardtschen Art sehr verwandt war. Auch hier wird man in der methodistischen Erweckungsbewegung ein willkommenes Beispiel für die Möglichkeit der herbeigesehnten Neubelebung der Religion im eigenen Lande erblicken. Aus diesem Grunde förderte man die dem Methodismus günstigen Publikationen. So wird die Instrumentalisierung der Geschichte des Methodismus im Burckhardtschen Sinne weiterwirken, z.B. bei Friedrich Adolf Krummacher, bei A. Tholuk oder bei L. Bonnet, deren Veröffentlichungen das deutsche Publikum mit dem englischen Methodismus bekannt gemacht haben.

Die liberale Kirchengeschichtsschreibung des anfänglichen 19. Jahrhunderts dagegen wird sich bemühen, das deutsche Methodismusbild von der in ihren Augen allzu positiven Interpretation eines Burckhardt zu befreien. Auch hier wird man also bei der erwähnten Instrumentalisierung des Methodismus bleiben, nur, daß man ihn jetzt als abschreckendes Beispiel darzustellen versucht. So wird 1838 der spätere Straßburger Kirchenhistoriker Johann Wilhelm Baum in einer ziemlich virulent geschriebenen Jugendschrift zum Methodismus denselben Kampf gegen die Pietisten und die Orthodoxen seiner Zeit führen, wie Wendeborn zwei Generationen früher. In dieser Schrift prangert der liberale Theologe den reformierten Kollegen Adolphe Monod aus Lyon an wegen seines Eintretens „für die Sache des methodistischen Pietismus", das „ihn berühmt gemacht" haben soll. Baum rügt das Interesse an einer „neuen methodistischen Orthodoxie" in den eigenen Reihen, die es möglich mache, daß „ein protestantischer Geistlicher unserer Zeit" wie Dr. Fr. W. Krummacher, der evangelisch–reformierte Pastor zu Gemarke im Wuppertal, noch an die Existenz des Satans glaube.

Fünfundsiebzig Jahre nach dem Erscheinen der Burckhardtschen Monographie zum Methodismus wird Ludwig Sigismund Jacoby (1813–1874), der Pionier der deutsch–amerikanischen methodistischen Missionsarbeit in Deutschland und in der Schweiz, in einer eigenen Darstellung von Geschichte und Wesen des Methodismus sehr dankbar auf die *„Vollständige Geschichte der Methodisten"* zurückgreifen, um die positive Einstellung des früheren lutherischen Pfarrers in den Dienst seiner Apologie der eigenkirchlichen Tradition zu stellen. Er ließ nämlich das 12. Kapitel seiner *„Geschichte des amerikanischen Methodismus und die Ausbreitung desselben unter den Deutschen"* (Bremen 1870) mit Burckhardts Worten beginnen:

> *„Die Kirchenzucht der Methodisten hat viel Ähnliches mit der Einfachheit und Strenge der ersten christlichen Kirche. Da sie die großen Veränderungen, welche von Zeit zu Zeit erfolgten, nicht erwarteten, so wurde anfänglich kein eigentlicher Plan zur Regierung der Gemeinden entworfen. Alle Anordnungen, die sie machten, die Gesetze, die sie einführten, die Übungen, die sie vorschrieben, entstanden gelegentlich und von sich selbst, je nach dem die ganze Lage der Dinge es notwendig machte."*

Was Jacoby wie folgt kommentierte: „Wir können dieses Kapitel nicht besser anfangen als mit diesem vorurteilsfreien Ausspruch eines frommen lutherischen Predigers, der die Geschichte der Methodisten genau kannte und Zeuge ihres segensreichen Erfolges war."

Somit schließt sich der Kreis: Im Jahre 1795 hatte das Beispiel der methodistischen Erweckungsbewegung in England einem deutschen spätpietistischen lutherischen Pfarrer als Waffe in seiner Reaktion gegen eine sich in seiner Heimat radikalisierende und zum Rationalismus übergehende Neologie gedient. Im Jahre 1870 wird die von einem Lutheraner verfaßte *„Vollständige Geschichte der Methodisten"* zur Selbstverteidigungswaffe eines vom angelsächsischen Raum kommenden Methodismus, der in Deutschland und in der Schweiz Fuß gefaßt hatte und bereits Gegenstand vieler Angriffe von seiten des deutschsprachigen Protestantismus geworden war.

Es ist unverständlich, daß diese bemerkenswerte und spannende Schrift, die, wie gesagt, im Spannungsfeld von Pietismus und Aufklärungstheologie geschrieben wurde, im späteren deutschsprachigen methodistischen wie nichtmethodistischen Schrifttum kaum mehr Beachtung gefunden hat als eine gelegentliche Erwähnung bei der Aufzählung früherer deutschsprachiger Literatur zum Methodismus. Der vorliegende Neudruck möchte diesem unverdienten Schicksal ein Ende bereiten.

Theologisches Seminar
der Evangelisch–methodistischen Kirche.
Reutlingen, im Advent 1994

Vollständige Geschichte

der

Methodisten

in England,

aus glaubwürdigen Quellen.

Nebst den Lebensbeschreibungen ihrer beyden Stifter, des Herrn Johann Wesley und George Whitefield.

Von

D. Johann Gottlieb Burkhard,

Diener des Evangelii bey der deutschen Mariengemeinde in der Savoy zu London.

Erster Theil.

Nürnberg,
im Verlag der Raw'schen Buchhandlung
1795.

Prüfet alles; behaltet das Gute.

Vorrede.

Daß alles, was in die Geschichte ein-
schlägt, sehr unterhaltend seyn müße, siebt
man aus der Begierde, womit die meisten
Schriften dieser Art gelesen werden: Und
das hat ganz natürliche Ursachen, weil alle
größern und kleinern Begebenheiten in der
Welt gemeiniglich wunderbar zusammen-
hängen, unsere Wißbegierde nähren und
sich zugleich auf uns selbst beziehen, auf
unser Leben und Schicksale anwendbar —
für unser Verhalten lehrreich sind. Die
Geschichte ist ein Spiegel der göttlichen

Vora

Vorsehung und es muß uns freylich wohl-
thun, wenn wir aus so unzähligen Spuren erkennen dörfen: Wie mächtig, weiß-
lich, treu und liebvoll sie an allem in der
Welt theilnehme und wie mannigfaltig sie
sich an den Menschenkindern verherrliche.

Was wir hier von der Geschichte ins
Allgemeine sagen, gilt noch vorzüglicher von
der Kirchengeschichte, dieser Stüze
unsers Glaubens an Bibel und Offenbah-
rung — dieser, aus Thatsachen sprechen-
den Lehrmeisterin, die uns so viele Jahr-
hunderte hindurch überzeugt: Wie vest man
sich auf Gottes Wort verlassen könne; wie
wahrhaftig die Lehre und Geschichte von
Christo sey; wie viel Gott an dieser Lehre
liege; was er zur Ausbreitung derselben in
grössern und kleinern Ländern zu allen Zeiten herrlichs gethan habe, folglich, welch
ein Ernst es Ihm mit allen seinen Anstalten durch Christum sey. Dieß zu bestätti-
gen, sehe man vorliegendes Buch als einen
kleinen

kleinen Beytrag an, so wie es gewiß der
Würdige Hr. Verfasser selbst aus keinem
andern Gesichtspunct gelesen haben will:
Das dörfen wir, bey seiner uns bekannten
Denkungsart voraussetzen. Aufmerksame
Leser werden sich nun überzeugen, daß man
von diesem Buche in der Ankündigung nicht
zu viel versprochen habe. Der Herr Verfasser schreibt nemlich in einem so angenehmen und lehrreichen Ton, mischt so gesunde und bescheidene Urtheile ein, giebt über
nützliche Gegenstände so zuverläßige und be-
friedigende Auskunft, eröfnet da und dort
einen so hellen Blick auf die Verfaßung der
Englischen Kirchen und hohen Schulen,
stellt manchmal so treffende Charaktere auf
und würzt seinen Vortrag mit so erbaulichen
Gedanken; daß dieß Werk, nicht nur als
brauchbarer Beytrag zur Kirchengeschichte,
seine Leser über eine, oft sehr verkannte
Parthey, befriedigen, sondern auch sonst
noch ihren Verstand und ihr Herz angenehm
unterhalten und von dieser Seite besonders
Lehrern und Predigern in Erholungsstun-

den

Vorrede.

den sehr willkommen seyn wird. Mögte diese Schrift nur zur Ehre Gottes und Seines Gesalbten großen und bleibenden Nutzen stiften! Das hoft mit gutem Grund

der Herausgeber.

Nürnberg,
im November 1794.

———

Inhalt

Inhalt
des ersten Theils.

I.

Nahme und Ursprung der Methodisten.　　Seite 5

II.

Fortgang und Vermehrung der Methodisten.　S. 25

III.

Von den beiden Hauptzweigen der Methodisten.
S. 60

IV.

Lithurgie und Kirchenzucht der Methodisten.　S. 85

V.

Uebungen, Gebräuche und Sitten der Methodisten.
S. 120

VI.

Einfluß des Methodismus auf das gemeine Wesen.
S. 148

Geschichte
der
Methodisten in England.

Einleitung.

Die Nachrichten, welche man in Deutschland von den sogenannten Methodisten hat, sind so mangelhaft, so verschieden, und zum Theil so ungegründet, daß ich es für meine Pflicht halte, die Geschichte derselben aus glaubwürdigen Quellen, nach ihrem ganzen Umfange und in möglichster Vollkommenheit zu beschreiben. Ich habe mich oft über die Kühnheit gewundert, mit welcher man über diese Secte urtheilt, ohne sie genau zu kennen; und die wunderlichen Vorstellungen, die man sich von ihr macht, haben ihren Ursprung in der Unwißenheit derer, welche davon schrieben oder sprachen, und in der Täuschung derer, welche ohne weitere Untersuchung solchen Urtheilen oder Gerüchten glaubten. Gleichwol betrift die Sache nichts geringeres, als die Geschichte des Christenthums auf einem sehr beträchtlichen Theile des Erdbodens beinahe durch ein halbes Jahrhundert, und man wür-

de in der Kirchengeschichte unserer Zeiten künftig einen sehr wesentlichen Punkt vermißen,
wenn man nicht hinlänglich mit den Schicksa-
len und Begebenheiten der Methodisten in England bekannt gemacht würde.   Es ist mein
Versuch, und meine Absicht, diese Lücke auszufüllen; aber auch zugleich solchen Christen,
welche von der Göttlichkeit des Evangeli überzeugt sind, manchen Wink zu geben, der sie
in ihrem Glauben befestigen, und vor Aberglauben und Leichtgläubigkeit verwahren kann.
Man fordert von einem Geschichtscheiber mit
Recht, daß er weder Vaterland noch Religion, weder Freund noch Feind haben, sondern ganz unpartheyisch Menschen und Dinge
beschreiben müße, wie er sie findet.   Dieses Gesetz will ich immer vor Augen haben; aber man wird mir alsdenn auch das
Urtheil verzeihen, das ich aus durchdachten
Gründen, die sich auf Thatsachen beziehen,
und aus Ueberzeugung, von den Methodisten
bisweilen werde einfließen laßen, und welches
dahinaus läuft: Daß sie, im Ganzen genommen, der Lehre und der Kirchenzucht der ersten Christen sich am meisten nähern.   Es ist
immer merkwürdig genug, daß die Methodisten gerade zu der Zeit in England aufstunden,
wo in Deutschland die sogenannten Pietisten
das meiste Aufsehen machten, und daß in jenem ein Wesley und Whitefield auftraten, wo
in

in diesem ein Spener und Franke das wahre
praktische Christenthum wieder geltend zu machen suchten, das durch die spitzfindigen Streitigkeiten über den blos dogmatischen Theil der
Religion, die durch die Reformation veran-
lasset worden waren, beynahe vergeßen worden wäre.

Eben so aufrichtig werde ich aber auch meine Meynung da sagen, wo ich mit gewißen
Lehrsätzen und Uebungen derselben nicht über-
einstimmen kann, oder wenigstens vor den
Mißbräuchen warnen, die aus beiden entstehen können, eingedenk stets meines Motto:
Prüfet alles, und das Gute behaltet. Der
Schriftsteller hat aber immer nur eine Stimme im Publikum, und er kann sich nicht be-
schweren, wenn der Leser das für gut hält,
was er verwirft; oder wenn jener das verwirft, was er für gut hält. Aber das werde
ich mir zur heiligsten Pflicht machen, die Thatsachen selbst nach ihrer Glaubwürdigkeit und
im Zusammenhänge darzustellen, um den Leser
in den Stand zu setzen, ein richtiges Urtheil
für sich selbst zu fällen. Ich habe das Glück,
den verehrungswürdigen Johann Wesley,
welcher noch lebt, persönlich zu kennen; ich
bin öfters mit ihm in Gesellschaft gewesen:
Er, der eigentlich als der erste Stifter und
Vater der Methodisten anzusehen ist, hat mir
auf meine Bitte, selbst, nebst einem Briefe

alle

alle die Schriften überschickt, aus welchen ich
eine glaubwürdige Geschichte schreiben könnte;
ich habe vielen Umgang mit Methodisten gehabt, habe ihrem Gottesdienste häufig beigewohnt, und als Augenzeuge alles untersucht,
so weit es mir möglich war. Können alle diese Umstände mir auch nicht dafür bürgen, daß
alle Leser, gleich wie ich denken, und mich
für ganz unpartheyisch halten werden; so machen sie mir doch die Hofnung, und geben
mir die Beruhigung, daß ich nichts wesentli-
ches zur Sache gehöriges verschwiegen habe,
und daß meine Urtheile darüber nicht übereilt
oder ungegründet sind.

I. Nahme

I.

Nahme und Ursprung der Methodisten.

Aus der Kirchengeschichte ist bekannt, daß diejenigen Nahmen, womit man die verschiedenen Secten bezeichnet hat, meistentheils aus dem Widerwillen und Haße ihrer Gegner und Feinde gefloßen sind. Die Wahrheit hat unendlich viel dabey gelitten, wenn man es erst soweit hat bringen können, gewiße verhaßte Nahmen zu erfinden und in Gang zu bringen, womit man eine gewiße Gattung von Menschen zu brandmarken glaubte. Die Menschen, welche so gerne nachahmen, und in den allgemeinen Ton einstimmen, geben sich nun keine Mühe mehr, selbst zu untersuchen, und das Unkraut von dem Waizen auf dem Acker der Kirche gehörig zu unterscheiden, sondern laßen sich durch den bloßen eingeführten Nahmen bestimmen, eine Secte, einen Menschen, einen Lehrsatz, eine Uebung zu verachten oder zu verwerfen, ohne zu bedenken, daß man dabey auch viel Wahres und Gutes verwirft: Und wenn es einmal Mode geworden ist, ohne weitere Untersuchung und ohne Billigkeit darüber zu spotten oder zu lachen, so spottet und lachet man mit, gesetzt, daß

man

man auch hohe Ursache haben sollte, ernsthaft zu seyn und nachzudenken. — Ich will dabey die Irgläubigen, und die Schwärmer gar nicht in meinen Schutz nehmen, welche mit Recht sich eines oder des andern verhaßten Nahmens schuldig gemacht haben, womit man sie belegt hat, um andere vor ihnen zu warnen. Die alten Pharisäer und Saducäer, über deren Heucheley und Unglauben Jesus so oft klagte, haben in mancher veränderten Gestalt biß diesen Tag ihre Nachkommen gehabt. Man gebe diesen beiden Partheien, welche sich wirklich jezt noch in der Christenheit finden, und wovon die eine zu viel bloß auf äußerliche Religion dringt, und die andere zu wenig, oder gar keine Religion hat, wovon die eine zum Aberglauben, die andere zum Unglauben geneigt ist, man gebe ihnen den Nahmen, der ihnen gebührt. Man nenne jene nicht mehr spottweise Heilige, Fromme, denn dieser Nahme verdient Ehrfurcht, läßt keine Nebenbedeutung zu, und ist unser einziger Ehrennahme; sondern man nenne sie, wenn und so weit man Grund dazu hat, Irrende oder Heuchler; und diese nenne man nicht mehr starke Geister, denn dieser Nahme gehört bloß einer gesunden, durch das Evangelium erleuchteten Vernunft und einem edlen frommen Herzen, sondern man nenne sie, wie sie verdienen, schwache Geister, schwach von

Seiten

Seiten ihres Kopfs, und bedauernswürdig von Seiten des Herzens. Aber man verwechsele mit ihnen nicht den lernbegierigen Wahrheitsforscher, den vernünftigen frommen Christen, deßen aufrichtiges höchstes Bestreben es ist, recht zu glauben, christlich zu leben und selig zu sterben, der in allen nach der Richtschnur des göttlichen Worts sich bildet, und dabey weder zur Rechten noch zur Linken abweichen will. Solche weise und gute Menschen mit einem Spott- und Schimpfnahmen zu belegen, das heißt, sich an der Wahrheit und Religon selbst versündigen. Gleichwol lehret eine traurige Erfahrung, daß bey dem immerwährenden Kriege, welchen die christlichen Partheyen geführt haben, auch rechtschaffene Christen verfolgt, und daß ihnen lächerliche oder verhaßte Nahmen beigelegt worden sind, welche aber so wenig schändlich in sich selbst sind, daß sie ihnen vielmehr zur wahren Ehre gereichen. Wer erinnert sich nicht hierbey an die Nahmen der Pietesten in Deutschland? Der Hugonotten und Quietisten in Frankreich, und der Methodisten in England? Was man eigentlich von den letztern zu halten habe, und was jeder Vernünftige von ihnen denken muße, das wird nun aus ihrer Geschichte, und selbst schon aus dem Ursprunge des Nahmens erhellen.

Es

Es war im Jahre 1729. als vier Studenten auf der Universität zu Oxford, nämlich: Die beiden Brüder Johann und Carl Wesley, Morgan, und Kirkham, eine kleine Gesellschaft unter sich in der Absicht errichteten, einigemal in der Woche des Abends zusammenzukommen, um die klaßischen Schriftsteller, am Sonntage aber den Grundtext des Neuen Testaments zu lesen, um sich darüber zu unterreden. In der Folge traten noch mehrere zu ihrer Gesellschaft, und unter andern auch der berühmte Jacob Hervey, deßen Betrachtungen über den gestirnten Himmel, über einen Blumengarten und andere Gegenstände der natürlichen und geoffenbarten Religion, so viele Erbauung und Nutzen gestiftet haben. Im Jahre 1735. wurde auch Whitefield unter sie aufgenommen, ob er gleich nur ein gemeiner Servitor eines Collegii war. Ueberhaupt ist diese Gesellschaft eine Pflanzschule gewesen, in welcher viele gelehrte und fromme Männer gezogen worden sind, die hernach selbst in der Kirche von England geistliche Aemter verwaltet, oder sich durch Schriften berühmt gemacht haben. Die beiden vornehmsten indessen, welche als die Stifter und Väter der Methodisten anzusehen sind, waren Wesley und Whitefield, deren Lebensbeschreibungen ich dieser Geschichte beifügen werde.

Ihre

Ihre Lebensart, welche überaus regelmäßig war, und der gewißenhafte Fleiß nebst
der Ordnung, welche sie in ihrem Studieren
zeigten, erregte gar bald die Aufmerksamkeit
ihrer Akademischen Mitbürger, die gleichwol
nicht Willens waren, in ihre Fußtapfen zu
treten, und unter welchen Einer sich einst
spottweise des Ausdrucks bediente: "Es ist
eine neue Gattung von Methodisten unter
uns aufgestiegen" womit er auf gewiße alte
Aerzte anspielte, welche so genennt wurden.
Der Name war neu und witzig; er wurde bekannt und gefiel, und jene frommen Jünglin-
ge waren nun bey der ganzen Universität durch
diesen Namen ausgezeichnet.   Ihre Nachfolger behalten ihn biß auf diesen Tag.   Bey
dem großen gedankenlosen Haufen, einen, vielleicht wahren und rechschaffenen Christen, verdächtig zu machen, wo nicht gar lächerlich, bedarf man weiter nichts, als mit einem einzigen unbedachtsamen Jüngling, und also mit
erborgtem Witz nachzusagen: Er ist ein Methodist! ―

Wenn man bedenkt, daß edle und liebenswürdige Eigenschaften des Geistes und Herzens diesen Namen veranlaßten, so sollte man
glauben, daß er, wenigstens bey Vernünftigen,
ehrwürdig seyn müßte. Regelmäßigkeit und
Ordnung, Stille und Eintracht, Fleiß und
Frömmigkeit waren die Kennzeichen der Me-

tho-

thodiſten. Sie waren und blieben der Lehre
und den Verordnungen der hohen biſchöfflichen
Kirche völlig treu, und beobachteten die Satzungen der Univerſität biß auf die geringſten
Kleinigkeiten, doch aber nur deswegen, weil
ſie glaubten, daß alles mit ihrem Hauptbuche,
der Bibel, übereinſtimme. Ihr einziges
Verlangen und ihr ganzer Vorſatz war, auf-
richtige, und ſo zu ſagen, bibliſche Chriſten
zu ſeyn. Die heilige Schrift machten ſie zur
einzigen Richtſchnur ihres Glaubens und Lebens, und zwar nach dem Sinn und der Erklärung der alten chriſtlichen, und der neuen
Engliſchen oder Biſchöfflichen Kirche. Das
einzige, was man ihnen vorwarf, war, daß
ſie allzugerecht wären, daß ſie alles zu genau nähmen, daß ſie ſich zu gewiſſenhaft nach
den Satzungen der Kirche und den Statuten
der Akademie richteten, und daß ſie die Bibel
in einem ſo ſtrengen und buchſtäblichen Sinn
erklärten, daß, wenn ihre Lehre wahr ſey,
nur Wenige ſelig werden könnten. Dieſe
Urtheile ſo wohl, als ihre Bemühungen um
wahre Erkenntniß und Gottſeligkeit dauerten,
ſo lange ſie ſich auf der Univerſität befanden,
ſechs Jahre lang, und die Verläumdungen
vermehrten ſich im Verhältniß mit ihrem Eifer.

Einer von ihnen, Morgan, ſtarb auf der
Univerſität. Sein Vater, welcher durch das
verführeriſche Gerücht getäuſcht war, breitete
aus,

aus, daß bloß Johann Wesley und sein Bruder die Ursache des Todes seines Sohnes gewesen wären, weil sie ihn zu einer allzugroßen Enthaltsamkeit und zum Fasten angehalten hätten. Denn unter andern vernachläßigten Gebräuchen der christlichen Kirche suchte Weslen auch das Fasten zu gewißen Zeiten wieder herzustellen. Er antwortete aber dem allzuzärtlichen Vater in einem Briefe, welcher sehr lesenswürdig ist. Sie wollten das Fasten bloß darum wieder einführen, um der Schwelgerey und Trunkenheit zu steuren, welche damals unter den Studenten so sehr eingerißen waren. Es war ihre Gewohnheit, Mittwochs und Freitags vor drey Uhr Nachmittags nichts zu genießen, ein Fasten, daß mehr Mäßigkeit genennt zu werden verdient, und bey welchen keineswegs der Gesundheit geschadet wird. — Es war ihnen darum zu thun, das Gemüth in beständigem Nachdenken auf die wichtigsten Angelegenheiten eines Menschen auf Erden zu erhalten, und davon zeuget auch ihr ganzes anderweitiges Verhalten. Denn sie baten den Bischoff von Oxford, daß es ihnen erlaubt seyn möchte, die Gefangenen zu besuchen, wozu sie durch den schrecklichen Umstand bewegt wurden, daß ein Mann, der eben im Gefängniß saß, seine Frau umgebracht hatte. Ueberdieß besuchten sie auch freywillig die Armen und Kranken in der Stadt, von

denen

benen sie hörten, und theilten ihnen Trost,
Geld und erbauliche Schriften aus. Der
Bischoff billigte alles dieses; und Johann
Wesley wurde darinn immer mehr durch die
Zuschriften seines alten siebzigjährigen Vaters, eines Predigers, bestärkt, welcher oft
in seinen Briefen an seine Söhne in Oxford
den Wunsch äußerte, daß sie den Krieg gegen
Welt und Teufel fortsetzen möchten, welchen
er nun schon als ein ausgedienter Streiter so
lange geführt habe. Er bediente sich öfters
der Worte des heiligen Paulus in den Briefen an seine beiden hofnungsvollen Söhne:
Ich rede mit großer Freudigkeit zu euch,
ich rühme viel von euch; ich bin erfüllet
mit Trost, ich bin überschwenglich in Freuden, in allem unsern Trübsal. *) — Dieses machte ihnen Muth, und sie legten sich
und denen, die ihnen gleichgesinnt waren, in
ihren Zusammenkünften gewiße Fragen zur
Beantwortung vor, theils sich untereinander
selbst zu allem Guten zu ermuntern, theils
ihre Gegner abzuweisen. Ich will von diesen
Fragen nur die drey wichtigsten bemerken:

"Ist es nicht die Pflicht aller Menschen
und Christen in allen Ständen, und ist
es nicht ihr eigner Vortheil, ihrem
Erlöser so viel als möglich nachzuahmen,
welcher herumgieng und wohlthat?—"

"Ist

*) 2. Cor. 7, 4.

"Ist es nicht der Mühe und des Ver=
suches werth, seinen Verwandten so=
wohl als allen andern Menschen da=
durch wohlzuthun, daß man ihnen
die Nothwendigkeit vorstellt, wahre
Christen zu werden? —"

"Ist es wohl unserm oder irgend einem
andern Stande zuwider und schänd=
lich, den Hungrigen Brod, den Nacken=
den Kleider, den Kranken Medicin,
und jedem Nothleidenden Hülfe zu
verschaffen? —"

Wer kann diese ersten Fragen mit Nein,
und die letzte mit Ja beantworten, ohne den
Namen eines Menschenfreundes, geschweige
eines Christen zu verlieren? Und wer bewun=
dert nicht die Ausführung solcher edlen gros=
müthigen Entschließungen in jungen Leuten,
welche volle Freiheit hatten, ihr Geld auf eine
andere, auf Universitäten gewöhnlichere Art
anzuwenden, aber welche es aus Liebe zu Gott
und Menschen für ihre Brüder aufopferten?
Nennet man es Schwärmerey? — So wün=
sche ich, daß alle Menschen Schwärmer seyn
mögen.   Man nannte sie Sacramentarier,
weil sie jeden Sonntag das heilige Abendmal
genößen; aber thaten das nicht auch die ersten
Christen? Man tadelte sie, daß sie überflüßige
gute Werke thäten; aber kann man im Guten
wohl

wohl zu viel thun? Man nannte sie die heilige, die göttliche Gesellschaft, die alles reformiren wolle u. s. w. *) Und sind solche Gesellschaften denn der Welt nachtheilig, deren Zweck es ist, dem Unglauben und Laster einen Damm zu setzen, und immer mehr wahre Religion, Tugend und Menschenliebe zu verbreiten? Daß aber damals besonders eine Verbeßerung in der Kirche und den Sitten nöthig war, davon werden wir uns beßer überzeugen können, wenn wir mit dem damaligen Zustande der Religion überhaupt, und mit den Einrichtungen und Sitten der Englischen Universitäten insbesondere, näher bekannt sind.

Der Zustand der Englischen Kirche hat, beinahe wie jede andere Sache in der Welt, eine gute, aber auch unvollkommene Seite; sie hat ihre Vorzüge, aber auch ihre Fehler. Seit der Reformation ist die Lehre gereinigt, und ihre 39. Artikel, welche, ihr symbolisches Buch ausmachen, auf welche der Testacte zufolge, der Religionseyd geleistet werden muß, stimmen in der Hauptsache mit der heil. Schrift überein. Ihr Gottesdienst nähert sich der Einfalt und heiligen Würde der alten christlichen und Apostolischen Kirche; denn man setzt das Wesentliche nicht in Predigten, welche gleichsam nur ein Anhang der öffentlichen Gottes-

*) The holy, godly, reforming Club.

tesverehrung sind, sondern im gemeinschaftlichen Gebet, im Verlesen des göttlichen Wortes, und im Genuß des heiligen Abendmals. Die dazu verordneten Gebetsformeln und Vorschriften, welche unter Königin Elisabeth durchs Parlement als Richtschnur festgesetzt sind, haben auch wirklich viel vortrefliches. Aber man kann sich leicht vorstellen, wie einförmig, kalt und mechanisch der Gottesdienst werden muß, wenn dieselben Gebete, seit so einer langen Zeit, ohne Abwechselung und Veränderung wiederholt werden. Das Kirchenregiment ist in den Händen der Bischöffe, welche vom König, als dem Oberhaupte der Kirche, ihre Stellen erhalten, und zugleich als Barone des Reichs, im Oberhause des Parlements Sitz und Stimme haben. Sie bekümmern sich also großentheils wenig um Kirchen und Schulen, und predigen höchst selten. Man las jüngst bey der Nachricht von dem Tode eines Bischoffs die Anekdote, daß er während der vierzig Jahre, wo er den Hirtenstab über die ihm anvertrauten Gemeinden führte, nur ein einzigesmal gepredigt habe. So viele gelehrte und würdige Prälaten es auch unter ihnen gegeben hat, und noch giebt, und so viele Ehre auch der jetzige Bischoff von London, D. Porteous, der Bischoff von Salisbury, D. Barrington, der Bischoff von Hereford, D. Butler, der Bischoff von
Water-

Waterford und andere, ihrem Bischoffshute
machen, so wird doch der Glanz und die Macht,
womit ihr Stand umgeben ist, für viele eine
Versuchung, wie Pabst Sixtus, so lang er
Cardinal war, geschäftig und mit Bücken den
Schlüßel Petri zu suchen, aber alsdenn auf-
recht zu gehen, wenn sie ihn gefunden haben.—
Die eigentlichen Prediger oder Rectors der
Kirchspiele, predigen fast eben so wenig. Denn
da sie meistens sehr reiche Pfründen und Ze-
henten haben, auch mehrere Stellen in verschiedenen Kirchspielen, oft in weit auseinander gelegenen Städten und Landschaften zugleich besitzen können, so bringen sie ihre Zeit
in London oder auf ihren Landsitzen in ruhiger
Sorglosigkeit zu, indeßen daß ihre Curaten,
oder gemiethete niedere Geistlichen für ein
Weniges die schwersten Kirchendienste für sie
verrichten. Das Patronatrecht auf Kirchen-
ämter ist meist bloß Finanzsache; man kauft
und verkauft sie, wie ein liegendes Grund-
stück. Beinahe hielt ich es für Satyre auf
Simonie, als ich das erstemal in den Englischen Zeitungen unter den Artikeln, die zu verkaufen waren und zum Kauf gesucht wurden,
auch Predigerstellen in der Englischen Kirche
antraf; allein ich habe hernach gefunden, daß
London wirklich auch in dieser Absicht eine berühmte Kauf- und Handelsstadt ist. Einer
meiner Bekannten, ein sehr reicher Deutscher,
ließ

ließ in der Kirche auf einem benachbarten
Dorfe um London, deren Patron er war, die
Dienste eine geraume Zeit durch Leute aus einem gewißen Hause in London verrichten, in
welchem man, so wie etwa auf einem Com`oir,
das zur Nachfrage für Dienstboten bestimmt ist,
jederzeit Prediger haben kann, die für einen
gesetzten Preis, gewöhnlich für fünf Schillinge
die Gebete verlesen und eine Predigt halten —
Alle diese Umstände, welche einen so schädlichen Einfluß auf die Sitten der höhern und
niedern Geistlichkeit und auf den Zustand des
Kirchen= und Schulwesens haben, sind so tief
mit der sonst so hochgerühmten Englischen
Staats= und Regierungsverfasung verwebt,
daß man aus Besorgniß der großen Schwierigkeiten und Hinderniße, die bey einer so nöthigen Reformation zu überwinden wären, es
immer bey dem Alten läßt. Wenn nichts in
der Welt zur höchsten Stufe der Vollkommenheit getrieben werden kann, so werden freilich, so wie in jeder Kirchengesellschaft, also
auch in der Englischen manche Mißbräuche und
Mängel übrig bleiben. Allein dieses befreyet
uns keinesweges von der Pflicht, immer weiter in unsern Verbeßerungen zu gehen. Das
Urtheil des großen Böhmers in seinem Kir-
chenrechte der Protestanten, hat seine völlige
Richtigkeit, daß selbst noch nach der Reformation in der Protestantischen Kirchen vieles zu

B   refor-

reformiren übrig geblieben sey, daß man alles so viel als möglich wieder auf den einfachen reinen Zustand der ersten christlichen Kirche zurück bringen müße, wo Glaube und Liebe ohne blinden Eifer und Religionshaß, wo Demuth und Genügsamkeit ohne Stolz und Haabsucht herrschten, und daß diese Absicht nicht anders erreicht werden könne, als wenn die Hirten anfangen, ein Vorbild ihrer Heerden zu seyn. *)

Der Zustand der Englischen Universitäten ist jezt nicht beßer, als er zu der Zeit war, da die Methodisten in Oxford aufstiegen. In den verschiedenen Collegien, oder Universitätsgebäuden, wo die Studenten mit ihren Lehrern beysammen wohnen, ist alles noch im Geiste des alten Klosterlebens. Die Ertheilung

---

*) Nemo negabit, multa reformatione indigere nostras ecclesias, et consultius vtique fore, si in simplicitate primitivæ ecclesiae subsisteremus, abjectis omnibus schematibus politicis, ecclesias magnopere depravantibus. — Corruptio Christianorum vniversalis est sine dubio quoque caussa corruptionis status ecclesiastici. — Infiniti abusus eradicari aliter haud possunt, nisi prius homines, ex quibus ecclesia constat, in melius mutentur, et pastores ecclesiarum exemplum gregis fieri incipiant.— *Just. Henr. Boehmeri* Jus Eccles. Protest. T. I. p. 22. Edit. quinta Halae 1756.

lung der Doktorwürde geschiehet mit solchen
Gebräuchen, die in unsern Zeiten wenigstens
ins Lächerliche fallen, und als ich vor kurzen
einer solchen Feyerlichkeit in Oxford beiwohn=
te, konnte ich es wegen der Gedankenlosig=
keit, in welcher ein Zuschauer oder Zuhörer
dabey bleiben muß, nicht länger als einige
Minuten aushalten. Die Morgen = und Abend=
gebete werden in den Kapellen dieser Gebäude
von den Studenten mit eben der Pünktlichkeit,
aber auch mit eben der seelenlosen Geläufigkeit
verrichtet, als irgend ein Mönchsorden seine
Horas singt, oder seinen Rosenkranz abbetet.
Bestimmte Vorlesungen in allen Theilen der
Wissenschaften, wie auf unsern deutschen Uni=
versitäten werden eigentlich nicht gehalten,
und also ist auch der sogenannte Cursus Acade=
micus unbekannt. Die öffentlichen Vorlesun=
gen, wozu durch Legate Profeßoren gesetzt
sind, werden wenig besucht, und meist sind
dieses also solche Stellen, wobey man Ein=
nahmen ohne Arbeiten hat. Zwar hat die
Lage in diesen Pflanzstädten der Wissenschaf=
ten für einen wißbegierigen und rechtschaffe=
nen Mann viel Reitzendes und Ermunterndes.
Man hat den Zugang zu einer großen Biblio=
thek; man lebt abgesondert vom Geräusche der
Welt in einer Stille, welche das Forschen
und Nachdenken befördert; man kann die er=
schöpften Lebensgeister auf angenehmen Spa=

B 2   zier=

Zergängen in den, an die Collegien stoßenden
Gärten, oder auf den umliegenden Gefilden,
wieder beleben, und die Musen dürfen in diesen Wohnungen des Ueberflußes nicht über
Hunger oder Durst klagen. Es sind auch
wirklich manche gelehrte Männer in ihnen gebildet worden, die sich um den Staat und die
Kirche verdient gemacht haben, und deren Namen im Tempel der Unsterblichkeit angeschrie-
ben stehen, so wie ihre Gemälde in den Hal-
len oder Speisesälen dem kommenden Geschlechte zur Nacheiferung aufgestellt sind. Allein
bey dem allen sind diese hohen Schulen nicht
das, was sie für die Ausbreitung des Christenthums und der wahren Frömmigkeit werden könnten. Die Grundsätze so wohl, nach
welchen man studirt, als auch die Absichten,
die man sich dabey gewöhnlich vorsetzt, zwecken
nicht geradezu darauf ab. Man hält sich mehr
bey dem Gerüste auf, als auf das Gebäude
selbst zu kommen Sprachen, Kritik, Alter-
thümer und einige Theile der Philosophie sollen in den Wißenschaften nicht Zweck, sondern
Mittel seyn, den eigentlich großen Zweck
aller Gelehrsamkeit, die immer größere Ausbildung des Verstandes zur wahren praktischen
Weisheit, und des Herzens zur wahren Tugend und Frömmigkeit bey uns selbst und andern zu befördern. Wir sollten es uns bey
unserm Fleiße in allen oder einigen dieser Wis-
sen-

senschaften bewußt bleiben, daß sie nur dadurch einen wahren Werth erhalten, wenn sie
auf das allgemeine Beste anwendbar sind,
wenn dadurch ein beträchtlicher Nutzen für das
Reich der Wahrheit und Tugend gestiftet, wenn
die Summe der menschlichen Glückseligkeit dadurch vermehrt wird. Treiben wir sie aber
blos zu unserm eignen Zeitvertreibe, aus Lieb-
haberey, aus einer Art gelehrter Wollust, so
sind sie für uns zwar nicht ganz umsonst, aber
der Mensch, der indeßen die öffentlichen Landstraßen ausbessert, da wir im Studierzimmer
der Quadratur des Zirkels nachsinnen, hat
gewiß dem gemeinen Wesen größere Dienste
gethan, als wir. Der Mensch, der eine
einzige gute Handlung ausübt, hat weit mehr
Vorzüge als der, welcher tiefsinnig über die
Moralität der Handlungen ohne eigene Herzensgüte nachspürt; der, welcher Freude und
Glückseligkeit um sich her zu verbreiten sucht,
verdient weit mehr Lob, als der, welcher die
verschiedenen Meynungen über den Ursprung
des Uebels zu vereinigen strebt; und der, welcher eine einzige Kernstelle der Bibel glaubt
und übt, ist meines Bedünkens des Beifalls
Gottes würdiger, als der, welcher ohne jene
Eigenschaft Zeitlebens über dieselbe Varianten sammelt. Der einzige kleine Catechismus
eines Luthers, eines Seilers, eines Watts
ist mehr werth, als die gelehrteste Ausgabe

der

der Werke des Homers oder Cicero. Das gute Beispiel eines Predigers geht weiter und
stiftet mehr Nutzen, als Meisterstücke von Predigten über den Nutzen und Einfluß guter Beispiele. — Ich bin wegen dieser Behauptun-
gen so wenig ein Feind der Sprachen und
Wissenschaften, daß ich vielmehr glaube, ihr
Lobredner zu seyn, wenn ich ihnen ihren wahren Werth bloß aus dem Einflusse bestimme,
den sie in die größte aller Wißenschaften haben, uns zu guten und glückseligen Menschen
zu machen.

Zu der Zeit, als die Methodisten anfiengen, Aufsehen in England zu machen, war
das eigentliche thätige Christenthum in großem
Verfall. Die practische Schriftreligion, welche die Geistlichen im letzten Jahrhundert in
ihren Predigten und Schriften getrieben hatten, war ganz aus der Mode gekommen, und
die Hauptsache, womit man sich beschäftigte,
war ein geistloses Disputiren über die Dogmatik, und eine Vertheidigung der Außenwerke
des Christenthums gegen die Einwürfe der Ungläubigen. Was war die Folge? Bey den
Schulgezänken und Streitigkeiten über Nebendinge wurde die Hauptsache vergessen oder ver-
nachläßigt, und Zweifelsucht und Unglaube
verbreiteten sich durch alle Stände, nicht, weil
sie Gründe dazu hatten, sondern, weil sie mit
dem stärksten Beweise für die Göttlichkeit des
Evan-

Evangelii aus der eignen Erfahrung unbekannt
blieben. Der Bischoff zu Durham, Butler,
welcher um diese Zeit seine Analogie über die
Natur und Offenbarung schrieb, klagt in der
Vorrede schon auf ähnliche Art über den Geist
seines Zeitalters, als wir bis jetzt noch klagen müssen. "Es ist, sagt er, so weit ge-
"kommen, und ich weiß nicht, wie es hat zu-
"gehen können, daß manche Leute es als aus-
"gemacht anzunehmen scheinen, das Christen-
"thum sey nun nicht einmal mehr eine Materie
"zur Untersuchung, sondern die Falschheit und
"der Ungrund desselben sey endlich völlig ent-
"deckt. Und dem zu Folge gehen sie auch da-
"mit um, als ob dieß gegenwärtig unter Leu-
"ten vom Verstande gar keinen Zweifel mehr
"litte, so, daß nichts weiter übrig sey, als
"nur diese Religion zu einem hauptsächlichen
"Gegenstand der Lustigkeit und des Gelächters
"zu machen; gleichsam als wenn dieß die Re-
"pressalien seyn sollen, daß dieselbe die Ver-
"gnügungen der Welt so lange unterbrochen
"und gestört hat." *) So war es nicht nur
in England, sondern auch Schottland und Irland bildeten sich nach diesem verschwisterten

König-

*) Butlers Bestätigung der natürlichen und geof-
fenbarten Religion aus ihrer Gleichförmigkeit
mit der Einrichtung und dem ordentlichen Laufe
der Natur. Nach Spaldings Uebersetzung.
Tübingen zweite Ausgabe 1779.

Königreiche, und verschlungen die immer zahlreich r werdenden Schriften der Freydenker, wie ein verzuckertes Gift.

Es war also hohe Zeit, daß der Allmächtige Werkzeuge erwekte, durch welche sein Werk mitten in der überhandnehmenden Irreligiosität und Gottlosigkeit erhalten und getrieben, und Tausende, die kaum den Schein einer äußerlichen Frömmigkeit hatten, zur Erfahrung der erneuernden und belebenden Kraft der Evangelischen Lehre gebracht wurden. Und diese Werkzeuge waren die Methodisten. Man verschrie sie zwar als Sonderlinge und Unsinnige, aber wenn der Unsinn in so großen Zwecken besteht, und solche heilsame Wirkungen zur Besserung der Menschen hervorbringt, so laßt es uns lieber wahre Geistesgröße und Scharfsinn nennen, und mit einem Lieblingsdichter Britanniens sagen:

If this be madness, there is *Method* in it. —

Shakespears Hamlet.

———

II.

II.
Fortgang und Vermehrung der Methodisten.

Das erste, was Johann Wesley zur Ausbreitung des wahren Christenthums öffentlich unternahm, als er die Universität im Jahre 1735. verließ, war eine Reise nach Amerika zur Bekehrung der Indianer. Im Monath Oktober des gedachten Jahres, verließ Er mit seinem Bruder Carl, nebst ihren zwey gleichgesinnten Freunden Ingham und De'amotte England, und segelten zuerst nach Georgien, einer Provinz, die damals noch dem Brittischen Scepter unterworfen und in der Kindheit ihres Anbaues war, jezt aber einer von den dreizehn unabhängigen Amerikanischen Staaten ist. Die Seereise und das Schiffsleben hatte freilich für sie viel Unangenehmes, aber der Eifer, welcher sie beseelte, achtete selbst der Stürme und Fluthen des Meeres nicht. Schon auf dem Schiffe fiengen sie an, einen guten Saamen der Religion auszustreuen, und wurden nicht wenig in ihrem Vorhaben durch den Bischoff der Herrnhuter, Spangenberg, gestärkt und ermuntert, welcher ihr Reisegefährte war, und damals unter den Brüdern auf den Inseln einen Besuch abstatten wollte. Die Wesley legten sich zugleich auf die Erlernung der Französischen

schen und Deutschen Sprachen, um sowohl
auf dem Schiffe, als auch in den Kolonien
den verschiedenen Auswanderern das Wort
Gottes in ihrer Muttersprache predigen zu können. Kaum waren sie glücklich in Amerika
angekommen, so fiengen sie an, das Evangelium
zu predigen, und das Volk zu unterrichten,
zuerst in den umliegenden Provinzen und Inseln an den Küsten unter ihren Landsleuten,
und alsdenn auch tiefer im Lande unter den
Heyden. An diejenigen Indianer, welche
nicht Englisch verstunden, machten sie ihren
wichtigen Antrag durch Dollmetscher. Wesley fand in den Unterredungen mit ihnen viele
Spuren der alten geoffenbarten Religion. Er
durchreißte oft mit seinen Freunden die wildesten Landschaften, Wälder und Einöden, um
hier oder da einen eben so wilden Menschen
anzutreffen, deßen Seele durch Unterricht und
Ermahnung erleuchtet und gewonnen werden
könnte. Nachdem er über zwey Jahre in diesem Geschäfte zugebracht hatte, faßte er den
Entschluß nach England zurückzukehren, weil
ihm seine eignen Landsleute die größten Hin-
dernisße in den Weg legten, welche um ihres
Intereße willen nicht wünschten, daß die Indianer und Sclaven aus ihrer Blindheit ge-
rießen würden. Ueberdieß erhoben sich über
ihn auch andere Verfolgungen, weil er einer
vornehmen Frau das heilige Abendmal versagt,
und

und sie wegen ihrer Laster öffentlich beschämt
hatte. Die Bahn war indeßen gebrochen,
und das gute Werk, das er angefangen hatte, wurde theils hernach durch Whitefield,
der in eben diese Gegend kam und vieles vorgearbeitet fand, theils durch die Mißionarien,
die bis jezt noch von seiner Parthey nach den
Westindischen Inseln gesendet werden, mit
vielem glücklichen Erfolge fortgesetzt.

Wesley gehört unter diejenigen Männer,
welche mehr bewundert, als nachgeahmt werden können. Eine Liebe zu Menschenseelen,
die sich freywillig den größten Beschwerden
aussetzt; ein Drang, Licht, Trost und Hülfe da zu verbreiten, wo die Menschheit sich
noch im rohsten hülfbedürftigsten Zustande befindet, und ein Heldenmuth, der alle damit verbundene Gefahren und Schwierigkeiten, überwindet, das zeigt eine große und liebenswürdige Apostelseele an. Er besitzt große Gelehrsamkeit, wie seine bandreichen Werke beweisen, deren wir in seiner Lebensbeschreibung
Erwähnung thun wollen; aber sein wichtig-
stes Studium und seine Lieblingswißenschaft
ist Jesus Christus der Gekreuzigte. Aus Liebe zu dem übernahm er Arbeiten, erduldete
er Verfolgungen, ob er gleich in einer glücklichen Ruhe hätte leben können, und sein Vermögen, das ihm die gütige Vorsehung in rei-
chem Antheil gegeben hat, und wovon er an-
sehn-

sehnlich hätte leben können, hat er zu Liebeswerken verwendet, und dem Christenthume
zum Vortheile aufgeopfert. Gleichwol denkt
und urtheilt er von sich bescheiden und demüthig. Er klagt einmal in seinem Tagebuch
bitterlich, daß er zwar ausgegangen sey, Heiden zu bekehren, und gleichwohl hernach gefunden habe, daß er selbst noch nicht bekehrt
sey. Ueberall zeigt sich in seinem Charakter
die Bescheidenheit eines wahren Christen, welcher bey dem Bewußtseyn seiner Vorzüge so
wenig stolz wird, daß er vielmehr am liebsten
an die Mängel und Schwachheiten denkt, welche selbst der vollkommensten menschlichen Tugend noch ankleben.

Während der Zeit, daß er in Amerika war,
setzten die zurückgebliebenen Mitglieder ihrer
Gesellschaft zu Oxford ihre Uebungen fort, biß
einer nach dem andern die Universität verließ
und zum Kirchendienst berufen ward. Man
hat hernach ein wachsames Auge in Oxford
darauf gehabt, daß niemals sich wieder eine
solche heilige Brüderschaft zusammenschließen
konnte. Aus einem gewißen Collegio wurden
in folgenden Jahren einmal sechs Studenten
vertrieben, welche ähnliche Versuche machen
wollten, und Whitefield schrieb deswegen an
den Unterkanzler der Universität einen langen
merkwürdigen Brief, der sich unter seinen
Schriften findet. Oxford hatte also wenigstens

ſtens das Verdienſt, daß es Jeruſalem war,
von welchem das Evangelium durch die Methodiſten ausgieng, die hernach ſich deſto häu-
figer auf der ganzen Inſel ausbreiteten. Whitefield verließ es am letzten, in der Abſicht,
in Amerika Herrn Wesley zu Hülfe zu kommen,
und ob ſie ſich gleich an der Engliſchen Küſte
antrafen, weil eben der letztere zurück kam,
ſo verfolgte doch der erſte ſeine Reiſe und ſeine Abſicht. Wesley aber erneuerte mit allen
ſeinen ehemaligen Freunden den alten Bund,
und den feſten Vorſatz, daß, wo ſie auch wären, ſie nichts anders lehren und befördern
wollten, als die einfache, deutliche, reine und
alte Chriſtusreligion, wie ſie im Evangelio
enthalten iſt.

Sie waren und blieben zwar gehorſame
Söhne ihrer Mutterkirche, der hohen biſchöfflichen Kirche von England, und ſie hatten
auch nicht einen Gedanken, eine neue Secte
zu ſtiften. Aber ſie glaubten, daß die Haupt-
lehre dieſer Kirche, welche im Grunde das
Weſentliche der chriſtlichen Religion ausmacht,
nämlich: Die Seligkeit durch den Glauben
an Jeſum, welche bisher vernachläſigt und
verdunkelt war, von ihnen aufs neue auf eine
praktiſche wirkſame Art eingeſchärft werden
müßte. Dieſes war alſo der Mittelpunkt,
auf welchem alle ihre Wünſche, Predigten,
Schriften, Bemühungen zielten. Alles ihr
Leſen,

Lesen, ihre Gebete, ihre Unterredungen hatten den großen christlichen Zweck, auf die beste nützlichste Art ihren Mitmenschen und Mitchristen die drey Sätze recht anschaulich, anwendbar zu machen: Erstlich, daß der Mensch von Natur geistlich todt sey, und Strafe und Verdamniß verdiene; zweytens, daß er aber durch den Glauben an Jesum gerecht und selig werde; drittens, daß dieser Glaube eine innerliche und äußerliche Heiligung wirke. Das Motto, das sich daher Wesley erwählte, und das auf seinem Petschaft stehet, das im Grunde die wesentlichen Forderungen des Evangelii an die Menschen enthält, wenn sie selig werden, seyn und bleiben wollen, bestehet in den drey Wörtern: Bereue, Glaube, Gehorche! *) So viele Predigten sie auch hielten; in allen war es darauf angelegt, diese Wahrheiten unter tausendfachen Veränderungen einzuschärfen. Alle Tugenden, zu denen sie ermunterten, wurden aus dieser Quelle hergeleitet, durch diese Bewegungsgründe leicht und wichtig gemacht, zu diesem Zwecke abgerichtet. Die Lehre sowohl, als die Art, wie man sie vortrug, wurde zwar von vielen ein neuer Weg zum Himmel angesehen; im Grunde aber war es doch kein anderer, als der alte, den Christus und seine Apostel anempfohlen hatten. Anfänglich
stunden

*) Repent, Believe, Obey! —

stunden ihnen zwar die gewöhnlichen öffentlichen Kirchengebäude offen, diese Lehre zu predigen; aber da diese ihnen verschloßen wurden, so fiengen sie an, dieselbe unter freyem
Himmel, auf den Landstraßen, auf Bergen
und Anhöhen, hinter Hecken und Zäunen zu
verkündigen.

Hier scheint es mir die schicklichste Gelegenheit zu seyn, meine Meynung über das
sogenannte Feldpredigen, *) oder über das
Predigen unter freyem Himmel, in Straßen,
auf Spaziergängen, an öffentlichen Orten,
und auf offenem Felde, weitläuftiger zu entdecken. Whitefield that zuerst diesen kühnen
Schritt, seine Zuhörer auf eine gewiße Anhöhe auf den Feldern um Bristol zu bestimmen,
welche sonst zu Spiel= und Spaziergängen bestimmt ist. Die erste Anzahl bestund aus einigen hunderten, welche aber bald zu so viel
tausenden anwuchsen. Wesley war Anfangs
etwas furchtsam, ein gleiches zu thun, denn
er hielt so stark auch auf äußerliche Ehrbarkeit
und eingeführte Ordnung, daß er es beinahe
bezweifelte, ob die Erbauung der Seelen ausser einem sogenannten Gotteshause rechter Art
sey; allein, da er endlich diesen Zweifel überwand, ahmte er seinem Freunde nach, und
hielt vor einigen tausend Zuhörern über Je-
saias 61, 1 — 3. seine erste Bergpredigt bey
Bristol

*) Field=preaching.

Bristol im April des Jahres 1739. Sie selbst
thaten das nicht aus Neuerungssucht, nicht,
um Aufsehen zu machen, sondern in der lau-
tern einfachen Absicht, mehr Nutzen zu stiften,
und sie wurden gewißermaaßen dazu genöthigt.
Denn, entweder verschloßen ihnen die Rectors
der Kirchspiele ihre Kanzeln, oder, wenn sie
auch in den größten Kirchen zu predigen zugelaßen wurden, so war der Zulauf so groß,
daß fast eine eben so große Menge Zuhörer
außer den Wänden und Fenstern, und auf den
Kirchhöfen, als in der Kirche selbst sich befanden. Was sollten sie in beiden Fällen anders
thun, als dem Verlangen einer so großen Anzahl lern= und heilsbegieriger Seelen auf eine
Art Genugthuung zu leisten, welche weder mit
den Gesetzen des Landes, noch mit dem Eigen-
thumsrechte der Grundbesitzer stritt, und in
sich selbst unter der gehörigen Anordnung weder nachtheilig noch schwärmerisch, vielmehr
nützlich und nachahmungswürdig war? Sie
predigten auf diese Art auch nur zu einer solchen Zeit, wo kein öffentlicher Gottesdienst
war, entweder sehr früh nach Anbruch des Tages, oder Abends bey Untergang der Sonne,
um nicht das Ansehen zu haben, als wenn sie
den gesetzten Lehrern und Predigern Eintrag
oder Abbruch thun wollten. Freilich läßt sich
nur unter diesen Umständen eine Gewohnheit
rechtfertigen, welche die Ausländer nothwendig

dig Anfangs auffallend ſeyn muß, ſo lange er
nicht mit den wahren Urſachen ihrer Einführung und der eigentlichen Lage der Dinge bekannt iſt.   Junger Mitbruder, der du dieſes
lieſeſt, und dem vielleicht bey dieſen Nachrichten das gefühlvolle edle fromme Herz hoch em-
por ſchlägt, und der heiße Wunſch aufſteigt,
auf ähnliche Art nützlich zu werden, unterſu-
che zuvor wohl, ehe deine, vielleicht nicht
zu mißbilligende Nacheiferung, dich zu ähnlichen Schritten hinreißt, ob auch ähnliche
Urſachen und Gründe deine Verſuche nöthig
und nützlich machen? ob du einen beſondern
Ruf dazu zu haben glaubeſt — ob das Gute,
das du thun willſt, ſich nicht auf eine ſchickli-
chere Art thun läßt — ob Ordnung, Wohl-
ſtand und Gehorſam gegen die Obrigkeit und
ihre Geſetze damit beſtehen kann — ob du
Niemanden dabey in ſeinem Eigenthum krän-
keſt — ob Religion und Chriſtenthum mehr
dabey gewinnt als verliert — ob des Spot-
tens und Lachens weniger dabey iſt, als des
Nachdenkens und der chriſtlichen Erbauung —
und ob, wären auch alle äußerliche Hinderniße gehoben, du der Mann biſt, der ſich einem ſolchen Geſchäfte unterziehen kann, und
ihm gewachſen iſt? — Ich würde gewiß der
erſte ſeyn, welcher einem ſolchen öffentlichen
Vortrage, oder dem Geſang und Gebete unter freyem Himmel, etwa in der Allee eines Ge-

C   ſund-

fundbrunnens und Bades, oder auf einer An=
höhe außer der Stadt, oder auf irgend einem
öffentlichen schicklichen Platze eines Orts mit
Stille und Aufmerksamkeit beiwohnen wollte.
Ja, wäre ich Fürst, ich würde vielleicht sogar
meinen Consistorien keine Einwendung machen,
wenn sie auf eine vernünftige Art einige sol=
che öffentliche Predigten im Jahr anzuordnen
vorschlügen — eine im Frühjahr auf offenem
Felde über die Herrlichkeit und Größe Gottes
in den Werken der Natur — eine auf dem
sogenannten Gottesacker über Sterblichkeit,
Tod, Auferstehung und Ewigkeit — eine
etwa unweit der Gerichtsstätte über Tugend
Laster, Gerechtigkeit, Belohnung und Stra=
fe — ich würde wenigstens, wenn Klugheit
und Vorsicht es abriethen, selbst deswegen
Verordnungen zu treffen, die Freiheit dererje=
nigen nicht einschränken, oder durch Gewalt=
thätigkeit und Verfolgung beleidigen laßen,
welche ohne Störung der öffentlichen Ruhe —
vielmehr zur Beförderung derselben und Ver=
breitung mehrern wahren Lebensgenußes —
für sich so etwas zu thun im Stande wären.

Der Anblick der offenen Natur und des
freyen Himmels hat ungemein viel Erheben=
des für das Herz, und ist bey dem Nachden=
kenden und Gefühlvollen schon selbst halbe An=
dacht. Das Feyerliche auf einem Felde ist,
denk ich, eben so schicklich zur Einflößung gu=
ter

ter Gedanken und Empfindungen, als die noch
so künstlichen Gemälde und Crucifixe in unsern
Kirchen. Die Religion, nach welcher wir
Gott im Geist und in der Wahrheit anbeten
sollen, läßt sich nicht bloß in steinerne Gebäude verweisen, sondern heiligt jeden Ort zu einem Altar, auf dem wir die Opfer unserer
Anbetung darbringen können. Eine gute
Predigt behält ihre Kraft, sie mag von einer
Kanzel, oder auf einem Berge gehalten werden, und die Wahrheit bleibt dieselbe, man
mag sie in der Form Rechtens, oder einfach
und nackend ohne alle Nebengebräuche vortragen. Die ersten Christen hatten noch keine
solche Meisterstücke der Baukunst, worinn wir
jezt unsern Gottesdienst zu halten das Glück
haben; sie versammelten sich in Wäldern, in
Hölen und unter den Gräbern ihrer Verstorbenen, und ihre Frömmigkeit war deswegen
nicht weniger herzlich und wirksam. Vielmehr scheint es mir, als wenn das Christenthum gerade in dem Verhältniße immer mehr
verunstaltet worden wäre, in welchem es die
Künste der Welt zu Hülfe nahm, sich dem
sinnlichen Menschen zu empfehlen. Der Bild-
hauer, der Maler, der Baumeister mag immer das Feyerliche eines Gottesdienstes in
Rom erheben: Er findet seine Rechnung dabey, und sein Urtheil hat viel ähnliches mit
jenem Aufruf: Groß ist die Diana der Ephe-

ser!

fer! Aber das Herzliche, das Vertrauliche, das
Kindliche, das im Geiste der christlichen Religion herrscht, läßt sich durch alle diese erborgten Reize so wenig erhöhen, als ein an sich
schönes Gesicht durch Schminke reizender werden kann. — Das goldene Zeitalter des Christenthums wird immer das bleiben, welches
nahe an die Zeiten Jesu und der Apostel gränzte. So lange die Kelche beym Abendmal
hölzern waren, war das Christenthum golden; so bald jene golden wurden, war dieses
hölzern. Ich will hiermit keinesweges den
nützlichen Einfluß ableugnen, welchen prächtige Kirchengebäude, Dichtkunst, Musik, Beredsamkeit und alle andere Künste zur Verschönerung der Religion haben. Aber sollte darum es nicht möglich seyn, daß das wahre
ächte Christenthum die herrschende Religion
seyn und werden könnte, gesetzt, daß ihm aller äußerlicher Schmuck versagt würde? Muß
der Gesang weniger gelten, der durch die
herrliche Menschenstimme in offener Luft angestimmt wird, als der, wozu die Orgel spielt?
Das Gebet weniger herzlich und nachdrücklich,
das auf dem platten Erdboden verrichtet wird,
als das, welches man aus einem Gebetbuche
mit goldenem Schnitt herliest? — Die Predigt weniger erbaulich, die auf einer Bank
gehalten wird, als die auf der Kanzel mit
Ueberschlag und Priesterrock? Der Gottesdienst

dienst weniger ehrwürdig, der auf dem Felde, als der, welcher in der Kirche gefeyert wird? — —

Ich kann nicht umhin, hier über einen Ausdruck des Herrn von Archenholz *) eine kleine Bemerkung hinzuzufügen, wo er in seiner Beschreibung Englands sagt, daß die Methodistischen Prediger auf offenem Felde unter wunderlichen Grimaßen, aus Fässern predigten. — Aus Fässern? — So etwas hab ich niemals gesehen oder gehört. Gewöhnlich sind es kleine tragbare Kanzeln, die sie an den offenen Platz schaffen und aufrichten lassen, wo sie glauben, daß, besonders an Sonntagen, eine Menge Spaziergänger vorbeygehen werden. Man schließt gewöhnlich einen Kreiß um sie, wie etwa die Soldaten um ihren Feldprediger — nur nicht in solcher regelmäßigen Ordnung. Sie fangen mit Gesang an, wo jede Zeile vom Prediger vorgesagt wird; alsdenn folgt ein etwas langes feyerliches Gebet

C 3   aus

*) Ich wundere mich, daß ein Schriftsteller, welchem Menschen, Bäume, Thiere, ja selbst Gefängnisse — kurz, alles besser und reizender in England zu seyn scheint, als in andern Ländern — nur den guten Methodisten nicht Gerechtigkeit wiederfahren läßt. Wenn er hier mit seinem gewöhnlichen Enthusiasmus für England geschrieben hätte — wärs ihm wenigstens leichter zu vergeben gewesen.

aus dem Herzen, wobey eine große Stille
herrscht; darauf halten sie über einen Text der
Schrift eine Predigt, welche freilich nach den
verschiedenen Gaben des Redners auch von verschiedenem Werth und Eindruck ist, und endlich
schließen sie mit Gesang und einem Gebet. Wunderliche Grimaßen fallen dabey gar nicht vor,
oder man müßte das so nennen, wenn der Redner
die Empfindungen seines Herzens auch durch äusserliche Bewegungen der Hände und des Gesichts
auszudrücken sucht. Eben so wenig finde ich das
der Wahrheit gemäß, was ein anderer neuer
beliebter Schriftsteller über den Zustand der
Religion und des Staats von Grosbritannien,
dem seligen Whitefield Schuld giebt, daß er
einige alte Weiber gemiethet habe, welche für
Geld bey rührenden Stellen der Predigt Amen
sagen mußten. Es ist dieses eine Gewohnheit in der Englischen Kirche, daß die Zuhörer mit dem Küster nach Gebeten das Amen
laut aussprechen. Die erstern thun das sehr
oft auch mitten in der Predigt sehr laut und
hörbar, gleichsam als wenn sie ihren Beifall
zu dieser oder jener rührenden Stelle laut bezeugen wollten. Die Deutschen, welche diese
Gewohnheit annehmen, pflegen es nicht selten
zu thun, wenn ihnen in einer deutschen Predigt, diese oder jene Stelle wahr und rührend
scheint, und ich habe anfänglich oft es in meiner eignen Gemeinde bemerkt, ohne daß ich
noch

noch mußte, woher es eigentlich käme? und
ohne die Leute selbst durch Geld dazu bestochen
zu haben. — Was für wunderliche Vorstellungen muß man sich von den Methodisten machen, wenn solche aufgeraffte Anekdoten mit
solchen Urtheilen als richtig und geltend eingeführt werden? Meine Absicht ist, eine wahre
praktische Geschichte zu schreiben. Diese aber
muß nicht aus Erdichtungen und schiefen Urtheilen über Gerüchte und Anekdoten, sondern
aus glaubwürdigen Quellen geschöpft seyn. —

Die Wirkungen, welche diese ungewöhnliche neue Art zu predigen hervorbrachte, waren eben so neu und ausserordentlich. Viele
von den Zuhörern beiderley Geschlechts fielen
zur Erde, und riefen aus: Was müssen wir
thun, selig zu werden? Es war nichts ungewöhnliches, daß man eine große Menge Menschen zu der Zeit in Thränen zerfließen sah;
und ohne alle dem Menschen so eigne falsche
Schamhaftigkeit, nach welcher er nicht gern
von seinem Seelenzustand oder von göttlichen
Dingen spricht, theilten sich die, wie aus einem
Todtesschlaf Erweckten ihre Empfindungen,
Zweifel, Besorgnisse oder Hofnung mit. Sehr
viele eilten zu dem Geistlichen ihres Kirchspiels,
sie um diese neue und ungewöhnliche Regung
der Gemüther zu befragen; von einigen wurden sie auf diesem Wege weiter geführt, von
andern an die Aerzte gewiesen, und noch von

an-

andern als Blödsinnige bedauert. Man gieng
so weit, zu glauben, daß in diesen beiden Männern geistliche Zauberer aufgestanden, und alles nichts anders sey, als eine Verblendung
des Satans. Andere aber urtheilten ganz anders, und hielten es für eine Wirksamkeit und
Kraft Gottes in den Seelen der Menschen
durch die Predigt des Evangelii, und unter
diesen letztern fanden sich oft solche, welche
vorher die ärgsten Spötter und Verfolger dieser neuen Secte gewesen waren, bey deren
Bekehrung sich viel ähnliches mit der des Pau-
las fand, und die hernach nichts mehr beklagten, als daß sie die Gemeinde Gottes verfolgt
hätten.

Freylich werden nicht alle Weltweise,
selbst nicht alle Theologen dem Wesley bei-
stimmen; wenn er diese plötzliche Veränderung der Gemüther einem Wunder oder einem unmittelbaren Einfluße des Geistes Gottes zuschreibt. Die Erscheinungen und Vorfälle dabey gränzten freilich bisweilen ans
Wunderbare. Ein Spötter, der auf einmal ein Andächtiger, ein Lasterhafter, der auf
einmal ein Tugendhafter, ein Bösewicht,
der auf einmal ein Heiliger, ein Blinder, der
auf einmal sehend, ein Trauriger, der auf
einmal froh, ein Schwacher, der auf einmal
stark wird; dieses alles scheint freilich nicht
mit dem Gange und Laufe der Natur überein-

zustimmen, in welcher nichts durch einen
Sprung geschiehet. Gleichwol aber hat man
Beispiele gehabt, daß Leute, welche unter der
drückenden Last ihres Sündengefühls, wie
verzweifelt und todt zur Erde fielen, wenn
nur Wesley oder andere Christen herzlich mit
ihnen und für sie beteten, zu derselben Zeit
sich von jeder geistlichen Krankheit geheilt und
aus der Angst der Seele in Freude und Wonne versetzt fühlten. Wenn Wesley schriftlich
oder mündlich um die Ursache dieses so schnellen Ueberganges von der Dunkelheit zum Licht,
vom Entsetzen zum Entzücken, vom Klagen
zum Frolocken, vom Sündigen zum Beten und
Frommseyn befragt wurde, so war das seine
Antwort: Daß Gott das alles selbst jezt noch
so wirke, wie er ehmals den heiligen Geist
mitgetheilt habe, daß es jezt für seine Allmacht
eben so, wie damals, möglich sey, auf eine
plözliche Art, oft durch sonderbare Träume
und Gesichte die Seele eines Menschen umzu-
schaffen. Er habe es gesehen, gehört, daß
Menschen oft in einem Augenblick statt der
vorher lange anhaltenden Verzweifelung, Friede und Freude empfunden hätten. Es sey
also Thatsache,*) auf die er seine Meinung
gründe. Er beurtheile diese geistliche Schöpfung auch nicht blos aus Thränen, aus dem
starken und heftigen Gefühl, oder aus dem

E 5   Tone

*) Matter of fact.

Tone der Stimme, sondern aus der ganzen
frommen Lebensart, die auf dieselbe erfolgt
sey. "Ich will dir, schreibt er selbst an ei-
"nem Orte, ich will dir den Menschen zeigen,
"der vorher ein Löwe war, und jezt ein Lamm
"ist; den vorigen Trunkenbold, der jezt ein
"Muster der Enthaltsamkeit ist; den vori-
"gen Hurer, der jezt selbst das befleckte Kleid
"verabscheuet. Dieses sind meine lebendigen
"Beweise und Denkmäler meiner Behaup-
"tung."

Die Wirkung ist einleuchtend, wie die
Sonne; und über der Ursache, die der gute
Wesley dafür angiebt, sollte man ihn wenigstens nicht sogleich für einen Schwärmer erklären. Gesetzt, daß der denkende Kopf, der
immer gern auf den Grund geht, so etwas
aus mancherley Mittelursachen erklären könnte; so läßt sich noch immer fragen: Wer diese Mittelursachen ordnet und wirksam macht?
Kommt Regen und Wärme weniger von Gott,
weil jener aus den Wolken und diese aus der
Sonne strömt? Kommt das Gewitter darum
nicht von Gott, weil es aus der angehäuften
elektrischen Materie im Dunstkreise der Erde
entsteht? Verdient Gott keinen Dank für unser Brod, weil es aus der Erde wächst?
Und hat Gott keinen Antheil dabey, wenn
eine Seele durch die Kraft der Wahrheit bekehrt und für das Gute gewonnen wird? Wo
solche

solche gute und beständige Wirkungen folgen,
da muß gewiß auch die Ursache gut seyn, und
man irrt gewiß nicht, wenn man die Ursache
alles Guten zuletzt in Gott sucht, und auf ihn
zurückleitet. Es ist auch immer merkwürdig
genug, daß zu gewißen Zeiten und in gewißen
Ländern besondere Erweckungen gewesen sind,
die man nicht anders als durch eine besondere
göttliche Dazwischenkunft erklären kann. So
war es bey der Stiftung der christlichen Religion; bey dem großen Werke der Kirchenver-
beßerung; und so etwas muß jeder Unpartheyische bey der Ausbreitung des Methodismus in England anerkennen.

Die ersten Stifter desselben hatten mit
vielen und großen Hindernissen zu kämpfen.
Sie betrachteten sich als die ausgesandten
Knechte, welche auf die Landstraßen und Felder ausgehen sollten, Krüppel und Blinde
einzuladen, und die Menschen zu nöthigen,
aber nicht mit Feuer und Schwerd, nicht durch
äußerliche Macht, oder Bann — sondern mit
Gründen für Verstand und Herz, hereinzukom-
men. Aber ebendeswegen wurden sie auch
eben so, wie jene ausgehönet und abgewie-
sen, und ihr Muth, auf den Straßen, Hü-
geln und in den Feldern zu predigen, setzte sie
vieler Unbequemlichkeit, der niedrigsten Behandlung des Pöbels, und selbst der Lebens-
ge-

gefahr aus. Bisweilen war ihnen das Wetter, bisweilen die Lage des Orts nicht günstig genug. Jetzt verbot ihnen die Obrigkeit diese Art des Predigens, ein andermal wurden sie durch böse Menschen auf verschiedene Art in ihren herzlichsten Ermahnungen und Vorträgen unterbrochen. Die Grundbesitzer lauerten auf jede Gelegenheit, da, wo ihnen etwa eine Kohlstaude, oder ein wenig Gras und Getraide vertreten wurde, diese Männer und ihre Zuhörer, die gleichwol so vorsichtig waren, als schädliche Mitmenschen zu verklagen. Allein, es fanden sich auch Andere, die es für eine Ehre hielten, wenn ihr Grund auf diese Art geweihet wurde Gewöhnlich aber wählten sie doch große offene Plätze, wo Niemanden geschadet wurde, dergleichen um London und in England es sehr viele giebt, und welche Commons oder Haiden genennt werden. Sie selbst überwanden alle Schwierigkeiten mit Geduld, Standhaftigkeit und Sanftmuth. Die Freiheit, die jedem Britten so eigen ist, aus seinem Auge blickt, und aus seinen Worten spricht, gab ihnen Recht, da eben so beherzt ihre Gegner anzureden, als man sich ihnen widersetzte, so bald ihnen nicht bewiesen werden konnte, daß sie irgend ein bürgerliches Gesetz übertraten, und da sich der Brittische Charakter auch dadurch auszeichnet, daß man sich des unschuldig Unterdrückten

ten aus Großmuth und Gerechtigkeitsliebe annimmt, so betrachteten Viele die Methodisten
als Verfolgte, denen man Gerechtigkeit und
Unterstützung wiederfahren laßen müßte, gesetzt daß man auch nicht geneigt war, ihre
Absichten an sich selbst oder an andern zu befördern.   Es ist überhaupt in England eine gute
Sache, daß Gott eben soviel Freiheit hat als
der Teufel, und daß die Religion in allen ihren
verschiedenen Gestalten unter der Duldung
und dem Schutze der bürgerlichen Macht stehet. — Sie selbst wurden durch den großen
Gedanken beseelt, daß sie im Namen Gottes
und Jesu Christi zu den Menschen sprächen,
und daß das, ihnen vom Erzhirten der Seelen anvertraute Lehramt, wo nicht in Kirchen,
doch überall erfüllt werden müßte.   Die ganze Welt war gleichsam ihr Kirchsprengel. Die
Wahrheit erhielt auch einen Sieg nach dem
andern bey vielen Tausenden, und nachdem
sie geduldig und muthig alle Arten der Läste-
rung und des Widerstandes erlitten hatten,
ist die Sache jezt dahin gebracht, daß Niemand
mehr leicht einem solchen öffentlichen Prediger,
der ihnen nachfolgt, ein Hinderniß in den Weg
legt.

Ich muß hier über die Lehrart der ersten
Methodisten-Prediger ein Wort sagen.   Ihre
Predigten waren und sind nicht studirt, ge-
lehrt,

lehrt, oder nach den Regeln der Rhetorik und
Schul- und Kirchenform eingerichtet. Die
Predigten, welche Wesley und Whitefield haben drucken lassen, möchten daher schwerlich
vor einem Recensenten-Richterthrone gebilligt
werden. Aber es herrscht darinnen eine leichte
verständliche Volkssprache, welche die Empfindungen des Hörenden rege machen muß. Ihre Vorträge sind nicht gekünstelt, sondern natürlich. Sie sprechen mit ihren Zuhörern von
der Kanzel so, wie sie mit ihnen in ihren Zim-
mern sprechen würden, mit einem Worte —
populär. Nur merke man hierbey, daß ich
unter Popularität, oder Gemeinverständlich-
keit im Predigen, über die bisher so viel geschrieben worden ist, eine Lehrart verstehe,
die in Absicht des Vortrags und der Einkleidung eben so weit entfernt ist von Pöbelhaf-
tigkeit, als von Schwulst und gelehrter Sy-
stem-Sprache. —

Die Grundsätze der Popularität im Predigen, fassen, wie mich dünkt viel mehrers in
sich, als was man bisher dazu gerechnet hat.
Ernesti verstehet darunter die, jedem verständliche Sprache des gemeinen Lebens, bey welcher gleichwol die Schönheit im Ausdruck nicht
verloren geht, und wobey solche Worte und
Redensarten vermieden werden, welche bloß
schulmäßig und wißenschaftlich, aber auch all-
zu-

zu gemein und niedrig sind. *) Diese Beschreibung und Regel ist so richtig, so weit sie
die Worte und den Ausdruck selbst betrift;
aber die Gedanken, die Empfindungen, die
Vorsätze, die in dem Gemüthe des Hörenden
geweckt werden sollen, erfordern eine solche
Einkleidung und einen solchen Vortrag der
Wahrheit, wie es seinen Bedürfnißen angemeßen ist, und alle seine Seelenkräfte zugleich
geübt sind und wirksam gemacht werden. Auf
diese Bedürfniße und ihre Verschiedenheit
kommt es hauptsächlich an. Die Kraft, wodurch ich eine andere Kraft in Bewegung setzen
soll, muß ihr gleich und angemeßen, und weder zu stark noch zu schwach, weder zu groß
noch zu klein seyn. Die Rede, welche erleuchten, bewegen, beßern, erbauen soll, und
also die Kraft des Redners muß sich genau
nach den Kräften richten, auf welche er hin-
wirken

---

*) Popularitatis Orationis haec vis est, vt verbis
vtamur nonnisi iis, quae in vsu vitae quoti-
dianae versantur, eoque sensu, quo consuetu-
do communis vsurpat, sed ita tamen, vt ele-
gantia conservetur: quod non parum diligen-
tiae ipse Cicero agnoscit. Itaque non modo
omnia verba vitabimus et genera loquendi,
quae in scholis et arte aliqua interiori vsur-
pantur, sed etiam ea, quae sunt quidem in
linguae vsu, sed non pervulgato. *Ernesti*
initia Rhetor. §. 313.

wirken will. Daher denn der große Grundsatz des Redners: Sage gerade das, was den
Personen, zu denen du sprichst, was dem
Orte, der Zeit, der Lage, den Umständen,
den Erfordernißen angemeßen ist, und sage
es auf eine Art, wie du deinen Endzweck am
sichersten zu erreichen hoffen kannst, so daß
der, welcher dich hört, und wo möglich Jeder, gestehen muß: So ist es; so muß es
seyn; so soll es werden! Wer das erreichen
kann, der spricht populär, das ist, seinem
Hörsaal und seinem Zwecke angemeßen. Aber
hieraus erhellt auch, daß die Popularität sich
auf tausendfache Art, nach der Verschiedenheit der Zuhörer abändere, daß sie jedesmal
auf die Fähigkeiten derselben Rücksicht nehmen
müße, daß man vor dem Gelehrten eben so
populär predigen könne, als vor dem gemeinsten Manne, und daß also bey der so gar grossen Verschiedenheit der Länder und ihrer Verfaßung, der Menschen und ihrer Fähigkeit,
der Lebensart, der Erziehung, der Sprachen,
und anderer äußerlichen Umstände die Popularität, oder die Geschicklichkeit, mit einem
Jeden auf eine deutlichere und nützliche Art zu
sprechen, verschieden beurtheilt werden müße,
und eine zwar schwere, aber nicht unmögliche
Pflicht sey.

Schwer wird diese Pflicht insbesondere einem Manne seyn, welcher ein sehr vermisch-
tes

tes Auditorium hat, den Staatsmänner und
Dienstboten, Soldaten und Kaufleute, Schriftsteller und Blödsinnige hören; aber wird dennoch nicht nur ohne Anstoß, sondern mit Erbauung für jeden sprechen, wenn er bey seinen vorzutragenden Wahrheiten Einfalt und
Höheit, Licht und Schatten, Bild und Wesen, Kunst und Natur, Gedanken und Ausdruck so zu ordnen oder zu verweben sucht, daß
der Gelehrte darinnen nichts irrig und anstös-
sig, und der Ungelehrte nichts zu hoch und
dunkel, der Gesittete nichts zu pöbelhaft, der
Rohe nichts zu verfeinert, daß Jeder etwas
findet, was seiner Faßungskraft und seinen
Empfindungen sich anpaßt. Die wesentlichen
Kräfte und Wirkungen der Seele sind bey allen Menschen dieselben, und wenn also die
Popularität im Predigen ja auf eine allgemeine Regel zurückgebracht werden sollte, so
wär es keine andere, als die, welche die Re-
dekunst überhaupt giebt: Was du sagest, sey
dem Verstande faßlich und einleuchtend, drücke
sich leicht dem Gedächtniß ein, wirke durch
schickliche Bilder auf die Einbildungskraft,
wecke die Gemüthsbewegungen, und leite die
Entschließungen des Willens.

Dieses ist der große Zweck, welcher erreicht werden soll, Ueberzeugung und Wirksamkeit — aber die Frage ist nun: Wie, durch
welche Art des Vortrags und Ausdrucks bei-

D

des

des erhalten werden kann? Ich antworte,
durch Popularität, durch schickliche Anpaßung
des Vortrags auf die Seele des Hörenden,
aber in dieser wird und muß allemal eine
große Verschiedenheit statt finden.

Deutlichkeit in Begriffen, welche zur
Ueberzeugung des Verstandes führt, ist also
das erste wesentliche Erforderniß zu einer guten Rede.   Aber soll sie populär seyn, so
müßen wir schlechterdings auf den Verstand
deßen sehen, zu welchem gesprochen wird.
Dem Verstande, oder dem Geschmacke des
Gelehrten, des Redners, kann vieles licht-
voll, als ausgemachte Wahrheit, einleuchten,
aber er übereilt sich, wenn er sich einbildet,
daß dieses nun nothwendig auch der ganzen
Welt, ja dem gemeinsten Manne als solche
einleuchten müße. Es ist vielmehr umgekehrt.
Es ist eine Art Licht, welche der Ungelehrte
und in wißenschaftlichen Kenntnißen Unbewan-
derte noch nicht kennt, und noch nicht tragen
kann.   Ein allzustarkes Licht blendet das
schwache und blöde Auge. *) Eine zu philo-
phische gelehrte Predigt läßt also nicht nur den
einfältigen Zuhörer in seiner Dunkelheit, sondern alles kommt ihm gerade um so viel dunkler vor, je mehr der gelehrte Redner Licht
sieht.

*) Dark from excessive light. —
                              Milton.

ſieht. Wir ſprechen darum einer tiefern Ein⸗
ſicht ihren Werth nicht ab; aber wir behaupten,
daß man dem gemeinen Manne nicht Dinge
ſagen müße, die ſein Verſtand nicht tragen
kann. Die Delikateßen der reichbeſetzten Ta⸗
fel eines Verzärtelten werden dem Holzhauer,
dem Bauersmann, dem harten Arbeiter die
Nahrung nicht geben, die ihm ſeine gröbere
Koſt giebt, und er würde alle Kräfte verlieren,
wenn er ſtatt ſeines Stücks groben Brodes
mit Zuckergebäcke genährt würde. Dem Dorf⸗
bewohner iſt eine leichte Volksarie oder Kir⸗
chenmelodie viel anpaßender und angenehmer,
als die künſtlichſte Compoſition eines Bach
oder Haydn; und für ihn hat der Geſang ei⸗
ner vorüberreiſenden Bänkelſängerin gewiß
mehr Reitze als die engliſche und bezaubern⸗
de Stimme einer Mara. Töne ſind Worte,
und wer alſo vor den Einfältigen populär,
paßend und nützlich reden will, muß ihm keine
Wahrheiten ſagen, die außer ſeinem Geſichts⸗
kreiſe liegen, und keine wißenſchaftliche künſt⸗
liche Sprache mit ihm reden, die ihm eben
ſo unverſtändlich und unbekannt, als oft dem
Prediger ſelbſt die ebräiſche iſt. — Die Pre⸗
digten, welche ein Saurin im Haag; ein
Maßillon und Bourdaloue in Paris; ein
Spalding in Berlin; ein Jeruſalen in Braun⸗
ſchweig; ein Zollikofer in Leipzig hielten,
würden für eine Dorfkanzel ſich eben ſo we⸗

nig

nig schicken, als die Werke eines Newton und
Leibnitz zu Lehrbüchern der Mathematik für
niedrige Schulen; und einige von ihnen gestehen es selbst in den Vorreden zu ihren Predigten, daß sowohl die Wahrheiten, die sie vortrugen, als auch die Einkleidung derselben sich
nur für ihre Hörsäle schickte, und daß auch
wohl ein anderer Vortrag nöthig und nützlich
seyn könne.

Eben so wenig würde es mit der Psychologie
und Natur der menschlichen Seele übereinstim-
men, wenn wir mit unsern Vorträgen nur
immer auf die Aufklärung des Verstandes, und
nicht auch auf die Rührung des Herzens hin-
wirken wollten. Wer das Herz durch schickliche Bilder und Erregung der Affecten anzu-
faßen weiß, hat auch sehr viel für den Verstand gewonnen. Die Erfahrung hat mich
gelehrt, daß oft die einfältigsten Menschen, so
bald sie anfiengen, den großen Wunsch nach
der Seligkeit und Beßerung ihrer Seele zu
fühlen, auch in der Erkenntniß und wahren
Weisheit immer weiter geführt wurden. Richtete sich die Beßerung des Herzens allemal
blos nach der vorhergegangenen Belehrung des
Verstandes: So müßte folgen, daß die ge-
lehrtesten einsichtsvollsten Menschen auch die
besten seyen, und daß die Christen, welche andere an Kenntnißen übertreffen, auch in der
wahren Frömmigkeit um so viel ausgezeichneter

ter werden müßten.   Gleichwol ſtimmt d
Erfahrung nicht damit überein, und nach e
ner moraliſchen Rechnung iſt vom Kopfe b
aufs Herz ein ſehr weiter Weg.   Ueberze
gung von einer Wahrheit muß allerdings m
der Begierde, ihr gemäß zu handeln, verbu
den ſeyn.   Aber dieſe Begierde, dieſes wir
liche Beſtreben, nach der erkannten Wahrhe
zu thun, wird doch durch die großen Triebf
dern menſchlicher Handlungen, Furcht un
Hofnung, erregt; und dieſe letztern könne
nicht beßer als durch ſtarke lebendige Bilde
durch Weckung der Affecten, in Bewegung g
ſetzt werden.   Der Menſch iſt und bleibt ſin
lich, und wird in hundert Fällen mehr vo
ſeinen Affecten und ſeiner Laune, als vo
Grundſätzen regiert.   Dem großen Haufe
muß alſo die Religion nicht nur anſchaulich
ſondern auch fühlbar gemacht werden; di
Sinne, die Einbildungskraft müßen den We
zu ſeinem Herze bahnen, und da er nicht nu
denkt, ſondern auch empfindet, ſo müße
beide Bedürfniße zugleich befriedigt werden.

Ich kann es freylich nicht billigen, wen
unter den Methodiſten beſonders diejenigen
welche man Layenprediger *) das iſt ſolch
kennt, welche nicht ſtudirt haben, ſonder
als Handwerker und Layen in ſich einen Trie
und Beruf fühlen, öffentlich zu beten ode

D 3   einen

*) Lay- Preachers.

einen Vortrag auf den Feldern oder in der
Gemeinde zu halten, wenn diese bisweilen
noch zu viel Pöbelsprache mit einmischen, und
zu grobe verwirrte Ausdrücke gebrauchen, die
mehr ärgern als erbauen, mehr verwirren
als erleuchten, mehr erhitzen als erwärmen.
Sie bleiben nicht bey der Schriftsprache, sondern um gelehrt zu scheinen, erfinden sie al-
lerhand witzige Zusätze und Redensarten, wobey die Seele nur bey dem groben Bilde stehen bleibt. So habe ich selbst einmal mit
eigenen Ohren gehört, das Paulus alsdenn
erst recht bekehrt worden wäre, als ihm nicht
nur der Rock, sondern auch das Hemde der
Selbstgerechtigkeit abgestreift worden sey.
Ein anderer, wollte seinen Zuhörern die Sinnlichkeit und Trägheit beschreiben, die den
Christen in seinem Lauf aufhielt, und verglich
sie mit Klunkern von Koth, die dem Reisen-
den, der immer weiter will, auf einer schlam-
migten Landstrasse am Stiefel hängen bleiben.
Jüngsthin wußte ein anderer, der eben über
den schmalen Weg zum Himmel sprach, in
ganz London keine andere Straße, die ihm
ähnlicher wäre, als die Schwalbengaße, die
bekanntlich sehr enge und schmutzig ist. Der
Mann von feinern Gefühl lächelt freilich über
diese geistliche Bildersucht; und manchen von
solchen Layenpredigern, welche oft nichts weiter als Gesellen oder verarmte Profeßionisten

sind,

sind, aber dabey eine natürliche Gabe der Beredsamkeit, oder vielmehr des Schwazens haben, die manche in ihrem geistlichen Stolze
aber für Salbung halten, möchte man zurufen: Es unterwinde sich nicht Jedermann Lehrer zu seyn. Aber machen nicht selbst viele
Prediger, von denen man eine beßere Einkleidung der Religion erwarten sollte, sich solcher
Pöbelhaftigkeiten schuldig? Und selbst hier
glaub ich, ist man noch nicht berechtigt zu spotten, sondern auf etwas beßeres zu leiten, so
lange es in einen vermischten Haufen noch
Seelen geben kann, für welche solche Ausdrücke wirklich erbaulicher sind, als die feinern.

Die Lehrart und der Vortrag der Methodisten hat nicht durchgängig solche Fehler, sondern vor der eingeführten speculativen philosophischen Kanzelsprache der Kirche von England große Vorzüge. Ihre Predigten sind
dem gemeinen Mann faßlich, daher sind auch
ihre Kapellen mehr angefüllt, als die Pfarr-
kirchen. Sie sind weder trocken und ermü-
dend, noch schulgerecht systematisch. Nach
einer vorausgeschickten Erklärung des buchstäblichen Sinnes ihres Textes öfnen sie sich
gewöhnlich ein Feld in das Gebiet der mystischen und moralischen Wahrheiten. Sie verbinden die Glaubenslehre gehörig mit der
Moral. Sie bedienen sich dabey der Frey-

heit,

heit, gewiße Ereigniße im täglichen und gemeinen Leben, gewiße Beispiele aus der Geschichte, und gewiße Erfahrungen, die sie im Umgange mit Christen gesammelt, mit unterzuweben. Whitefield war insbesondere darinnen stark, das Zufällige, das Oertliche wohl zu seinem Zwecke zu benutzen, und ein Freund hat mir erzählt, daß er ihn einmal gehört habe, wo eben ein plötzlich hereinbrechendes Gewitter ihm Gelegenheit gab, Sünder zu erwecken, und daß seinem Urtheile nach schwerlich eine solche Erschütterung der Gemüther wieder entstehen könne. Wesleys Beredsamkeit ist nicht so donnernd und stürmisch; aber sie ist gedrängt, voll Gründe, die ans Herz dringen, und mit überredender stiller Kraft, wie der sanfte Regen, der allmählig ins Erdreich sich einsaugt. Seine Sprache ist gleichwol aber auch bilderreich. Bey ihnen findet sich die größte Regel der Rhetorik in Ausübung, daß man selbst das fühlen müße, was man andern sagen will. Das Herz macht sie beredt. Die Liebe Christi dringt sie. Daher hört man keine Predigt von ihnen, wo nicht etwas von der Hauptsache vorkäme, wo sie nicht auf praktisches Herzenschristenthum drängen, und wo sie nicht die Pflichten, in denen sie ermuntern, aus christlichen und evangelischen Quellen und Bewegungsgründen herleiteten. Die Eingänge sind gewöhnlich sehr kurz,

kurz, aber die Anwendungen desto länger.
Sie binden sich nicht so genau an einen Satz,
daß sie nicht auch auf viele andere Wahrheiten kommen sollten, die in einer entfernten
Verbindung mit dem abzuhandelnden Thema
stehen, und oft halten sie ohne alles Thema
bloß Homilien, wie die des Chrysostomus sind.
Sie untermischen ihre Vorträge mit schicklichen biblischen Stellen, und unterscheiden sich
auch dadurch von den Canzelrednern der hohen
Kirche, welche die Bibelsprache immer mehr
aus ihren moralischen Vorlesungen verdrängen.

Der Zulauf und Beyfall, welchen die Methodistischen Prediger haben, kommt wohl
hauptsächlich daher, weil sie das Evanglium
predigen, und es auf eine ungeschmückte deutliche Art vortragen. Die nackte Wahrheit ist
sich selbst die beste Empfehlung, und wer sie
in ihrer Einfalt, wie die Apostel vorträgt,
durch deren Predigten gleichwol ganze Völker
bekehrt worden sind, der empfindet noch jezt
ihre besondere Kraft. Die Schriftsprache blei-
bet das beste Muster. Christus schränkte
sich auf keine Zeit, keinen Ort, in keine Form
ein, sondern lehrte, wo er Gelegenheit dazu
hatte, und das that er meistens in Bildern und
Gleichnißen. Die Apostel bildeten sich nach
ihm und ihre Reden und Schriften sind noch
in unsern Händen. Die heiligen Bücher, deren göttlichen Ursprung wir nicht ableugnen

D 5   kön-

können, sind mit einer grossen Weisheit und in einer Schreibart verfaßt, welche sehr bilderreich und eben deswegen für den größten Haufen deutlich und verständlich ist. Wir dürfen von ihr nicht abgehen, so lange wir nicht davon gewiß sind, daß eine andere Lehrart, nützlicher ist. Man hat seit einiger Zeit vielleicht mit zu vieler Vorliebe für das Neue, darauf gedrungen, daß man sich in Predigten und Erbauungsschriften der biblischen bilderreichen Redensarten enthalten, und in einer unter uns selbst gewöhnlichen Volkssprache reden müße, weil wir keine Hebräer und Morgenländer wären. Allein wo ist irgend eine Sprache ohne Bilder? Beruht nicht alle unsere Erkenntniß auf Zeichen und Vergleichungen? Hat nicht die Religion ihre geweihten Kunstwörter eben sowohl, als jede andere Wißenschaft, die nur dem dunkel sind, der sich nicht um ihre Erklärung bekümmert, und ihren Sinn nicht faßt?

Der Mensch bleibt, mit Rucksicht auf die Ewigkeit, seine ganze Lebenszeit hindurch ein Kind; und Kinder müßen durch Bilder zur Erkenntniß der Wahrheit geführt werden. Wenn also gewiße Worte und Bilder im Christenthum einmal eingeführt sind, und auch ihre Erklärung bekannt gemacht ist, so haben sie ein gewißes Bürgerrecht, und Niemand wird etwas anders darunter verstehen, als was dabey ges gedacht werden muß. Die Religion kann freilich nur auf einige wenige Säße und Wahrheiten zurück gebracht werden; aber um der Verschiedenheit der Menschen und ihrer Fähigkeit willen, giebt die Schrift diesen Wahrheiten eine solche Gestalt, daß sie für alle gleich nutzbar werden können. Man muß sich stets erinnern, daß die Bibel ein Buch für alle Menschen seyn soll, und die Erfahrung lehrt uns, daß das fleißige Lesen und der rechte Gebrauch deßelben unendlich mehr Nutzen gestiftet hat, als alle andere Bücher in der Welt. Was die Heilsordnung und Sittenlehren betrift, so bezweifelt es Niemand mehr, daß die überall mit dürren deutlichen Worten für einen Jeden vorgetragen sey. Das Uebrige ist dem gemeinen Mann mehr oder weniger dunkel, und doch brauchbar, weil er dabey eine Uebung für sein Nachdenken findet. Man erinnere sich hierbey an die auswandernden Salzburger und andere Verfolgte, und man muß darüber erstaunen, zu welcher richtigen, zur Seligkeit hinreichenden und vollständigen Erkenntniß oft die gemeinsten Leute, ohne alle Anweisung durchs bloße Bibellesen gekommen sind, welche unter herzlichen Gebet die Bibel dazu lasen, um zur Seligkeit weise zu werden. Sie erhielten immer mehrere Aufschlüße, durch die Bibel selbst, wie man die Sonne nicht anders, als durch ihre eigenen Strahlen sehen

sehen kann. Sie beschämten in Absicht der
praktischen Erkenntniß wohl manchen Gelehrten, der immer lernt, und nie zur Erkenntniß der Wahrheit kommt, und sie zogen selbst
aus solchen Kapiteln und Stellen Nutzen, von
welchen man anfängt zu glauben, als wenn
sie für uns heutiges Tages ganz vergeblich in
der Bibel stünden.

III.
Von den beyden Hauptzweigen der Methodisten.

Ehe ich von der Trennung spreche, welche
unter den Methodisten selbst entstanden ist,
muß ich etwas von den Streitigkeiten erwähnen, welche Wesley mit dem Grafen von Zinzendorf und seinen Anhängern, den sogenannten Herrnhuthern oder Böhmischen und Mährischen Brüdern *) gehabt hat. Er wurde
zuerst mit einigen ihrer Lehrer auf dem Schiffe
bekannt, auf welchem er seine Reise nach Georgien that. Was er von ihnen sahe und hörte,
konnte er nicht anders als billigen, und er
achtete sie von Herzen hoch. Damit er sich
von ihrer ganzen Verfaßung desto beßer unterrichten möchte, unternahm er nach seiner Zu-
rückkunft aus Georgien eine Reise nach Deutschland, wo er an verschiedenen Orten ihre Ge-
sell-

*) Moravians.

sellschaften besuchte. In London selbst wohnte er oft ihrem Gottesdienste bey, welcher in Fetter-Lane Englisch gehalten wird, und er wurde nicht nur selbst durch das innigste brüderlichste Band mit ihnen in der Einigkeit des Geistes verbunden, sondern empfahl sie auch öffentlich.

In der Folge der Zeit indessen glaubte er in ihrer Lehre einige Irthümer, und in ihrer Kirchenzucht und Lebensart einige Abweichungen und Fehler zu entdecken. Dieses verminderte nicht nur seine Liebe und Achtung gegen diese ehrwürdige Sekte, sondern gab auch Gelegenheit zu einer öffentlichen gänzlichen Trennung von ihnen. Er glaubte nämlich, die Brüder hätten falsche Lehrsätze vom Glauben, von der Rechtfertigung, von der christlichen Vollkommenheit, und von den sogenannten Gnadenmitteln. Es schien ihm, als wenn sie die Wiederbringung aller Dinge, *) die Gesetzlosigkeit oder den Antinomianism', und eine gewisse Art von Leidenschaftslosigkeit oder Quietismus lehrten und einführen wollten. Seinen Begriffen war es ganz entgegen, wenn sie sagten, daß die Vollkommenheit und Heiligung eines Christen etwas sey, das ihm blos in Christo zugerechnet werde, und das er nicht in sich selbst besitze; daß kein Mensch zum Abendmahl gehen dürfe, ehe er nicht bekehrt

und

*) Αποκαταϛαϛις, universal Salvation,

und heilig sey. Sie schienen ihm die Selbst-
verläugnung als etwas gesetzliches zu verwerfen, da er doch auf die immer grössere morali-
sche Besserung des Menschen und auf das
Wachsthum in allem Guten, als ein wesentli-
ches Kennzeichen eines wahren Christen drang.
Die Christen beider Partheyen mußten nothwendig diesen Widerspruch entdecken, und es
entstund unter ihnen Verwirrung und Uneinigkeit. Auch fieng Wesley an, die Reinigkeit ihrer Kirchenzucht und ihres Wandels zu
bezweifeln. Er warf ihnen vor, daß sie ihrem
Lehrer, dem Grafen Zinzendorf, blindlings
glaubten, und auf seine Worte schwüren; daß
sie sich und ihre Gemeinde für untrüglich hielten, daß sie andere Christen verachteten, die
nicht zu ihnen gehörten, daß sie sich auf die
Kunst der Verstellung verstünden, und überaus
zuruckhaltend wären, daß sie zu wenig aus guten Werken machten u. s. w.

Er schrieb nicht nur einen langen Brief an
die Brüder zu Herrnhuth in der Oberlausitz,
worinn er ihnen seine Zweifel und Bedenklich-
keiten entdeckte, sondern hielt auch eine Unterredung mit dem Grafen Zinzendorf in London in lateinischer Sprache über die streitigen
Punkte. Beides ist in den Auszügen aus
seinen Tagebüchern gedruckt, aber beides war
auch so weit entfernt, die Gemüther zu verbinden, daß sie dadurch nur immer mehr ent-
zweit

zweit wurden.   Man hat dem guten Wesley
mit Recht den Einwurf gemacht, ob er sich
nicht widerspreche, wenn er diese Parthey erst
so hoch hielt, und gleichwohl hernach sie so
sehr herabsetzte, wenn er erst gegen sie so
warm, und alsdenn so kalt und lau war, wenn
er sie jetzt lobt, und dann tadelt? Wir wollen
ihn selbst reden lassen. ”Was mein Herz an
”euch knüpft, sagt er, ist die Vortreflichkeit
”eurer Lehre.   Ihr legt den rechten Grund,
”daß Gott in Christo war und die Welt mit sich
”selbst versöhnte. Ihr macht den Glauben zur
”Bedingung der Seligkeit, wie die Schrift.
”Ich verehre die Gnade Gottes, die in vie-
”len von euch wirkt, daß ihr den liebt, der
”euch zuerst liebte, daß ihr mit allem zufrieden
”seyd, daß ihr die Welt unter eure Füsse tre-
”tet, und euch unter einander auf eine Art
”liebt, wie die Welt es nicht versteht.   Ihr
”seyd von den Sünden frey, welche jetzt die
”ganze Erde überströmen. Kein Fluch, kein
”falscher Schwur, kein Misbrauch des Na-
”mens Gottes ist unter euch erhört; man
”findet bey euch keinen Räuber, keinen Ver-
”schwender und Trunkenbold, keinen Hurer
”und Ehebrecher, keinen Zänker und Ver-
”läumder.   Ihr wisset von keinen Vergnügun-
”gen als von solchen, wie sie sich für Heilige
”schicken.   Ihr sehet nicht auf die Aussenseite
”des Menschen, sondern betrachtet einen ernst-
”haften

"haften sanften gedultigen Geist als die höch-
"ste Würde. Ihr seid nicht träge und müssig,
"sondern ein jeder isset unter euch sein eignes
"Brod, und euren Ueberfluß wendet ihr dazu
"an, die Hungrigen zu speisen, und die Na-
"kenden zu kleiden. In eurer Kirchenzucht
"erblicke ich gleichsam das Apostolische Zeital-
"ter, und ich verehre eure Unterwürfigkeit
"unter Vorgesetzte, eure Sorgfalt für jedes
"einzelne Mitglied, euren kindlichen Umgang,
"eure thätige Liebe. — Vielleicht fragt mich
"mancher: Wenn du dieß alles zugiebst, was
"verlangst du mehr?" *) In der That ist mir
bey der ganzen Streitigkeit diese letzte Frage
mehr als einmal eingefallen. Denn, wo eine
Gemeinde in der Christenheit, ein solches Bild,
bei nahe möcht ich sagen, ein solches Ideal an
sich trägt, wie in den obigen Worten geschil-
dert wird, da ist es gewiß schwer, andere Unvollkommenheiten auszufinden, als solche, welche selbst bey der besten Sache, der Menschheit eigen sind. — Wesley hat indessen diese
Unvollkommenheiten mit Liebe entdeckt, und
er gesteht, daß, wenn sie weggeschaft würden, er sich glücklich schätzen würde, ein Thür-
hüter

*) Extract of Wesleys Journal from Nov. 1. 1739.
to September 1741. Bristol 1749. pag. 4. 5. Dieser Auszug befindet sich auch in dem 27sten
Bande seiner Werke, die in 32 Bänden zu
London 1772 herausgekommen sind.

hüter im Hause Gottes, oder ein Wasserträger und Holzhauer bey dem Gebäude zu seyn, das durch eine solche Gemeinde aufgeführt werden soll. Vielleicht fänd er jetzt weniger Ursache zu Vorwürfen, wenn er eine Revision seiner Urtheile anstellen wollte. Das Buch, welches dazu herrliche Dienste leisten könnte, ist A. G. Spangenbergs kurzgefaßte historische Nachricht von der gegenwärtigen Verfassung der Evangelischen Bruderunität Augspurgischer Confession. Berlin 1786.

Die Nachwelt urtheilt gewöhnlich kaltblütiger über die Begebenheiten der Vorwelt. Der Streit wurde von beiden Seiten auf eben die Art geführt, wie jeder andere Streit unter Menschen geführt wird, wo jeder glaubt Recht zu haben. Vorausgesetzt, daß dieser Streit etwas Gutes betraf, und mit guten Absichten und Herzen geführt ward, so fand sich doch dabey auch die Unvollkommenheit, die dem Eifer vieles Guten auf dieser Welt anhängt. Der Mensch ist und bleibt Mensch. Die Gnade zerstört die Natur nicht, veredelt sie nur. Wenn ich daher den wahren Grund von dem zwischen den Methodisten und Herrnhuthern entstandenen Zwiste angeben sollte, so wär es nichts anders, als die der menschlichen Seele so wesentliche Selbstliebe. Wesley und Zinzendorf fiengen eben an, die Häupter zweyer Partheyen zu werden. Da die

E   Zuhörer

Zuhörer des ersten sich häufig zu dem letzten
wendeten, so war es natürlich, daß eine Art
von Eifersucht entstund, die aber doch das
Gute hatte, daß wahre Religion und Frömmigkeit befördert werden sollte. Aber gleich-
gültig war es denn doch beiden Führern nicht,
durch welchen das meiste Gute befördert wurde Die mährischen Brüder sind in meinen
Augen eben so ehrwürdig, als die Methodisten, besonders von Wesleys Parthey, so bald
das Wahre und Gute durch sie befördert wird.
Wenn nur Wahrheit und Frömmigkeit in der
Welt ausgebreitet wird, so mögen die Mittel,
deren man sich dazu bedient, noch so verschieden seyn. Was liegt daran, ob ein Mensch,
der wirklich Gutes stiftet, glaubt, daß Gott
und Christus das alles durch ihn wirke, oder,
daß er selbst als ein vernünftiges freyes Wesen einen Antheil daran habe? Jene und dieser haben denn doch einen Zweck, und wenn
sie in ihren Meynungen verschieden sind, so
ists Wortstreit und weiter nichts. Ich glaube
nicht, daß es nothwendig sey, um selig zu
werden, sich zu der einen oder der andern
Parthey öffentlich zu bekennen. Aber das ist
eine nothwendige Eigenschaft eines guten Menschen, und noch viemehr eines guten Christen,
Wahrheit, Tugend, Gottseligkeit, Glückseligkeit an sich und andern so viel als möglich zu
befördern. Und eben deswegen glaub ich, daß
keiner

keiner eine Parthey in der Christenheit hassen
oder verspotten kann, durch welche dieser Zweck
erreicht wird.   Die Herrnhuter sind deswegen
eine sehr ehrwürdige Secte.   Welche Parthey
zeigt ihren Glauben so durch ihre Werke, wie
sie? Wo findet man so viele ächte Kernchri-
sten, so viele gute Menschen, so viele edle,
gemeinnützige, wohlthätige, gute Mitglieder
der menschlichen Gesellschaft, als unter ihnen?
Wo solche Mißions = Arbeits = und Erziehungs-
Anstalten? *) Aber eben diesen Ruhm kann
man auch den Methodisten geben   Finden sich
dem ohngeachtet noch Misverständniße zwischen
beiden in Lehrpunkten, die vielleicht in diesem
Leben zu gar keiner Gewißheit gebracht werden können, so lasset uns jenen Ausspruch des
Dichters nie vergeßen:

    Wir irren allesammt, nur Jeder irret an-
                    ders.

    Noch wichtiger aber war der Streit, in
welchen Wesley und Whitefield nebst ihren
Anhängern unter einander selbst gerichten.
Whitefield war ein strenger Calvinist; er
         E 2   glaubte

*) Alles, was ich hier noch sagen könnte, will ich
    in folgender Anekdote sagen. Als Wesley auf
    seiner Reise nach Herrnhuth mit einigen Be-
    gleitern in Weimar vor den Gouverneur ge-
    bracht und von ihm gefragt wurden, wo sie
    hinwollten, antwortete Wesley kurz und gut:
    An den Ort, wo die Christen wohnen.—

glaubte die unbedingte Gnadenwahl, und alle
damit verbundenen Lehrsätze, daß Christus
nur für diejenigen gestorben sey, welche selig
werden, und nicht für die Verdammten; daß
nur die Auserwählten schlechterdings bekehrt
werden; daß die Gnade, die auf sie wirke, un-
widerstehlich sey, und daß sie aus dieser Gnade
nicht fallen können. Er glaubte also eine
Particular = Erlösung des menschlichen Geschlechts. Wesley hingegen war und ist in
Absicht aller dieser Lehren völlig ein Lutheraner. Er glaubt und lehrt, daß Christus für
alle Menschen gestorben sey, daß der Mensch
der in ihm wirkenden Gnade widerstehen und
noch verloren gehen könne, auch wenn er
Gnade gehabt habe. In Absicht des wahren
Glaubens an Jesum und die Früchte, welche
dieser Glaube hervorbringen müße, stimmten
sie stets überein. Als Whitefield im Jahre
1741. aus Georgien nach England zurück
kam, fieng sich der Streit über obige Sätze
an, und verwandelte sich zuletzt in eine solche
Uneinigkeit und Erbitterung der Gemüther, in
einen solchen ärgerlichen Federkrieg, welcher
durch nichts als durch eine völlige Absonde-
rung beendigt werden konnte. Es entstunden
nun Wesleyaner und Whitefiliten; jene könnte man Universalisten, und diese Particularisten
nennen. Wesley, welcher in seinen polemi-
schen Schriften überaus kaltblütig und liebe-
voll

voll ist, wollte sich nicht gern von der andern
Parthey trennen, weil er glaubte, daß sie
doch in der Hauptsache eines Sinnes wären;
aber Whitefield und einige seiner eifrigen Anhänger, brachen zuerst die Gemeinschaft mit
Menschen ab, die, wie sie meynten, solche
gefährliche Irthümer hegten.

Der Streit ist mit großem Aergernisse geführt worden, und die Schriften sowohl als
Befeindungen, die daraus entstunden, konnten nicht heftiger seyn, als ehemals zwischen
den beiden Protestantischen Partheyen in
Deutschland. Denn jezt, bey der immer wachsenden Aufklärung, ich meyne wahre Aufklärung in Erkenntniß und Sitten, nicht — wie
Zimmermann die Aufklärung in Potsdam und
Berlin unter Friedrich dem Großen in seinem
Buche von ihm schildert — und bey der immer weitern Ausbreituug des Duldungsgei-
stes, wird man doch endlich einsehen lernen,
daß viele Streitigkeiten blos über Verwahrt
und Bewahrt, unsere Voreltern entzweiten,
und daß man, ohne in den Verdacht der Gleich-
gültigkeit gegen die Religion zu fallen, auch
Andersdenkende für Brüder halten müße. Zu
wünschen wäre gewesen, daß die Nachfolger
und Anhänger beider Männer den Streit in
der Nacht der Vergeßenheit vergraben hätten.
Aber leider ertönt noch manche Kanzel der
Whitefiliten von Warnungen gegen die Armi-

E 3

nischen

nischen Irthümer ihrer Gegner. Niemals
habe ich zwar so etwas von Wesley und seinen Predigern gehört; Aber der Ton, in welchem Whitefield Lärm bließ, wird noch immer
fortgestimmt.

Oft habe ich mich gewundert, wie Männer, welche durch ein und ebendenselben Geist
erleuchtet und getrieben seyn wollten, gleichwohl in der Lehre so uneins seyn, und die
Bande der Freundschaft zerreißen konnten.
Entweder widerspricht sich dieser Geist und die
Wahrheit selbst, oder, wenn dieses nicht möglich ist, so wirkte in beiden ein verborgener,
und, selbst heiligen Menschen, noch ankleben-
der Geist der Selbstliebe, des Selbstruhms,
des Eigensinns und des Privat-Intereße.
Wenn zwey Sonnen am Himmel stünden,
diese Erde zu erleuchten und zu erwärmen, so
würden sie in Verwirrung gerathen. Wenn
zwey große Männer zu gleicher Zeit Häupter
einer Secte zu werden anfangen, so muß eben
daßelbe geschehen. Auch hier zeigt sich menschliche Unvollkommenheit und Schwäche. Die
Wahrheit war indessen gewiß immer mehr
auf Wesleys Seite. Seine Lehre athmet
mehr den Geist der allgemeinen Gottes- und
Menschenliebe des Evangelii. Zu bedauren
sind die vielen heilsbegierigen aber unwißen-
den Seelen, welche Lehrer von beiden Partheyen vermischt hören, und wegen des Mangels

gels an Scharfsinn und Beurtheilungskraft sich
selbst aus diesem Widerspruche nicht helfen
können. Es müssen daraus nothwendig verwirrte Begriffe entstehen, welche bisweilen
traurige Folgen für den gesunden Verstand haben. Es ist daher nichts leichter in London,
als ein Ungläubiger oder Zweifler zu werden.
Ein Einheimischer oder ein Fremdling, welcher sich nur einen einzigen Sonntag die Mühe
geben wollte, alle verschiedene Religionspartheyen in London in ihren Versammlungshäu-
sern zu besuchen, die verschiedenen Lehrvor-
träge zu hören, die verschiedenen Gewohn-
heiten und Uebungen der Christen zu sehen,
muß gewiß schon vest in seiner Ueberzeugung
seyn, wenn er zulezt mehr als Pilatus bey
der Frage denken will: Was ist Wahrheit?
Führet ihn herum: Und in wenigen Stunden
wird er Leute hören, die nicht an den Vater,
andere die nicht an den Sohn, wieder andere
die nicht an den heiligen Geist glauben. Hier
wird man ihm ein Collegium über eine specu-
lative Lehre der Dogmatik lesen, und dort wird
man ihm eine blumichte Rede über den Patrio-
tismus halten. Der eine wird ihm blos die
gesunde Vernunft, der andere blos die Offenbarung, der dritte eine innerliche Regung des
Geistes, welche die beiden vorhergehenden
übertreffen soll, zur Erkenntnißquelle anwei-
sen. Laßet ihn erst in der hohen Kirche ein

E 4 langes

langes Gebetformular kalt und mechanisch
verlesen und nachsprechen hören; und der
nächste Dißenter, deßen Capelle er besucht,
wird vielleicht über alle Gebetbücher solche Urtheile fällen, als sie noch nie über den guten
Eubach gefällt worden sind. In der Eßer-
Straße in Lindsays Capelle, wird er vielleicht
hören, daß es Götzendienst und Aberglaube
sey, an den großen Lehrer Jesum seine Gebete
zu richten, dem man in Fetter = Lane, als dem
Heilande der Welt, selbst unter der Vorstellung
eines Lämmleins göttliche Ehre erweiset. Hier
wird eine Predigt keine Silbe aus der heiligen
Schrift haben, und dort wird sie aus lauter
Sprüchen zusammengesetzt seyn. Der Ana-
baptist wird ihm sagen, daß es Unsinn sey,
wenn er seine Kinder eher als in den Jahren
des Bewußtseyns und der Ueberlegung einen
Eyd ablegen laße, und der Verfechter der Kin-
dertaufe und des Kinderglaubens wird ihm zu
verstehen geben, daß er Schuld an der Verdammniß seines Kindes sey, wenn es nicht
wenigstens acht Tage nach seiner Geburt getauft wird. Der freye unabhängige Noncon-
formist wird ihm, im blauen Rock und eignem
Haar von der Kanzel herab, das Licht der gesunden Vernunft und des äußerlichen Wortes
aufstecken: Der stille Zitterer wird ihm mit
noch wenigern Umständen, den Hut auf dem
Kopfe, Arme und Füße in Bewegung, das
inner-

innerliche Licht seiner Geistesregung beschreiben. Jetzt wird er von Whitefiliten hören, daß die unwiderstehliche Gnade ihn gewiß zur rechten Zeit ergreifen werde, wenn er zur Seligkeit bestimmt sey; und dann wird ihm der Weslejaner sagen, daß er gewiß nicht bekehrt, nicht im Guten beständig, nicht selig seyn werde, wenn er nicht selbst mit Hand ans Werk lege. Jetzt wird man ihm Gefühle, Thränen, Geständniße als das beste Kennzeichen seines Gnadenstandes anpreisen, und dann wird man ihm, wie Ganganelli dem Braschi sagen: Thaten, nicht Worte!— *) Braucht man mehrere Versuchungen zum Scepticism'? Wie viel Dunkelheit bey Licht! Wie viel Falsches beym Wahren! Wird man nicht glauben, die Religion sey ein Proteus, der tausend Gestalten und Wendungen annehmen konnte? Und was soll, was kann uns aus diesem Labyrinthe herausbringen, als der Leitfaden, der, jedem von Gott selbst anerschaffnen Denkkraft, und der deutlichsten Aussprüche Gottes selbst in seiner höhern Offenbarung?

Ich wünsche gleichwol aber nicht, daß die so eben erwähnte Mishelligkeit, unter den Methodisten ein zu widriges Urtheil wider sie überhaupt erwecken möchte. Die Beförderung der wahren Frömmigkeit ist ihr Hauptzweck, und den haben sie gewiß bey vielen

er-

*) Fatti, non parole. —

erreicht. Kranke und räutige Schaafe giebt
es in jeder großen Heerde, und unwißende
schlechte Menschen mischen sich unter jede grössere, noch so gute Gesellschaft. Wenn aber
ein Acker meistentheils guten Waizen trägt, so
achtet man des wenigen Unkrauts nicht, das
hier und da zwischen demselben mit aufwächst.
Die schlechten Nachrichten, die man von ihnen
ausgebreitet hat, schreiben sich meistentheils
daher, daß man von unwürdigen Methodisten
auf den Charakter aller schloß. Ob es jemals
einen solchen Methodistischen Charakter gegeben habe, wie der ehemalige Lustigmacher,
Foote in seinem Lustspiel der Mündel,*) in
in welchem er den Whitefield und die Religion
an den Pranger des spottenden Witzes und
Gelächters stellt, die Madame Cole schildert,
welche Kuplerin und Betschwester zugleich
war, daran zweifle ich sehr. Aber gesetzt, es
gäbe auch unter den sogenannten Wiedergebornen solche Mißgeburten, so wär es unbillig,
die Methodisten deswegen überhaupt anzukla-
gen oder zu verspotten. Es haben sich oft
düstere Köpfe und Schwärmer zu ihnen gehalten, und was diese sagten und unternahmen,
wurde alsdenn der Parthey angeschuldet.

Unter andern stiegen nach wenig Jahren
unter ihnen ein gewißer Wilhelm Cudworth
und Jacob Relly auf, welche es zwar erst
mit

*) The Minor.

mit Whitefield hielten, hernach aber sich von
ihm als Antinomianer absonderten. Sie lehrten niemals das Göttliche Gesetz, sondern waren offenbare Feinde deßelben, die alle diejenigen Legalisten, oder Gesetzler nennten, welche Moses mit Christus, Sinai mit Golgatha
verbanden. Sie wollten durchaus nichts
mehr mit dem Gesetz zu schaffen haben, und
predigten nur Christum den Gekreuzigten als
Gerechtigkeit, nicht aber als Heiligung. Um
sein Verdienst zu erhöhen, setzten sie alle Tugenden und gute Werke auf das tiefste herab.
Ob sie aber gleich in Lehr und Leben noch vielmehr von Whitefield abgiengen, als dieser
von Wesley, so hießen sie doch Methodisten,
und folglich wurde nun auch jeder Irgläubige
und Schwärmer mit diesem Namen belegt.

Um diese Zeit fiengen auch Venn und
Romaine an bekannt zu werden. Der durch
sein Buch Telyphthora, oder das Verderben
des weiblichen Geschlechts, bekanntgewordene
Madan, Prediger des Lock-Hospitals, wo
unzüchtige Weibspersonen zur Gesundheit und
auf die Wege der Keuschheit zurückgebracht
werden, ist auch unter sie gezählt worden. Er
scheint in diesem Buche zwar die Vielweiberey
zu vertheidigen, allein sein Hauptgedanke ist
doch nur der, daß der Verführer die Verführ-
te mit ihrem Kinde erhalten solle, und daß
er, selbst durch weltliche Gesetze gebunden werden

ben müße, solche Personen, denen er mit ihrer Unschuld ihr ganzes Glück geraubt hat,
und wenn es noch so viele wären — mancher Englische Lord aber könnte ein ziemlich
zahlreiches Serail errichten — zu ernähren,
damit auf diese Art der Verführung und dem
Verderben des zweiten Geschlechts gesteuret
würde. Verridge und viele andere Geistliche
von der Bischöfflichen Kirche, wurden blos
deswegen unter die Methodisten gerechnet,
weil sie lehrten, daß der Mensch allein durch
den Glauben an Jesum gerecht und selig werde. Selbst alle Schwärmer, welche in England aufgestiegen sind, hat man ohne Grund
für Schüler und Abkömmlinge der Methodisten erhalten. So breitete ein gewißer George Bell und andere im Jahre 1762. die
Weißagung aus, daß im Februar an einem
gewißen Tage London untergehen würde. Viele, welche von seiner Drohung in Furcht gesetzt und getäuscht waren, verließen Tages
vorher die Stadt, und begaben sich auf be-
nachbarte Höhen, um, wie Loth dieses So-
dom in Schwefelpful versinken zu sehen. Allein der Tag kam, und London blieb stehen,
gewiß, weil mehr als funfzig, vielleicht mehr
als funfzig tausend Gerechte darinnen gefunden werden, die vielen tausend Kinder nicht
mitgerechnet, die noch unschuldig sind, und
keinen Unterschied zwischen Bösen und Guten
wißen.

wißen. Die Propheten wurden also zu Schande, und ob gleich Wesley öffentlich und ins-
geheim gegen diese Irrigen predigte und
sprach, so wurde es ihm doch beygemessen,
daß solche Leute in London aufstiegen.

————————

Uebrigens will ich noch in einem Anhange
zu diesem Kapitel eine kurze Nachricht von
zwey ganz neuen kürzlich in London entstandenen Sekten und Gemeinden hinzufügen. Die
erste betrift die Universalisten, nicht in dem
Verstande, wie die Methodisten so genennt
werden, die eine allgemeine Erlösung glauben,
sondern wiefern sie den Glauben an eine künf-
tige Wiederbringung aller Dinge, und an die
Endlichkeit der Höllenstrafen zu ihrer Haupt-
lehre machen, die sie in Schriften und Predigten auszubreiten suchen. Der in Deutschland
darüber geführte Streit ist bekannt, und eben
so bekannt die Antwort, welche der letzte König von Preußen seinen Unterthanen in Neuf-
chatel gab, welche auf die Absetzung der Prediger drungen, welche dieser Lehre ergeben
waren: "Ich habe nichts dawider, wenn
sie sich wollen ewig verdammen laßen."
Es scheint, die neue in London errichtete Gemeinde will das nicht. Ihr Lehrer ist ein gewißer Prediger Winchester, welcher in Amerika wegen seiner Menschenliebe so viel leiden
mußte, und auf der Insel der Freiheit, in
Eng-

England, Schutz suchte und fand. Sein Buch,
welches er über die Wiederherstellung aller
Dinge kürzlich herausgegeben hat, enthält sehr
wichtige Gründe für diese Lehre und eine Beantwortung aller der dawider gemachten Einwürfe. *) Er hat aber auch schon in einem gewissen Buchhändler Thomson einen Widerleger gefunden, welcher die Ewigkeit der Höllenstrafen
aus der Schrift und Vernunft gegen die feinen
Kunstgriffe des Teufels und seiner Abgesand-
ten, besonders des Herrn Winchesters, (er
wird namentlich auf den Titel des Buchs auf
diese höfliche Art genennt) vermuthlich in der
Absicht so heftig hat beweisen wollen, weil er
bey dem Abgange seines Buchs einen großen
Profit hofte. Winchester fährt indeßen fort,
in seinen beiden kleinen Gemeinden laut die
unendliche Liebe Gottes zu predigen, und giebt
ein Magazin heraus, welches viele mit seiner
Lieblingsmeynung verwandte Materien enthält. Schade ists, daß der Mann einige
Begriffe vom tausendjährigen Reiche hat, welche mehr ihren Grund in einer erhitzten Einbildungskraft als im kühlen gesunden Nachdenken haben. Er hat über dreißg Reden gehalten, worinn er die noch nicht erfüllten Weißa-
gungen der Schrift erklärt, und die großen
Auftritte der Zukunft mit einer Bestimmtheit
beschreibt,

*) Universal Restoration by *Elhanan Winchester,*
London 1788.

beschreibt, als wenn er alles schon selbst mit
angesehen hätte. Unter andern sagt er uns,
daß Jesus vor dem Ende der Welt persönlich,
und zwar nach aller Vermuthung in einem
Aequinoctio erscheinen, auch wenigstens 24.
Stunden in der Luft vorher sichtbar seyn werde. — Sonst ist er ein Mann von nicht gemeiner Kenntniß und Erfahrung, und da er
in Amerika ein Augenzeuge der grausamen Behandlung gegen Negersclaven gewesen ist, so
hat er sich zu denen geschlagen, welche bey
der jetzigen so allgemeinen Untersuchung über
die Rechtmäßigkeit des Sclavenhandels, in
vielen Schriften behaupten, daß dieser Handel
für die Menschheit und das Christenthum gleich
schändlich und nachtheilig sey, und also von
der Regierung abgeschaft werden müße.

Die zwote ganz neuerliche Sekte könnte
man Swedenborger nennen. Sie selbst nennen sich die Neue Kirche, welche durch das
neue Jerusalem in der Offenbarung bezeichnet seyn soll. Die Gelegenheit zur Stiftung
dieser Gemeinde gab eine kleinere Gesellschaft,
die sich bloß deswegen zusammengeschloßen
hatte, Swedenborgs Schriften ins Englische
zu übersetzen; und die noch ungedruckten
Schriften dieses berühmten Geistersehers auf
ihre Kosten herauszugeben. Sie versammelten sich jede Woche einmal in einem gemie-
theten Zimmer, lasen erst ein Stück aus Swe-
den-

denborgs Erklärungen über die Bibel vor, und unterredeten sich alsdann darüber, ohne Gebet und Gesang, ohngefehr wie die Quäker. Ein Freund, der zu ihnen gehörte, verschafte mir die Freiheit, ihrer Versammlung beizuwohnen. Die Schöpfungsgeschichte wurde verlesen, und der Schwedische Ritter machte aus dem Adam das Principium des Guten, und aus der Eva das Principium des Bösen.— Man sieht leicht, daß diese Erklärungsart sich auf die Meynung gründet, als wenn die Schrift außer dem buchstäblichen Sinn auch noch einen geistlichen und himmlischen habe. Aber gewiß, alsdenn wird wieder eine ganz neue Offenbarung erfodert, um die schon vorhandene verstehen zu lernen. Diese neue Offenbarung sagen sie, sey dem Knechte Gottes, Emanuel Swedenborg wiederfahren, und werde die allgemein herrschende Lehre in der neuen Kirche werden. Wie sie ihren Glauben in eine Art System und Form gebracht hatten, mietheten sie eine Kapelle, nicht weit vom Monument in Great-Fast-Cheap, wo man sie nun jeden Sonntag beten hört, daß Gott alle Partheyen der alten Kirche, die bisher im Finstern getappt, zum Lichte des neuen Jerusalems bekehren wolle. Ihre Liturgie ist gleichwohl nach der Englischen Bischöflichen alten eingerichtet, und im Druck unter dem Titel erschienen: The Order of Worship or
Form

Form of Prayer, for the New Church fig-
nifyed by the New Jerufalem in the Re-
velation London 1788. In der Vorrede fagen fie, die Seele und das Leben der neuen
Kirche beftehe in diefen beiden kurzen Sätzen,
erftlich: Daß nur ein einziger Gott nach We-
fen und Perfon fey, in welchem fich ein göttliches Drey, Vater, Sohn und Geift befinde,
und daß der Herr und Heiland Jefus Chriftus
diefer Gott fey, zweitens: Daß der Menfch,
um zur Seeligkeit zu gelangen, ein gutes Leben nach den zehn Geboten führen, und das
Uebel als Sünde gegen Gott meiden müße.
Die Lehre der alten Kirche, fagen fie, fey gerade das Gegentheil, denn da glaube man im
Grunde drey Götter, weil man drey Perfonen
annehme, und die Rechtfertigung des Menfchen durch den Glauben allein fchließe unter
Proteftanten noch mehr, als bey Catholiken,
die Liebe und guten Werke aus. Sie beten
Jefum Chriftum, als den einzigen wahren
Gott, als Vater und Jehovah an. Nach ihren Begriffen ift keine Auferweckung der Leiber, kein jüngftes Gericht zu hoffen. Die
erfte gefchiehet fogleich bey der Umwandlung
des Menfchen nach dem Tode, und das Gericht ift längft im Unfichtbaren gehalten. Um
kurz zu feyn, will ich ihr Glaubensbekenntniß
mit ihren eigenen Worten hierher fetzen, und
dem Lefer das Urtheil darüber anheimftellen:

F   Ich

Ich glaube, Jehovah Gott, der Schöpfer
Himmels und der Erden, ist ein Einziger in seinem Wesen und in Person, in
welchem eine göttliche Dreyheit ist, die
aus Vater Sohn und heiligem Geiste besteht, und daß der Herr und Heiland Jesus Christus dieser Gott ist.

Ich glaube, daß Jehovah Gott selbst vom
Himmel als göttliche Wahrheit, welche
das Wort ist, niederkam, und menschliche Natur annahm, die Hölle vom Menschen zu entfernen, die Himmel in ihre
Ordnung wieder einzusetzen, und der
Neuen Kirche einen Weg zu bereiten;
und daß hierinnen die wahre Beschaffenheit der Erlösung bestehe, welche allein
durch die Allmacht der göttlichen Menschheit des Herrn bewirkt wurde.

Ich glaube an die Heiligkeit des Worts,
und daß es einen dreifachen Sinn enthalte, einen himmlischen, geistlichen,
und natürlichen, welche durch Correspon-
denzen vereinigt sind, und daß es in jedem Sinne göttliche Wahrheit ist, wie sie
den Engeln in den drey Himmeln, und auch
den Menschen auf der Erde angemeßen ist.

Ich glaube, daß sogleich nach dem Tode
des materiellen Leibes (welcher niemals
wieder von uns angenommen werden
wird) der Mensch mit einem geistlichen

oder

oder wesentlichen Leibe aufsteht, worinn
er in einer vollkommenen Gestalt seine
Existenz hat, und daß also der Tod eine
Fortsetzung des Lebens ist.

Ich glaube, daß das letzte Gericht in der
Geisterwelt schon vollendet ist, und daß
der alte Himmel und die alte Erde, oder
die alte Kirche vergangen, und alles
Neu geworden ist.

Ich glaube, daß jezt die zweite Zukunft des
Herrn ist, der nicht in Person, wohl
aber in der Macht und Herrlichkeit des
geistlichen Sinnes seines heiligen Wortes, welches er selbst ist, kommt. Und
ich glaube, daß die heilige Stadt, das
neue Jerusalem, jezt von Gott aus dem
Himmel herabsteigt, und wie eine Braut
für ihren Bräutigam geschmückt wird.

Und der Geist, und die Braut sagen, Komm.
Und jeder, der höret, sage, Komm. Und
jeder, der durstet, komme. Und wer da
will, trinke das Wasser des Lebens umsonst. Amen. Ja komm Herr Jesu!

Ich enthalte mich aller Anmerkungen über
dieses ganze eigene Glaubensbekenntniß, wenn
ich nur erwähnt habe, daß, wenn es gleich die
Geheimniße unsers bisherigen Lehrbegriffs unnöthig macht, es doch viele andere noch viel
unauflöslichere Geheimniße enthält. — Was

F 2   wird

wird man aber zu einer andern Parthey sagen, die sich Veritasier *) nennt, und noch in Zukunft unter den Schutz der Regierung eine allgemeine Religion in England einzuführen gedenkt, wobey aber blosse Vernunftwahrheiten, und weder Bibel noch Jesus Christus zum Grunde gelegt werden sollen? Der Plan dazu ist in einem Buche entworfen, das die Zuschrift hat: An account of the Isle of Veritas. London. Scheint es doch, als wenn der Mensch irgend etwas haben müßte, auf das er sich verlassen muß, seys Natur, oder Gnade; inneres Licht, oder Vernunft; sey es Götze oder Gott! sey es Brama oder Jesus Christus. Wenn wird die Zeit kommen, da Religion keine Moden mehr annimmt, sondern ein Hirt und eine Heerde seyn wird? Bis dahin aber und selbst dann noch wird's heißen:

Der Gerechte wird seines Glaubens leben.

––––––––––

*) Von Veritas Wahrheit.

IV.

IV.

Liturgie und Kirchenzucht der Methodisten.

Die Liturgie der Methodisten ist dieselbe mit
der von der herrschenden englischen Kirche, welche man aus dem allgemeinen Gebetbuche *) kennen lernen kann, das in verschiedene Sprachen übersetzt ist. Die darinnen
vorgeschriebene Gebete beym öffentlichen Gottesdienste, bey Taufen und Begräbnissen werden unverändert von ihnen gelesen. Von dem
darinnen befindlichen Trauungsformular können
aber weder sie noch irgend ein anderer Prediger unter den Dißenters Gebrauch machen,
weil durch eine Parlamentsacte verordnet worden ist, daß die Trauungen nur allein von den
Predigern des Kirchspiels verrichtet werden
sollen. Doch werden diese Gebete mit mehr
Andacht und Empfindung unter den Methodisten gelesen und angehört, als in der englischen hohen Kirche, wo alles ziemlich kalt und
mechanisch hergeht, weil viele Prediger sehr
unverständlich und flüchtig lesen. Vor einigen Jahren gieng ich zu den Morgengebeten
in der Hofkapelle zu Windsor, welche der König jeden Tag mit den Zweigen der königlichen
Familie zu besuchen pflegt, und wo man also
die beste Gelegenheit hat, Ihn zu sehen; und
ob ich gleich nicht weiter, als etwa drey Schrit-

F 3

*) Common Prayer Book.

te von dem Prediger entfernt war, der ſie
herlas, ſo habe ich ihn doch nicht ein einziges
Wort verſtanden. Man hat zwar das Gebetbuch vor ſich, allein der Mann, der im Namen der ganzen Gemeinde redet, ſollte doch
wenigſtens verſtändlich ſprechen.

Einen großen Vorzug haben die Methodiſten auch in ihren Geſängen. Wesley war
ſtets ein großer Freund von Muſik, und er
führte ſowohl neue Lieder als neue Melodien
ein. In der Engliſchen Kirche ſingt man blos
die in Reime gebrachten Pſalmen Davids, und
jedesmal nur wenige Verſe. Die Dißenters
aber ſingen die von Watts verfertigten Lieder,
und Wesley ſowohl als Whitefield machten
ihre eigne Geſangbücher, wo ſie neben andern
guten Liedern auch ſolche aufnahmen, welche
ſie ſelbſt gedichtet haben. Doch vermiſſe ich
in denſelben die Ordnung, welche in unſern
deutſchen Geſangbüchern herrſcht, und der
Prediger Meyer, welcher in Halle ſtudirte und
hernach in London einer Engliſchen Gemeinde
vorgeſetzt wurde, war der erſte, welcher in
dem von ihm herausgegebenen Geſangbuche
die Lieder nach gewiſſen Rubriken anordnete,
dem vermuthlich mehrere folgen werden. Denn
beinah jede Gemeinde in London hat auch ihr
eignes Geſangbuch. Wir Deutſchen haben gewiß in dieſer Abſicht vieles vor den Engländern
voraus, weil wir nicht nur einen Ueberſluß
von

von vortreflichen Liedern haben, sondern weil
diese Lieder auch nach solchen Melodien gesungen werden, welche überaus leicht und harmo-
nisch sind, und welche den großen Tonkünstler
Händel auf manchen erhabenen Ausdruck in
seinen Oratorios geleitet haben.

Der öffentliche Gesang der Methodisten ist
deswegen so reizend, weil Manns und Weibspersonen abwechseln, welches besonders auf
freyem Felde eine sehr angenehme Wirkung
aufs Gehör und Herz hat. Es sind gewisse
Stunden ausgesetzt, wo diejenigen beiderley
Geschlechts, welche gute Stimmen haben, zu-
sammenkommen, sich im Singen und in den
Noten zu üben. An verschiedene Stellen der
Capellen werden solche Vorsänger hingestellt,
die Gemeinde in Ordnung zu halten, besonders da, wo keine Orgel ist. Denn viele
Gemeinden wollen dieses majestätische Instru-
ment deswegen nicht in der Kirche dulden, weil
es auch in Concerten und einigen Theegärten
zum Vergnügen gespielt wird. Ueber die bes-
sere Einrichtung des Kirchengesanges, dieses
wichtigen Stückes der Liturgie, habe ich mich
irgendwo in dem beliebten Prediger = Journal
in einem kleinen Aufsatze näher erklärt.

Die Kirchenzucht der Methodisten hat viel
Aehnliches mit der Einfachheit und Strenge
der ersten christlichen Kirche. Da sie die grossen Veränderungen, welche von Zeit zu Zeit
F 4   er-

erfolgten, nicht erwarteten, so wurde auch
anfänglich kein eigentlicher Plan zur Regierung
der Gemeinden entworfen. Alle Anordnun-
gen, die sie machten, die Gesetze, die sie einführten, die Uebungen, die sie vorschrieben,
entstunden gelegentlich und von sich selbst, je
nachdem die Lage der Dinge sie nothwendig
machte.

Die Lehre, welche Wesley und seine Hel-
fer vortrugen, und die großen Bewegungen,
welche sie dadurch bey vielen Tausenden ver-
ursachten, mußten nothwendig auch gewisse
äusserliche Veränderungen nach sich ziehen, die
bisher ungewöhnlich gewesen waren. Sie
drungen in allen ihren Predigten darauf, daß
die Orthodoxie oder Rechtgläubigkeit nicht eigentlich das Wesen der Religion selbst sey;
daß das Christenthum eigentlich eben so wenig
blos darinne bestehe, wenn man sich nur von
groben Lastern enthalte, wenn man gewisse
äusserliche Religionsgebräuche mitmache, und
die sogenannten Gnadenmittel brauche, oder
auch wirklich Handlungen der Menschenliebe,
des Wohlthuns und des äusserlichen Wohlstandes ausübe: Sondern daß es beym wahren praktischen Christenthum hauptsächlich zuerst auf einen neuen christlichen Sinn, wie der
Sinn Jesu war, auf ein in der Seele erneuer-
tes Ebenbild Gottes, auf eine innerliche Gerechtigkeit ankomme, mit welcher Freude an
Gott

Gott und Freude im heiligen Geist begleitet
sey. Sie drungen ferner darauf, daß der
einzige Weg unter dem Himmel zu dieser Herzens - Religion nichts sey, als Buße, oder
Reue und Leid über die Sünde gegen Gott, und
Glaube und lebendiges Vertrauen auf unsern
Herrn Jesum Christum; daß der Mensch, der
auf diese Art Buße thut, glaubt und gehorcht,
nicht um seiner Werke, sondern um Christi Erlösung willen, aus freyer Gnade vor Gott gerecht werde, und daß solche gerechtfertigte
Menschen schon hier auf der Erde einen Vorschmack des himmlischen Lebens hätten, dem
sie entgegen wallten, nnd heilig und selig würden. — Diese Lehre kam vielen neu vor;
sie hatten sie noch nicht so neu gehört, noch
nicht so ernstlich darüber nachgedacht. Aber
sie forschten in der Schrift, ob sich es so ver-
hielt, und sie fanden, daß sie nichts anderes
lehre. Sie entschlossen sich also, der Wahrheit zu folgen und Jesum den Gekreuzigten
zum Grunde ihrer Seligkeit zu machen. Aber
kaum thaten das einige Familien, so erhuben
sich auch Verfolgungen und Spöttereyen. Des
Menschen Hausgenoßen wurden seine eigene
Feinde. Nachbarn, Fremde, Blutsfreunde
warnten sie, daß sie durch ihre überspannte
Religion den gesunden Verstand nicht verlieren möchten. Die Lehre war zwar nicht neu,
sondern sehr alt, aber sie wurde in einer neuen

F 5

Ge-

Gestalt, mit neuem Leben, unter neuen Umständen und Zeiten vorgetragen, und machte
also desto größere merkbare Bewegung. Viele
kamen also zum Wesley, und fragten ihn um
Rath, wie sie bey so vielen Befeindungen sich
zu verhalten hätten, und in wahrer Frömmigkeit bestärkt werden könnten. Er rieth ihnen,
daß sie sich untereinander selbst im Guten ermuntern, und mit und für einander beten,
möchten. Da sie aber fortfuhren ihn zu bitten, daß er dieses mit ihnen und für sie selbst
thun möchte, so setzte er eine Stunde Donner-
stags Abends aus, wo er sich mit ihnen unterredete und auf eine ihren Umständen ange-
meßene Art für sie betete. So entstund also
eine kleine auserlesene Gesellschaft, und aus
ihr mehrere dieser Art, die sich in Privathäusern versammelten, mit der guten einfachen
Absicht, sich untereinander zum Guten zu ermuntern, sich brüderlichen Erinnerungen und
Bestrafungen zu unterwerfen, und durch ein
christliches Leben mit ihren Brüdern in immer
innigere Gemeinschaft zu kommen. Man nenne diese Zusammenkünfte wie man will, man
werfe ihnen noch so sehr die üblen Folgen vor,
die daraus entspringen können: Genug, dieß
war die Veranlaßung, dieß war die Absicht.

So war es schon bey der Pflanzung der
ersten christlichen Kirche. Die Apostel und
andere Lehrer predigten das Evangelium aller
Krea-

Kreatur; allen Arten von Menschen aus Ju=
den und Heiden. So bald aber ein größerer
Theil von der Wahrheit überzeugt war, so
suchten sie nähere Bekanntschaft, traten in nä=
here Verbindung, wachten übereinander, und
strebten gemeinschaftlich nach immer höherer
Vollkommenheit. Die sogenannten Catechu=
menen, welche ein Verlangen äußerten, der
Sünde zu entsagen, das Evangelium anzu=
nehmen und Christen zu werden, suchte man
bey jeder Gelegenheit zu unterrichten, zu er=
mahnen, und mit ihnen, ihren Bedürfnißen
gemäß zu beten.

Freilich wird man hierbey einwenden kön=
nen, daß das, was zu Zeiten der Apostel ge=
schah, nicht mehr zu unsern Zeiten nöthig sey.
Petrus, Paulus, kann man sagen, predigten
zu Heiden, die Christen werden sollten; aber
Wesley zu Leuten, die schon Christen waren.
Stiftete er also nicht eine Trennung durch die=
se Gesellschaften? War das nicht eine Kirche,
mitten in der Kirche errichtet? *) Keineswe=
ges, wenn von der wahren christlichen Kirche
die Rede ist. Denn weder diejenigen, die
sich von andern trennten, noch diejenigen,
von denen sie getrennt wurden, waren als
ächte Christen anzusehen. Wie? getaufte
Heiden, Trunkenbolde, Meyneidige, Lügner,
Wollüstige, Betrüger, unmoralische Men=
schen

*) Ecclesiola in Ecclesia.

schen wären Christen? — Und die wirklich
Christen werden wollten, trennten sich im
Grunde nicht von der Welt oder der Kirche.
Sie führten vielmehr die rechte Gemeinschaft
der Heiligen, an die wir glauben und die ver=
loschen war, wieder ein, und die Früchte davon
waren Friede, Liebe, und Eifer in allem Guten.

Ob sie gleich aber sich untereinander be=
wachten, so konnten sie doch nicht verhü=
ten, daß sich nicht Heuchler und Unlautere
unter sie mischten, oder daß nicht manche ei=
nen schlechten Wandel führten.   Man berath=
schlagte sich oft, wie diesem Uebel abgeholfen
werden könnte, um sowohl dem Aergernize
und der daher entstehenden Nachrede, als
auch dem Einfluße des bösen Beispiels vorzu=
beugen.   Das Laster ist eine ansteckende Krank=
heit; und ihre damals noch kleine Gesellschaft
hätte also gewiß dabey innerlich und äußer=
lich gelitten, wenn man nicht auch selbst den
Schein des Bösen zu meiden gesucht hätte.
Endlich stieß man ganz zufällig auf ein solches
Mittel, wodurch die Lasterhaften unter ihnen
ausgefunden und gebeßert werden konnten.
Wesley legte nemlich bey einem Besuche in
Bristol in einer Privat = Zusammenkunft die
Frage vor: Wie die Schulden der Gemeinde
bezahlt werden könnten? "Ich bin überzeugt,
antwortete Einer, daß wenn Jeder, der sich
zu uns hält, wöchentlich nur Einen Pfennig
giebt,

giebt, wegen der großen Anzahl der Beitragenden die Schuld bald getilgt seyn kann." Ein anderer machte ihm den Einwurf, daß es sehr viele Arme unter ihnen gäbe, welchen es schwer fallen würde, auch nur diesen Pfennig zu geben. Wohlan denn, sagte Jener, ich bezahle für eilf andere; jeder von Euch, wer es will und kann, thue daßelbe, aber mit dem Beding, daß wir die, für welche wir bezahlen, jede Woche einmal besuchen, nicht nur, um zu sehen, ob sie im Stande sind zu bezahlen, sondern auch die nähere Einrichtung ihrer Lebensart und ihre Bedürfnisse kennen zu lernen. Gedacht, Gesagt, Geschehen. Welche diesen Liebesdienst über sich nahmen, wurden Anführer *) Aufseher genennt, und die Anzahl derer, die gleichsam sich so unter ihre Inspektion begaben, eine Klaße. Der gute Einfall wurde auch in London, Kingswood, Neucastle und in andern Städten nachgeahmt. Man setzte zugleich für diese Anführer gewiße Pflichten auf, die sie zn beobachten hatten. Sie mußten jede Woche ein jedes Mitglied ihrer Klaße einmal besuchen, um zu sehen, wie es mit ihrem Christenthum stünde, um nach Gelegenheit sie zu ermahnen, zu trösten, zu ermuntern, und um das von ihnen zu empfangen, was sie bey verbeßerten Umständen für die noch Aermern zu geben im Stande oder Willens

*) Leaders.

Willens waren. Sie mußten aber auch davon an die Prediger Bericht abstatten, um ihnen die Kranken anzuzeigen, oder sie mit dem
Herzenszustand ihrer Klaße bekannt zu machen,
und das gesammelte Geld wurde an die bestell-
ten Rechnungsführer abgegeben. Sie besuchten zwar anfänglich jeden einzeln in ihren
Wohnungen, da aber dieses in der Folge nicht
bequem geschehen konnte, kam die ganze Klaße,
jede Woche an einem bestimmten Orte zusammen, und nachdem die Geschäfte, der Einrichtung gemäß, vollendet waren, beschloß man
mit Gebet und Gesang. Diese Anstalt hat
viel Nutzen gehabt. Man wurde mit dem Zustand des Ganzen bis ins Detail bekannt. Die
schlechten Mitglieder, welche man ausfand,
trug man mit Geduld, biß sie sich beßerten,
oder biß sie sich selbst ausschloßen. Die Beßern wurden immer mehr ermuntert, und was
das wichtigste war, so lernte man die geistlichen und leiblichen Bedürfniße eines Jeden
kennen, um beiden desto beßer abhelfen zu
können.

Sie selbst hatten anfänglich so viele Zweifel und Einwürfe wider diese Anstalt, als sich
nur immer von einem Andern machen lassen,
welcher nicht die Absicht und den Geist derselben vor Augen hat. Sie sagten sich es oft,
daß man keine Spur solcher Klaßen in der heiligen Schrift finde. Allein ihre Bedenklich-

keiten

keiten wurden durch den Gedanken gehoben,
daß die Bibel in den meisten Fällen nur allgemeine Regeln gebe, welche durch vernünftiges
Nachdenken auf besondere Fälle angewendet
werden müßten. Sie sagt z. B. überhaupt:
Laßet alles ordentlich und ehrbar zugehen.
Aber es können tausend verschiedene Vorfälle
und Umstände im gemeinen Leben seyn, auf
welche diese Vorschrift durch eigene Klugheit
und Einsicht angewendet werden kann.

Da die Gemeinden von Zeit zu Zeit wuch-
sen, so glaubte Wesley, daß es zur Ueber-
sicht des Ganzen nöthig wäre, wenn er selbst
jedes Vierteljahr eine jede besuchte, und sich
sowohl von einzelnen Mitgliedern, als auch
von ihren Freunden und Nachbarn, oder von
denen ihnen vorgesetzten Lehrern und Aufsehern
Nachricht geben ließ, wie es um sie stünde,
um sie im Guten zu bestärken, oder die Unver-
beßerlichen von ihnen auszuschließen. Er
legte ihre kleinen Mishelligkeiten bey, die sie
etwa untereinander hatten, und suchte das
Bruder- und Schwester-Band immer fester
unter ihnen zu knüpfen. Denenjenigen, deren Rechtschaffenheit er in keinen Zweifel zu
ziehen Ursache hatte, gab er mit eigener Hand
ein Kreditiv, auf welches ihr Name geschrieben war, und welches ihnen überall statt eines längern Empfehlungsschreibens galt. Es
bestund bloß aus folgenden Worten: "Ich
glaube,

glaube, daß der Vorzeiger Gott fürchtet und
fromm zu leben sich bestrebt." Wer einen
solchen Zettel vorzeigen konnte, wurde von
den Brüdern überall mit Freundlichkeit und
Liebe aufgenommen. Man konnte dadurch
auch erfahren, wer ein Recht hatte, sich in
ihre Privat-Zusammenkünfte zu mischen. Denn
wer kein solches Zulaßungsbilliet vorzeigen
konnte, war hiermit von selbst ausgeschloßen;
und da daßelbe jedes Vierteljahr erneuert wurde, so wurde auch gar bald bekannt, wer sich
deßelben verlustig gemacht hatte oder nicht.
Dies ist die nackende Geschichte der Sache.
Urtheile und Anmerkungen hinzuzufügen wäre
unnöthig und vergeblich. Das Lokale und
Zeitbedürfniß schien so etwas zu erfodern:
Und wenn man den Gesichtspunkt nicht verlieren darf, in welchem man diese neuen Gemeinden immer betrachten muß, daß sie mitten in der verderbten Christenheit, das alte
einfache wahre Christenthum wieder herstellen
wollten, so darf man sich auch nicht wundern,
daß solche Empfehlungsschreiben unter ihnen
Mode wurden, welche auch zu Zeiten der Apostel gewöhnlich waren. *) Und warum sollte
in der Kirche nicht das gelten, was im Staate
und im Laufe der Welt herrschende Gewohnheit ist, daß man einen Menschen empfiehlt,
der

*) Im Englischen hießen sie Tickets, bey den
Alten συμβολα, επιϛολαι συϛατικαι.

der uns der Empfehlung besonders würdig zu
seyn scheint.

Wesley führte aber auch noch einen andern Gebrauch ein, welcher nicht minder nöthig und nützlich zu seyn schien. Er merkte,
daß unter seinen Anhängern ein gewißer Partheygeist, eine gewiße Engigkeit der Seele einrieß, welche zum blinden und unvernünftigen
Religionseifer führt, welche andersdenkende
verdammt, oder wenigstens, wenn das nach
unsern Begriffen gute Werk, den nach unsern
Begriffen gewünschten Fortgang nicht hat, in
unaufhörliche Klagen und Seufzen über Verderben und Elend ausbricht. Viele glaubten,
daß sie nur die Einzigen und Wenigen wären,
unter welchen Gott sein Werk habe. Sie
konnten, wie einst Elias, da keinen einzigen
Gerechten sehen, wo gleichwohl siebentausend
übrig behalten waren, die den lebendigen Gott
erkannten und verehrten. Dieser kurzsichtigen und engherzigen, obgleich gutgemeynten
Aengstlichkeit abzuhelfen, fieng Wesley an, jeden Monath, an einem bestimmten Abend,
denenjenigen, welche es zu hören Lust hatten,
aus seinem Briefwechsel, aus Tagebüchern
oder öffentlichen Nachrichten, dasjenige vorzulesen, was im Reiche Gottes und Jesu Christi, nicht nur unter ihnen, anderwärts, und
in England, sondern auch auf jedem Theile
der Welt, und selbst unter solchen Christen,

G   ja

ja unter Völkern und Menschen vorgefallen
war, welche zwar in Grundsätzen nicht mit ihnen übereinstimmten, aber doch in Absicht des
Wahren und Guten und seiner Beförderung,
hier und da einen besondern Beweis der Macht
des Gewißens, der Moralität, und der Religion aufzustellen hatten. Er fand niemals
Ursache, sich eines solchen Unternehmens gereuen zu laßen. Die Eindrücke, welche solche Nachrichten machten, waren lebhaft und
merklich. Die Geschichte ward auch hier das
Licht der Zeiten und die Lehrerin des Lebens.
Die Scheidewand, welche von Menschen zwischen Menschen gemacht ist, wurde niederge-
rißen; wahre Christen wurden getröstet, wenn
sie sahen, daß der Gott, den sie anbeteten,
auch der Gott der Liebe für andere Menschen sey; das enge Herz wurde erweitert, ein Geist der allgemeinen Menschenliebe
in daßelbe eingeflößt, und viele wurden in
den Stand gesetzt, ihrem Erlöser nachzusagen:
Wer den Willen Gottes thut, der ist mein
Bruder und meine Schwester.

Dieses hatte die erwünschteste Wirkung.
Viele Christen wurden durch das zärtlichste
Band der Freundschaft und Bruderliebe miteinander vereinigt, und sagten sich mit unge-
wöhnlicher Offenherzigkeit alle Empfindungen
ihrer Seele. In den Klaßen kamen Leute von
beider-

beiderley Geschlecht und von verschiedenem
Alter zusammen; dieses hinderte diese Vertraulichkeit um ein großes, weil der Wohlstand und die Schaamhaftigkeit es verbot, daß
beide Geschlechter sich ihre Versuchungen oder
Hinderniße im Christenthum entdeckten. Wesley wünschte gleichwol, daß jene Ermahnung
des Apostels: Ein jeder bekenne dem Andern
seine Fehler! auch unter den Seinigen im
vollem Umfange ausgeübt werden möchte. Er
theilte sie daher wieder in zwey Gesellschaften
ab, deren eine die Mannspersonen, die andere die Frauenzimmer enthielt. Der Haupt-
endzweck war, sich einander brüderlich und
schwesterlich zu bekennen, worinnen man es
versehen, wo man gefehlt habe; was die
schwache Seite sey, gegen welche man am meisten zu kämpfen habe; was die besondere Lebensart oder der Stand und die Verhältniße, in
denen man stehe, für besondere Reizungen zur
Sünde mit sich führen, und alsdenn gemeinschaftlich sich zu ermuntern. Sie kamen jede
Woche zusammen; sie machten mit Gesang und
Gebet den Anfang; einer, welcher der Füh-
rer war, entdeckte seinen eigenen Seelenzustand, und legte alsdenn den übrigen nach
der Reihe praktische Fragen über den ihrigen
vor. Wesley war, wo möglich, immer an
der Spitze jeder Zusammenkunft. Nach Ver-
fluß von drey Monden hielten diese kleinern

Ver-

Versammlungen *) eine General-Zusammenkunft, und genoßen mit einander das Liebesmahl, welches darinn bestund, daß sie kleine Stückchen Brod aßen und Waßer trunken. Auch dieser Gebrauch war alt-christlich, und da er längst vergeßen war, suchte Wesley ihn aus gutem Zwecke so wohl dem Namen als der Sache nach zu erneuren, und in der That hatten sie davon große Vortheile. Am Neujahrstage Abend versammlen sich alle Methodisten von Wesleys Parthey in dem größten Bethause oder Tabernakel bey Moorfields, um ihren Bund zu erneuern, ohngefehr wie die Quäker die Pfingstwoche über aus dem ganzen Königreiche in London zusammen kommen, oder wie die Israeliten jährlich einmal in Jerusalem erscheinen mußten.

Es fehlt freilich auch hierbey nicht an manchen Einwürfen und Nachreden. Man behauptete, daß alles dieses gezwungen und menschlich sey, und nicht aus der Schrift bewiesen werden könne. Allein man antwortete, daß die Schrift bloß allgemeine Regeln gebe, und daß man Vernunft und Erfahrung um Rath fragen müße, wie sie am besten auf besondere Fälle anzuwenden wären. Viele wollten gar in jener Gewohnheit, sich einander die Sünden zu bekennen, und brüderlich zu bestrafen, die Römische Ohrenbeichte finden;

*) Bands.

ben, und man kann, wie man weiß, in England nichts verhaßter machen, als wenn man es als römisch oder papistisch ausgiebt. Indeßen floß diese Beschuldigung bloß daraus, daß man das Sündenbekenntniß, das man vor dem Priester ablegen muß, und zu einem Sakrament gemacht hat, mit der brüderlichen und nützlichen Vertraulichkeit verwechselte, mit welcher sich Christen über die wichtigsten Angelegenheiten ihrer Seele unterreden sollen. Ist wohl unter andern Christen nur ein Schatten dieses Stücks der ersten christlichen Kirchenzucht übriggelaßen worden? — Die Zeiten, sagt man, haben sich verändert. Aber hat sich auch das Wort Gottes und das Wesentliche des Christenthum geändert? — Entweder alle diejenigen, welche jezt Christen genennt werden, sind schon vollkommen, und haben solche Hülfsmittel zur Frömmigkeit nicht mehr nöthig; oder sie sind des Namens der Christen unwürdig, wenn sie es für unschicklich halten, in die Fußtapfen Christi, der Apostel und der ersten Kirche zu treten.

Auch die Abtheilung der ersten Christen in Stehende und Gefallene wurde wieder eingeführt. Die Gefallenen nennte Wesley solche, welche ehemals im guten Zustande gewesen, aber durch Verführung und vorsetzliche Sünden wieder aus der Gnade gefallen waren. Ihnen zu Gute setzte er eine eigene

G 3

Stunde

Stunde zur Versammlung an, wenn sie sich
anders derselben bedienen wollten, Reue zeigten, und in den vorigen Zustand auch in die
Gemeinschaft der Gläubigen sich zurücksehn-
ten. Alle Gesänge, Gebete, Vorstellungen
waren ihrer Lage angemeßen. Man hielt ihnen die Drohungen, aber auch die Verheißun-
gen Gottes vor, und suchte sie, nicht durch
List und Gewalt, sondern auf eine unsern Zeitalter, der Freiheit der menschlichen Seele,
und der ersten gemilderten Kirchenzucht ge-
mäße Art zu dem Erzhirten zurück zuführen,
von deßen Heerde sie sich einige Zeit verloren
hatte. Viele wurden auf diesem Wege wirklich zur Buße erneuert. Die Beispiele der
gefallenen Heiligen und die Geschichte des
verlornen Sohnes zeigten oft an solchen Seelen eine besondere Kraft, und wenn alles in
der Schrift uns zur Lehre und zum Trost geschrieben ist, so kann man gewiß schon zum
Voraus von der göttlichen Weisheit, mit welcher sie abgefaßt ist, erwarten, daß darinnen
für Gefallene, die ehemals gut waren und
wieder schlecht wurden, und welche eine so
große, vielleicht die größte Anzahl unter den
Christen ausmachen, auch mit Liebe und Erbarmung gesorgt ist. Die Stehenden aber,
die beharrlich Guten, die wahren Bußfertigen
und Gläubigen waren eine auserlesene Gesellschaft von Christen, welche Wesley als leben-
dige

bige Denkmäler der Gnade und des Christenthums zur Nachahmung aufstellte. Sie waren die geheimern Schüler, die, wie ehemals
die vollkommenern Lehrlinge des Pythagoras,
innerhalb des Vorhangs zugelaßen wurden.
Sie waren seine Busenfreunde, deren Glauben und Redlichkeit er viele Jahre hindurch
durch manche Prüfung bewährt gefunden hatte. Sie waren seine Freude und Krone. Ihnen konnte er sich auf das herzlichste entdecken
und vertrauen, und mit ihnen spornte er sich
selbst zu immer größerer Vollkommenheit an.
Diese auserlesene Gesellschaft konnte leicht
weitläuftiger Gesetze entbehren, denn ihre
ganze Denkungsart und Aufführung war ein
Abdruck und Spiegel christlicher Vorschriften
und Gesinnungen. Von ihnen konnte er Andern sagen: Wandelt, wie ihr diese habt zum
Vorbilde. Sie hatten in ihren Versammlungen die unbeschränkteste Freiheit zu sprechen,
und da sie sich auf Verschwiegenheit verlaßen
konnten, sprach ihr Herz. Alles, was unter
ihnen vorgenommen wurde, zielte auf Genuß
der Seligkeiten des Christenthums, und auf
Streben nach immer größerer Vollkommenheit
ab. Sie beteten mit und für einander, wie
Jesus mit seinen Jüngern und für sie betete,
und sie fanden oft in ihrer eignen Erfahrung
bestätigt, daß das Gebet des Gerechten viel
vermöge, wenn es ernstlich ist.

G 4   Dieser

Dieser Erzählung von dem Ursprunge dieser auf Beförderung der Frömmigkeit abzielenden Gesellschaften will ich noch eine kurze Beschreibung derer Personen hinzufügen, welche ihren Brüdern aus Liebe dienen. Es gehören dahin die Häupter der Klassen, von welchen ich so eben gehandelt habe; die Gehülfen und Layenprediger; die Vorsteher; die Krankenbesucher und Schulhalter. *)

Gehülfen und Layenprediger.

Weil die Gemeinden sich vermehrten, und zuletzt beinahe keine Stadt in England war, wo nicht Methodisten-Kapellen errichtet wurden, so mußten Johann Wesley, der meist in London, und sein Bruder Karl, der meist in Bristol lehrte, sich nach Gehülfen und solchen Predigern umsehen, welche in einem Geiste mit ihnen das Evangelium verkündigten. Es wurden dazu junge Geistliche aus der hohen Englischen Kirche genommen, welche Lust und Fähigkeit dazu hatten, und sich den Gesetzen ihrer Parthey unterwerfen wollten. Aber da die Erndte groß, und der Arbeiter wenig waren: so sah man sich genöthigt, auch aus den Unstudirten oder Layen, aus den Mitgliedern der Gemeinden, die verständigsten und geschicktesten herauszunehmen, die mehr aus Liebe zum

*) Leaders of Classes and Bands; Assistants; Stewards; Visitors of the Sick; School-Masters.

zum Wohl unsterblicher Seelen, als aus Belohnung, welche meist nur gering ist, das
Predigtamt führten, und meistentheils ihren
Beruf als Künstler, Kaufleute oder Handwerker beibehielten. Es fanden sich sehr oft
Freiwillige, die ohne alle Belohnung dieses
wichtige und ehrenvolle Geschäfte trieben. Es
entschloßen sich bisweilen Edelleute und Männer von Unabhängigkeit Stand und Vermögen
dazu, unter welchem jetzt Rowland Hill einer
der berühmtesten ist. In Whitefilds Kapelle
hörte man sonst öfters einen Kriegscapitain
im eignen Haar und in seiner rothen Uniform,
so wie auch einen Schwarzen predigen, welche
beide auf der Reise nach und in Amerika eine
lebendige Erkenntnis vom Evangelio erhielten,
und zu meiner Zeit erwählte der in der Ge-
burtshülfe berühmte D. Ford statt der Wo-
chenstube die Kanzel zum Schauplatze seiner
frommen Menschenliebe. Er hat sich ein an-
sehnliches Vermögen durch die Geschäfte seines
Berufs erworben, denn man bot ihm niemals
weniger als fünf Guineen an, ein Kind zur
Welt zu bringen. Das hohe Alter nöthigte
ihn, dieses Geschäfte aufzugeben, und wenn
es ihm jedesmal hundert Guineen einbringen
sollte; aber er hat den ganz eignen Einfall,
um die letzten Tage seines Lebens nützlich zu-
zubringen, wo möglich, eben so vielen Seelen
der Erwachsenen, als Kindern zum Leben zu

ver-

verhelfen. Und warum sollte nicht ein Mann
von Welt- und Menschenkenntnis, von Erfahrung, und vom wahren Eifer für Religion
und Christenthum, wenn er dabey vorzügliche
Naturgaben besitzt, und beredt ist, durch seine
herzlichen Vorträge in einer Gemeinde eben so
viel Gutes stiften können, als ein Kandidat
des heiligen Predigtamts?

Ich sage dieses nicht in der Absicht, als
wenn ich nicht die herrlichen Anstalten zur Bildung junger Geistlichen auf unsern protestantischen Universitäten billigte, als wenn ich zu
gering von Wissenschaften und Gelehrsamkeit
dächte, oder als wenn ich überhaupt glaubte,
daß ein gemeiner Mann, ohne alle Vorkennt-
nisse, oder irgend Jemand aus einen andern
Fache blos durch eine vorgegebene göttliche
Einwirkung, in den Stand gesetzt werden
könnte, die Wahrheiten des Evangelii mit
eben der Deutlichkeit, mit eben dem Nutzen
vorzutragen, als ein gutgesinnter rechtschaffener Mann, der es zu seinem Hauptgeschäft
von Jugend an gemacht hat, das Wort des
Herrn zu verstehen und lauter und rein zu
predigen. Die Erfahrung hat es auch nur
gar zu oft gelehrt, daß Leute sich unter den
guten Methodisten zu Predigern aufgeworfen
haben, die viel besser bey ihrem Leisten oder
Backofen hätten bleiben können. Wir kommen hierbey auf die so oft gesagte Wahrheit
zurück,

zurück, daß bey der besten Sache sich Misbräuche einschleichen können. Ich sage also
dieses nur darum, damit man doch ja nicht
immer an Fanatism' und Unsinn denken möge,
so oft man den Namen Methodisten aussprechen hört, sondern damit man die Sache immer so denken möge, wie sie wirklich ist. In
England macht es weiter kein großes Aufsehen,
wenn man einen Officier oder einen Mann
mit einem schwarzen Gesicht und in seiner all-
täglichen Kleidung auf einer Kanzel vor einigen
tausend Zuhörern sieht; denn man hört blos,
was er sagt, und ob das, was er sagt, wahr
und gut ist. Aber würde nicht das in Deutschland, oder irgend einem andern Reiche der
nemliche Fall seyn, wenn ein hinlänglich ge-
prüfter und wirklich einsichtsvoller und ge-
schickter und frommer Mann, sey es auch in
einem Schurzfell, auftreten sollte, seinen Brüdern mit dringender Herzensgüte Wahrheiten
zu sagen, die sie vielleicht von dem Mann im
priesterlichen Ornat niemals gehört hätten?
Der letzte spricht vielleicht gelehrter und syste-
matischer, und — unverständlicher; aber der
erste, vorausgesetzt, alles was vorauszusetzen
ist — spricht vielleicht geradezu, ohne Um-
schweife, herzlich, aus Erfahrung, nicht sowohl Worte, als Sache. — Ich kann es nie
vergessen, was ein alter guter ehrlicher Mann
mir in Ramsgate sagte, wo ich meine erste
Predigt

Predigt in englischer Sprache hielt, und ihn
um Verzeihung wegen meiner ausländischen
Aussprache bat: "Wir sehen nicht sowohl
auf die Worte, als auf die Sache."

Damit man aber sehe, welche große Be-
hutsamkeit die Methodisten beobachteten, Leute aus dem gemeinen Haufen, Layen, zu
ihren geistlichen Aufsehern zu bestimmen, so
muß man theils die Pflichten kennen lernen,
die sie zu beobachten hatten, theils die Gesetze,
die ihnen vorgeschrieben wurden, ehe man sie
für geschickt und würdig hielt, diese Pflichten
zu erfüllen.

Ihre Pflichten waren: In Abwesenheit des
eigentlichen Predigers, das göttliche Wort
Morgens und Abends in den Versammlungen
zu erklären; den besondern Gesellschaften der
Klassen, der Stehenden, der Bußfertigen oder
Gefallenen beyzuwohnen; die eingeschlichenen
Mishelligkeiten beizulegen; die Unverbesserli-
chen von der Gemeinde auszuschließen, oder
die wahrhaftig Bußfertigen wieder aufzunehmen; die Rechnungen der Vorsteher zu untersuchen, und über die Schulhalter gehörige
Aufsicht zu haben. —

Solche Leute mußten wahrhaftig keine gemeine Gaben besitzen, zumal, wenn man bedenkt, was für Gesetze ihnen in ihrem ganzen
Verhalten vorgeschrieben waren. Die Summe dieser Gesetze war Folgendes: "Seyd
fleißig.

fleißig. Lasset keinen Augenblick ohne Geschäftigkeit verfließen. Haltet euch nicht bey
Kleinigkeiten auf. Bringt keine längere Zeit
an einem Orte zu, als die Nothwendigkeit erfordert. Seyd ernst= und männlich. Habt
stets jene Innschrift vor Augen: Dem Jehovah heilig. Fliehet den Leichtsinn wie das
höllische Feuer. Denket von Niemanden böses. Wenn ihr ihn wirklich böse handeln seht,
wohl! das leite euer Urtheil. Aber wenn das
nicht ist, so trauet Jedermann, nur immer
aber, wem? *) Der Richter ist allemal auf
Seiten des Angeklagten, — und denkt immer
von ihm das Beste. — Rede von Niemanden
Böses, auch wenn du es weißt, denn deine
Worte würden wie Rost seyn, der das Eisen
frißt. Behalte was du weißt, in deinem Herzen, und sage es dem ins Geheim und brüderlich, den es betrift. — So bald du kannst,
und so glimpflich du kannst, sage es dem gerade heraus, an dem du wirklich etwas Böses
zu finden glaubest, damit es in deiner Seele
nicht veralte oder vergessen werde. — Thue
nichts im Charakter eines Mannes von Welt
und feiner Lebensart,**) wenn man dich nicht
dafür erklärt, kann es dir eben so gleichgül-
tig seyn, als wenn man dich nicht für einen
Tanzmeister hält. Aber handle immer im Cha-
rak-

*) Fide, sed cui? vide.
**) Gentleman.

rakter eines Christen. — Sey aller Diener;
schäme dich keines Dinges als der Sünde, uud
sey bereit, wenn es Zeit und Umstände erfodern, selbst Holz zu hauen und Wasser zu
schöpfen. — Nimm von Keinem Geld. Giebt
man dir Speise, wenn du hungrig, Kleider,
wenn du abgerissen bist, wohl! aber Gold
und Silber verbitte, damit Niemand sagen
dürfe, als wenn wir vom Evangelio reich würden. — Sey pünktlich und genau. Thue alles zur rechten Zeit. Bey allem folge nicht
deinem eignen Willen, sondern der Stimme
und Vorschrift des Evangelii, dessen Sohn
und Diener du bist."

Ehe sie zu Gehülfen angenommen werden,
wird eine Untersuchung angestellt, wie weit
sich jene Eigenschaften von ihnen erwarten
lassen. Man erkundigt sich genau, ob ihre
Seele fromm und rechtschaffen sey, ob sie sich
nichts weiter vorgesetzt haben zum letzten Zwek,
als die Ehre Gottes in allem zu befördern, ob
sie bisher einen guten Lebenswandel geführt
haben, ob sie nicht nur Gnade, sondern auch
Gaben und natürliche Fähigkeiten besitzen, die
zur Erfüllung ihres Berufs nöthig sind, ob
sie mit einem gesunden Verstande zugleich auch
eine gute Aussprache verbinden, und nicht nur
richtig über göttliche Dinge und praktische Re-
ligionslehren urtheilen, sondern sie auch faßlich und mit Nachdruck vortragen können? Ob
sie

sie endlich schon einen Nutzen gestiftet, und nicht nur einige Zuhörer stark gerührt, sondern auch wirklich zur Ueberzeugung von ihrem sündlichen Zustande, zum Glauben an Jesum, und zum beständigen Gefühl der göttlichen Liebe gebracht haben? Wer diese Eigenschaften besitzt, wird von ihnen zum Mitarbeiter angenommen, und aus den Kirchenmitteln besoldet. Sie haben sich fast alle nach der eingezogenen strengen Lebensart des alten Wesley gebildet, der wie der alte König von Preussen, jeden Morgen um vier Uhr aufstund. Die erste, so wie die letzte Stunde ihres Wachens wird im Gebet und frommen Nachdenken zugebracht. Die Zeit, welche sie nicht auf wirkliche Geschäfte, auf Krankenbesuch, Predigten u. s. w. wenden, bringen sie mit dem Lesen der heiligen Schrift und anderer Schriften zu, die alle auf praktisches Christenthum abzielen. In der Erziehungsanstalt, die Wesley zu Kingswood errichtet hat, erhalten sie die erste Richtung und Bildung, und es sind nur wenige aber auserlesene Bücher, die sie neben der Bibel, beständig zur Hand haben.

Vorsteher.

Wesley wählte sich nach dem Beispiel der Apostel und dem Gebrauche der allerersten christlichen Kirche sieben Aelteste in jeder Gemeinde;

meinde, verständige fromme Männer*) welche
die Sorge für die Verwaltung der äußerlichen
Angelegenheiten über sich nahmen. Sie mußten die Gesellschaft auf einen guten Fuß setzen
und erhalten; die Beysteuern der Wohlthäti-
gen einsammlen, den Armen dieselben austheilen, und Rechnungsbücher über Einnahme und Ausgabe führen. Sie hielten mit
dem Eigentlichen Prediger über Alles Conferenz, und hatten das Recht, dem Gehülfen
brüderliche Vorstellungen zu machen, wenn
sie in seiner Lehre oder seinem Lebenswandel
etwas anstößiges gefunden hatten. Einem
Jeden von ihnen waren folgende Vorschriften
gegeben: "Sey sparsam. Spare alles, was
sich auf eine wohlanständige Art ersparen läßt.
Gieb nicht mehr aus, als du einnimmst. Mache keine Schulden. Zahle die Rechnungen
der Arbeitsleute wenigstens jede Woche aus,
und laß sie nicht zu lange auf die Bezahlung
warten. Bittet ein Armer Almosen von dir,
und du kannst ihm nicht die Bitte erfüllen, so
weis ihn höflich ab und beleidige ihn weder mit
Worten noch Geberden. Erwarte für deine
Mühe keinen Dank von Menschen. —" Die
Vorsteher beobachten diese Vorschriften mit
vieler Treue und Rechtschaffenheit. Wesley
übersah bloß die General-Rechnungen, und
berathschlagte sich mit ihnen, wie die Gemeinden

*) Apostelgesch. VI.

den stets schuldenfrey erhalten werden, und
die Ausgaben nicht über die Einnahmen an-
wachsen möchten.   Denn oft überstiegen jene
diese.   Es widerlegt sich hiermit von sich selbst
jener Vorwurf, welcher dem alten würdigen
Manne oft von seinen Feinden gemacht worden ist, als wenn er bey seinem Geschäfte nur
Gewinn und Reichthum suche.   Wie wenig
dieses gegründet sey, weiß man theils daher,
daß Wesley selbst von den Geldern seiner Gemeinden nur das Nothwendigste erhält, theils
von der Erklärung, die er ein vor allemal gegeben hat, daß man ihn für einen Lügner und
Betrüger halten solle, wenn bey seinem Tode,
nach Bezahlung aller seiner Schulden, noch zehn
Pfund Sterling übrig blieben. —

Krankenbesucher.

Wer da weiß, daß London mehr ein Land
als eine Stadt ist, der wird in der Einrichtung, die Wesley zum Krankenbesuch machte,
nicht nur einen Beweiß seiner Frömmigkeit
und Menschenliebe, sondern auch seiner Einsicht und Klugheit finden.   Nach der Abtheilung der Stadt in 23 Distrikte, wählte er 46.
Personen aus seinen Anhängern, welche von
milden und sanften Wesen waren, und von
denen zwey in jeder Abtheilung der Stadt die
Kranken zu besuchen hatten.   Ihre Pflicht bestund darinnen: Einen jeden Kranken in ih-
H   rem

rem Bezirk wenigstens dreymal in der Woche
zu besuchen; sich nach dem Zustande ihres Leibes und ihrer Seele zu erkundigen; die Ursache der Krankheit zu erforschen, und wenn sie
arm waren, für einen Arzt zu sorgen; von
diesem allen Bericht, sowohl an den Prediger,
als die Vorsteher abzustatten, und alles zu
thun, was nur geschehen konnte, jedem Bedürfniß des Leidenden abzuhelfen. Es wurde
ihnen eingeschärft, aus Pflicht und Gewißen
mit Kranken und Sterbenden offen und einfäl-
zu sprechen; nicht weichlich zu seyn und keine
Mühe zu scheuen; geduldig zu seyn, und mit
Liebe, Sanftmuth und Uneigennützigkeit zu
handeln. Das Leben vieler Elenden würde
dadurch gerettet, die sonst unbetrauret ohne
Mitleiden in ihren einsamen Jammer-Woh-
nungen würden gestorben seyn; viele Kranke
wurden geheilt, die sonst unheilbar geblieben
wären; viele von Schmerz und Armuth Nie-
dergedrückte wurden aufgerichtet und erhei-
tert; und viele, welche starben, giengen wenigstens mit dem Bewußtseyn aus der Welt,
daß ein Gott der Liebe sey, und daß es nach
seinem Beispiele Menschen und Christen in der
Welt gebe, welche nicht Lust am Tode, sondern
am Leben hätten. — Wesley selbst versteht
sich gut auf die Arzneygelehrsamkeit. Er hatte in seiner Jugend auf der Universität so viel
Zeit auf die Erlernung dieser edlen Wissenschaft

schaft gewendet, als ihm von seinen ander=
weitigen Hauptwissenschaften übrig geblieben
war. Er sahe den großen Nutzen davon auf
seiner Reise nach Amerika und in seiner gan=
zen Lebenszeit. Freilich erzählt er fast Wunder
von der Wirksamkeit der, aus seinen Händen
den Kranken gereichten Medicin. Allein, wer
kann das dem Stolze oder der Eigenliebe zu=
schreiben, da er sich dabey auf Thatsachen be=
ruft, die unter seinen Landsleuten bekannt
sind, und in welchen ihm meines Wißens Nie=
mand widersprochen hat?

Wenn der ächte Christ deswegen so sehr
zu schätzen ist, weil er am meisten auch zugleich
sich als Mensch beweißt, so denke ich, daß
die Methodisten den Namen wahrer Menschen=
freunde verdienen. Wer giebt sich umsonst so
viel Mühe, das mannichfaltige Elend der
Verlaßenen, besonders in der ungeheuren
Stadt London auszuspähen? In einer Stadt,
wo gegen einen Glücklichen wenigstens hun=
dert Unglückliche sind? Die Methodisten traten
hierinn genau in die Fußtapfen der ersten
christlichen Kirche. Denn, was waren die
Diener, oder Diakonen und Diakonißinnen der=
selben anders, als solche edle menschenfreund=
liche Seelen, die das Elend selbst aufsuchten?
Ich will den englischen Gesetzen und den Ein=
richtungen der hohen Kirche ihren Werth nicht
absprechen. Die drey Millionen, welche jähr=

lich

lich im Reiche gesammelt werden für Arme,
wären hinreichend genug, jedes Bedürfniß zu
befriedigen. Aber wo findet man gleichwol so
viele Arme, als in London? Die Vorschriften,
welche die Kirche gemacht hat, Kranke zu besuchen, sind auch vortreflich. Aber wo sterben gleichwol so viele Menschen unbemerkt und
im Jammer, als in London? Dem Geistlichen
ist beym Krankenbesuch ein Formular des Gebets vorgeschrieben, dessen er sich bedienen
soll. Wenn er dieses auf eine mechanische Art
verrichtet, so glaubt er seine Pflicht gethan zu
haben. Aber viele beobachten auch diese leichte und mechanische Pflicht nicht. Ich bin oft
zu Kranken in meiner Nachbarschaft gerufen
worden, die vorgeschriebenen Gebete bey
Krankheit oder Begräbnißen zu verrichten,
weil kein Englischer Geistlicher zu finden war,
der sie verrichten wollte, oder konnte; und
mir ist der Fall bekannt, daß ein englischer
Geistlicher oder Curate bey einem Sterbebette
zwar wirklich erschien, aber sogleich wieder
fortgieng, als man ihm auf seine Frage: Ob
ein Gebetbuch im Hause sey, in welchem die
vorgeschriebenen Gebete auf solche Fälle stehen? mit Nein antwortete. — Mußten nicht
in England Methodisten aufstehen, einen solchen Defect auszufüllen? — Und ich setze hinzu: Mußten nicht Pietisten in Deutschland
aufstehen, um an Kranken = und Sterbebetten,
ohne

ohne Form Rechtens Menschen- und Christen-
liebe zu beweisen? — Freilich giebts auch in
meinem Vaterlande ächte edle Jünger und
Diener Jesu unter den sogenannten Geistlichen
auf Dörfern und in Städten, welche die Wich-
tigkeit ihres Berufs erkennen, welche nicht
sowohl die jura stolae, als die jura humani-
tatis verstehen — welche auch im Nothfall
eine gute Arzney vorzuschlagen wißen, die
ohne große Umwege und Kosten, nicht in der
Apotheke oder dem Receptenbuche eines theu-
ren Arztes, sondern vielleicht im Garten des
Patienten oder auf einer benachbarten Wiese
zu haben sind. Aber giebt es nicht auch solche, die sich damit begnügen, die letzte Abend-
malsreichung, nach vorgeschriebener Form
gegeben zu haben? —

Zur Ehre der Menschheit und Religion
muß ich hier eines Mannes erwähnen, welcher unter den Methodisten in großem Ansehen stund. Es war der Prediger D. Peck-
well. Er dehnte jenen menschenfreundlichen
Plan des Wesleys zum Krankenbesuch noch
weiter aus, und errichtete eine Gesellschaft,
welche sich den Krankenfreund nennte.*) Die
Absicht der Stiftung war, alle Kranken und
Armen in London, auch Ausländer, welche
keinen Anspruch auf die, durch die Gesetze des
Landes gebilligte Menschenliebe hatten, und

H 3 deren

*) The Sick Man's Friend,

deren es gleichwol eine so große Anzahl giebt, durch gewiße dazu bestimmte Personen selbst in ihren Wohnungen aufsuchen zu laßen, und ihnen alle die Hülfe zu leisten, die sie bedurften. Neben der Gottesgelahrheit hatte er sich zugleich auf ein anderes Lieblingsstudium, die Zergliederungskunst oder die Anatomie gelegt, um sich selbst sowohl vom Sitz und Ursprung mancher Krankheiten, als auch von der besten Heilungsart zu überzeugen. Er half deswegen viele todte Körper zerschneiden. Aber in diesem Bestreben, das Leben seiner Mitmenschen erhalten zu helfen, fand er endlich selbst seinen Tod. Ein kleiner Schnitt, den er sich mit dem anatomischen Meßer im Finger gemacht hatte, theilte die ansteckenden Säfte des zerschnittenen Körpers sehr schnell seinem ganzen Arm und Körper mit, und er starb unter den Händen der Wundärzte, die zu spät gekommen waren, ihm den Arm abzulösen, ehe sich das Gift im ganzen Körper verbreitete. Sey dieses zwar ein geringes, aber aufrichtiges Denkmal eines Menschenfreundes, den ich persönlich gekannt und oft predigen gehört habe, aber der als Märtyrer seiner christlichen Menschenliebe für Tausende zu früh aus der Welt gieng! —

Schul-

Schulhalter.

Man würde beinahe die wichtigste Sache
bey den Methodisten vermißen, wenn man
nicht auch gute Schul- und Erziehungs-An-
stalten unter ihre Verdienste zählen könnte.
Wesley hatte eine Schule zu Kingswood nahe
bey Bristol errichtet, deren Einrichtung aus
einem gedruckten halben Bogen bekannt ist.*)
Auch in London giebt es dergleichen kleinere
von Methodisten gestiftete Schulen, welche
deswegen vor andern Englischen Kost- und
Erziehungsschulen einen Vorzug haben, weil
darinnen neben der Schreib- und Rechenkunst,
dem Tanzen und Zeichnen, den Sprachen,
der Geschichte, der Erdbeschreibung, auch Religion getrieben wird, welche meistens in den
Englischen Akademien, denn so werden alle
Schulen genennt, vergeßen oder zur Neben-
sache gemacht wird. Höhere Schulen, oder
Universitäten, sind meines Wißens von ihnen
nicht angelegt worden, wie unter den Dißenters, außer, daß man einige Institute dieser
Art hieher rechnen müßte, welche die Gräfin
Huntingdon im Fürstenthume Wallis in Schottland und an andern Orten hat anlegen laßen,
wo Prediger gebildet werden, die sie meist auf
ihre eigene Kosten erziehen läßt, und alsdenn

H 4 in

*) A short account of the school in Kingswood
near Bristol 1768.

in ihren Kapellen einsetzt. Alles ist auch in
diesen Schulen und Collegien im Geiste der
Methodisten eingerichtet. Eine nähere Beschreibung davon würde wenigstens für
Deutschland überflüßig seyn, wo in diesem
Jahrhundert so viel von Schul- und Erzie-
hungswesen geschrieben und wirklich gethan
worden ist, daß nach meiner Ueberzeugung,
der Deutsche in dieser Absicht nicht von dem
Engländer, sondern der Engländer von dem
Deutschen lernen muß. —

V.

Uebungen, Gebräuche und Sitten der Methodisten.

Der ganze Geist des Methodismus zielt auf
die Beförderung des wahren thätigen
Christenthums in dem Herzen und Leben der
Menschen ab. Zu diesem Zweck haben die
Methodisten nach und nach einige Einrichtungen unter sich gemacht, deren Ursprung ich
im Vorhergehenden beschrieben habe. Ich
muß aber noch einiger besondern Uebungen
und Gebräuche Erwähnung thun, über deren
Rechtmäßigkeit und Nutzbarkeit bisher viel gestritten worden ist. Dahin gehören vorzüglich die Erbauungsstunden, die Wachnächte,
das Bibelaufschlagen, und der ganze Charak-

ter

ter auch der äuſerlichen Frömmigkeit, welche
ſich in ihrer Enthaltung von ſogenannten Mit-
teldingen, in ihrer ſtrengen Sabbathsfeyer,
und in allen ihren Handlungen und Geſprä-
chen ausdrückt.

Erbauungsſtunden;

So kann man mit Recht die kleinern Ge-
ſellſchaften und Privat-Verſammlungen nennen, die ſich im ganzen Lande auf Dörfern und
in Städten zuſammenſchlieſſen. Die erſte
kleine Geſellſchaft dieſer Art entſtund in London im Jahre 1739. unter der Aufſicht des
Johann Wesley, und da ſich die erſte Anzahl
von zehn Perſonen bald in die hunderte vermehrte, ſo fand man es ſchicklich, ſie in Klaſ-
ſen abzutheilen. Die Abſicht ſolcher Zuſam-
menkünfte iſt, daß Chriſten, welche nicht nur
den Schein, ſondern auch das Weſen der
Gottſeligkeit haben wollen, ſich vereinigen,
zuſammen zu beten, ſich untereinander zum
Guten zu ermuntern, in Liebe zu bewachen,
und zur Seligkeit behülflich zu ſeyn. Sie
ſingen; ſie beten; theilen ſich ihre Erfahrungen mit; leſen ein Stück aus der Bibel oder
aus einem andern guten Buche, und unterreden ſich über geiſtliche Dinge und über ihren
Seelenzuſtand. Man ſieht leicht, daß Wesley in die Fußſtapfen des frommen Speners
trat, welcher im Jahr 1670. durch ſolche Er-

bau-

hauungsanstalten in Deutschland der Vater
der Pietisten wurde. Der Nutzen, welcher
aus den Bemühungen dieses gelehrten und
rechtschaffenen Mannes entstund; die heilsamen und nöthigen Veränderungen, welche er
dadurch in den Gemüthern der Christen, und
selbst im Lehrvortrage der Theologen stiftete;
der Einfluß derselben, der sich in der Verbesserung der Sitten, und der Belebung eines
ächten Christenthums recht sichtbar zeigte; der
gute Saame, der damals in mancher berühmten Stadt Deutschlands ausgestreut wurde,
und aus welchem manche fromme wohlthätige
Stiftung erwuchs: Das waren alles zu starke
Beweiße für die Güte der Sache, als daß
man sie gerade zu hätte verwerfen können.
Nein, kaltblütige Beobachter und unpartheyische Richter der Dinge müßen noch jezt gestehen: Spener hat Epoche gemacht, und verdient eine Ehrensäule! Allein, so wie sich bey
jeder, selbst guten Sekte und Parthey, in ihrem Fortgange und bey ihrer Ausbreitung,
gewiß Unvollkommenheiten zeigen, oder Mißbräuche und Ausartungen einschleichen: So
gieng es auch hier. Der Streit und ärger-
liche Federkrieg, welcher sich darüber erhub,
ist bekannt, und noch scheint er nicht beigelegt
zu seyn. Die Wahrheit und das Gute hat
sich jederzeit durch feindliche Angriffe durchar-
beiten müßen; aber beides gewinnt durch
Läu-

läuterung und Widerstand, und wird bewährt, wie Gold durch Feuer.

So wohl wider als für die Erbauungs=stunden der Methodisten in England und der Pietisten in Deutschland, ist vieles gesagt und geschrieben worden, welches uns auf ein richti=ges Urtheil über diesen Gegenstand leiten kann, wenn wir wie unpartheyische Richter, beide Theile hören, Gründe gegen Gründe abwä=gen, und uns für die Seite erklären, wohin sich das stärkste Gewicht der Wahrheit, des Rechts und der Ueberzeugung neigt.

Wider.

Der Kläger mag zuerst auftreten, und uns alles vorlegen, was er wider dergleichen Hauszusammenkünfte zu sagen hat. Der Herr D. Miller hat es in der Mosheimischen Sit=tenlehre der heiligen Schrift im neunten und letzten Theile *) kurz zusammengefaßt, und Herr Duttenhofer neulich in seinen freymü=thigen Untersuchungen über Pietismus und Orthodoxie **) weitläuftiger auseinanderge=setzt. Es ist nicht sowohl die Sache selbst, die man verwirft, als vielmehr der Mißbrauch, die Unlauterkeit, das Vorurtheil, als wenn nur die Erbauungsstunden die wahren Pflanz=schulen der Frömmigkeit, und alle, die sich dazu hielten, gute, ja die besten Christen wä=ren.

*) S. 465.   **) Halle 1787. S. 1. ff.

ken. Sie richten Trennungen in einer Gemeinde an, sagt man; sie geben Anlaß zu
Verstellung und Scheinheiligkeit; sie führen
eine Art Gewißenszwang ein; sie verleiten zu
Verläumdung, Klatscherey und Müßiggang;
sie setzen ein gewißes Schiboleth, einen gewissen Lehrausdruck und Ton fest, den man als
das sicherste Kennzeichen eines wahren Frommen ansieht; sie geben Veranlaßung zu Unge-
horsam, Aufruhr und mancherley Unordnun-
gen; sie ziehen die Menschen von der Arbeit
und ihren Berufspflichten ab; es treten in
solchen Versammlungen oft Lehrer auf, welche
doch weder Einsicht noch Geschicklichkeit, noch
Beruf dazu haben; andere Lehrer und Christen, welche nicht auf diesen Ton gestimmt
sind, werden verachtet und als Unwiederge-
borne angesehen; die Erbauung, die dadurch
gestiftet werden soll, besteht blos in übertrie-
benen Klagen und Seufzen, in dunkeln Bildern, in verworrenen Vorstellungen und Gefühlen; es entsteht dadurch ein eigener Orden
in der Kirche, und der Saamen der Uneinigkeit wird in Gemeinden und einzelnen Familien ausgestreut. —— Es läßt sich allerdings nicht leugnen, daß manche der ange-
führten Uebel aus solchen gutgemeynten Anstalten entstehen können. Traurig ist es insbesondere, wenn zwey verschieden gesinnte
Lehrer an einer Gemeinde stehen, welche in
zwey

zwey Partheyen getheilt sind. Da wird gewiß die Kanzel oft der Kampfplatz ihrer Streitigkeiten werden. Selbst der rechtschaffene Lehrer, welcher merklich es blos mit der einen Parthey hält, wird den Nutzen für alle nicht stiften können, den der ganz unpartheyische Wahrheit- und Menschenfreund stiften kann. Wenn er von Kindern der Welt und Unwidergebornen redet, und Sie zur Sinnesänderung ermahnt, werden die sogenannten Kinder Gottes in Gedanken alle die haben, die nicht zur Erbauungsstunde gehen, und manche Wahrheit, die auch ihnen gesagt ist, von sich ablehnen; und wenn er von Begnadigten, Gerechten redet, werden die andern, die nicht zu seiner Parthey gehören, ihn in ihren Gedanken für einen Partheyischen halten, der die Seligkeiten des Himmelreichs nach eigenem Gefallen austheilt. Der andere Lehrer, welcher, um diese Partheylichkeit zu vermieden, aus guten Ursachen seine ihm vorgeschriebene Arbeiten und Pflichten thut, und sich auf nichts weiter einlassen will, kann ein guter redlicher Mann sey, und doch in den Ruf der Irgläubigkeit kommen, wenn er nicht gerade die Sprache redet, die man von dem gesalbtern Lehrer gewohnt ist. Die Erbauungsstunden können, besonders bey unabhängigen Gemeinden in England, wo das Wahlrecht allgemein ist, von einem schlauen Kopfe gemiß-

gemißbraucht werden, sich einen Anhang zu
machen; und die Liebe zum Besondern, der
Hang zur Schwärmerey, der geistliche Hoch-
muth, die unbefugte Tadelsucht, ein selbsterwählter Gottesdienst können nicht selten grössern Antheil daran haben, als die gesunde
Vernunft, und der christliche Eifer für die
Ausbreitung des Guten. Daher ist es auch
oft der Fall gewesen, daß selbst Lehrer, welche dergleichen Stunden hielten, dieselben ein-
stellten, wenn solche Mißbräuche sich einschli-
chen, und wenn sie mit Nutzen an der ganzen
Gemeinde, nicht aber bloß an einigen einzelnen Seelen arbeiten wollten. Daher darf
man auch nicht immer die Verordnungen der
Obrigkeiten und Konsistorien, wodurch diese
geheimen Uebungen eingestellt oder beschränkt
werden, für Eingriffe in die Rechte der Freiheit, oder für Verfolgungen der Christen halten. Daher kann man auch nicht geradezu
glauben, daß derjenige ein Feind des Guten
ist, welcher manche Zweifel und Bedenklich-
keiten in seiner Seele wider dergleichen Zusammenkünfte unterhält. Denn es kann Jemand ein rechtschaffener Christ seyn, auch
wenn er keine Erbauungsstunden hält oder
besucht.

Für.

Für.

Wir wollen aber auch nun sehen, was sich wider dergleichen Einwürfe und Beschuldigungen antworten, und für die Nutzbarkeit der Erbauungsstunden sagen läßt. Einmal ist es im Rechte der Natur und in jeder Staatsverfaßung erlaubt, daß sich kleinere Gesellschaften von Menschen zusammenschließen können, sobald über ihren Zusammenkünften nicht höhere Pflichten versäumt werden, und in denselben nichts wider den Staat und die Religion vorgenommen wird. Es giebt so manche Clubs, so manche Sing-Spiel-Trinkgesellschafften, denen man bey allem sichtbar schädlichen Einfluße auf Sitten und Wohlstand dennoch Nachsicht widerfahren läßt: Und warum will man einer kleinen Zahl von ehrlichen guten Leuten das Recht nicht zu gestehen, sich in frommer Absicht zu versammlen? Ist es etwas gefährliches, über heilige Wahrheiten sich mit einander zu unterreden? Gesetzt, daß es auch dabey nicht ohne Schwärmerey ablief; hat nicht jeder Freiheit, so viel zu schwärmen, als er will, wenn seine Schwärmerey unschädlich und harmlos ist, und sich weder der Obrigkeit, noch den Gesetzen des Staats durch Erregung äußerlicher Unruhen nachtheilig macht? Man müßte die Religion und Bibel überhaupt abschaffen, und alle Kirchen zuschließen, wenn man alle Abweichungen des mensch-

menschlichen Verstandes von der Wahrheit
vermeiden wollte.

Meistentheils bestehen solche Zusammenkünfte aus Leuten von der niedrigen Volksklasse, aus Arbeitern und Handwerkern. Warum
will man ihnen die Ruhe des Geistes und Leibes, die sie etwa hier außer dem Sonntage
eine Stunde die Woche über genießen, nicht
zugestehen? In großen Städten, wo oft viele
tausende reisender Handwerkspurschen, aus
allen Profeßionen zusammenfließen, haben solche christliche Brüderschaften einen äußerlichen
Vortheil, welcher bisher wenig in Betrachtung gezogen worden ist. Der ganz fremde
Mensch findet hier auf einmal viele christliche
Landsleute und Freunde beisammen, die ihm
mit Rath und That an die Hand gehen, ihn
vor Gefahren warnen, und auf den Weg bringen helfen, wo er sein Fortkommen finden
kann. Die sogenannten Kranken- und Ster-
be-Clubs, welche in London unter ihnen errichtet sind, haben seit jeher unendlichen Nutzen gehabt. Sie tragen ein weniges bey, so
lange sie gesund sind und arbeiten können;
werden sie krank, so haben sie aus der Brü-
derkaße die beste Verpflegung; es wird für
die Bedürfniße ihres Geistes eben sowohl, als
für die ihres Leibes gesorgt; und sterben sie,
so erhalten sie ein ehrliches Begräbniß, und
die entferntesten Verwandten Nachricht. Man
sage

sage nicht, daß sich alle diese Zwecke durch
die gewöhnlichen Herbergen erreichen laßen.
Diese gereichen oft weit mehr dem jungen Profeßionisten zum Nachtheil, als zum Nutzen. Er
sieht und hört da unter seinen Cameraden oft
weit mehr Ausgelassenheit in Tanz, Spiel,
Trinken und andern sogenannten Erholungen,
als wahres stilles Vergnügen. Auch auf den
Werkstühlen, wo oft gegen hundert beisammen arbeiten, giebt es Freygeister in ihrer
Art, welche in Paris und andern Städten auf
ihren Reisen ihren Catechismus vergeßen, und
über Religion und Christenthum zu spotten gelernt haben. Wie leicht ist da ein junges
Gemüth zu verführen, wenn es nicht beßere
Beispiele sieht? Und ist es nicht eben sowohl
guten Menschen erlaubt, sich zusammen zu
halten, wenn die schlechten das überall thun?

Man wird freilich einwenden, daß die
Kirche der bestimmte Ort ist, zur Gottesverehrung sich einzufinden, und er ist es. Mei-
sientheils sind aber die, welche Erbauungsstunden besuchen, diejenigen, welche sich am
fleißigsten im sogenannten Gotteshause einfin-
den, und am thätigsten bey Collecten beitragen.
Soll es aber darum ein Vergehen seyn, etwas von dem in einem Privathause zu thun,
was sonst gewöhnlich nur in der Kirche geschieht? Gott anbeten — sich in heilige Betrachtungen und Gespräche einlassen — sich zur

I   Fröm-

Frömmigkeit, Treue in seinem Berufe, Erfüllung seiner Pflichten, ermuntern — für alle
Menschen bitten — für die Armen Sammlungen machen — etwas Gutes stiften — ist das
nicht überall und zu jeder Zeit ein löbliches
nützliches Geschäft? Gott hat es verheissen,
daß er da seyn wolle, wo auch nur zwey oder
drey sich in seinem Namen versammeln. Die
geringste Anzahl von Christen macht also eine
Gemeinde aus. Luther legte den ersten Grund
zum Hausgottesdienste, als er die fünf Haupt-
stücke seines kleinen Katechismus jedem Haus-
vater seiner Familie und seinem Gesinde einfältig vorzuhalten befahl. Es ist gewiß mit
vielem Seegen begleitet, wenn ein solches
Haupt einer Familie, zumal ein Vornehmer,
ein Edelmann, etwa Sonntags bey einer be-
quemen Stunde ausser dem öffentlichen Gottesdienste, sein ganzes Haus, selbst seine
Diener, seine Knechte — welchen oft wegen
ihrer Geschäfte und Pflichten selbst an diesen
Tagen wenig Zeit zur Erbauung übrig bleibt —
um sich her versammeln läßt, mit ihnen singt
und betet, und sie auf ihre Bestimmung als
Menschen und Christen aufmerksam macht. Da
muß selbst der geringste Dienstbote fühlen,
daß er so gut, wie sein Herr, eine unsterb-
liche Seele hat; da muß Liebe und Eintracht
und Glückseligkeit sich über das ganze Haus
verbreiten. So wie eine glühende Kohle die
neben

neben ihr liegende todte anzündet; so muß
nothwendig ein einziges gutes Beispiel der ungeheuchelten Frömmigkeit in einem kleinern
Zirkel, Licht und Leben wirken.

Die Einwendungen, welche man wider
fromme Privatgesellschaften gemacht hat, sind
ebenfalls leicht zu widerlegen. Eigentlich tritt
doch in denselben Niemand als unbefugter
Lehrer auf, sondern man wiederholt das, was
Lehrer schriftlich oder mündlich der Bibel ge-
mäs als Wahrheit vorgetragen haben. Man
überläßt gern dem Lehrer, wenn er kommt,
den ersten Platz, und dankt ihm für seine Bemühung. Der Prediger handelt daher klug,
wenn einmal solche Gesellschaften sich zusam-
mengeschlagen haben, sie bisweilen zu besuchen, und unter der Hand sie auf den Fuß zu
setzen, auf welchem er sie wünscht, nämlich
immer mehr Aufklärung und Rechtschaffenheit
unter diesen wirklich meistentheils guten Seelen
zu verbreiten. Wenn er auf eine erlaubte
Art Allen alles wird, so kann er dabey nichts
verlieren, und muß vielmehr gewinnen. Daß
man auf diese Erbauungsstunden einen zu grossen Werth setze, und die Freunde derselben
diejenigen als Unchristen ansehen sollen, welche sie nicht besuchen; das kann und das würde der Fall gewiß nur da seyn, wo ein eigen-
sinniger unwissender Prediger die guten Leute
in diesem Vorurtheile bestärkte. Wenn sich

J 2   Per-

Perſonen fänden, welche blos die Beſuchung
der Erbauungs-ſtunden für das ſicherſte Kennzeichen eines wahren Chriſten hielten; welche
Prediger, die nicht gerade in ihrem Tone ſprechen, und doch gute Männer ſind, herabſetzten
oder verdammten; welche ihre Berufspflichten
dabey verſäumten, oder ſich wohl gar unter
der Maske der Religion als Heuchler unter
ſolche Verſammlungen miſchten; welche, aus
einem Hange zu ſüßen Gefühlen und Tände-
leyen in der Religion, ſie aus eben der Abſicht
beſuchten, wie ein anderer Menſch ein Con-
cert, ein Schauſpiel, ohne auf die Beförderung der eigentlichen Hauptſache, des recht-
ſchaffenen Wandels dabey zu ſehen: Wenn dieſe und andere ſolche Irthümer und Misbräuche ſich dabey einſchlichen; ſo wäre es am Ende doch nichts anders, als was in jedem
Staate, in jeder Geſellſchaft, in jeder noch
ſo guten Anſtalt geſchieht, daß bey vielen die
Abſicht verfehlt wird, welche man ſich eigentlich vorgeſetzt hat, und daß ſelbſt die heilſam-
ſte Arzney ſchädlich werden kann, wenn ſie
unrecht gebraucht wird. Aber allen ſolchen
Verirrungen des menſchlichen Verſtandes und
Herzens vorzubeugen, wären ſolche Stunden,
wenn ſie gut eingerichtet würden, die bequem-
ſten Mittel, weil darinnen mehr als öffentlich
die Sprache des Herzens, der Brüderlichkeit,
und des gemeinen Lebens geredet werden kann.

Wenn

Wenn man alles dieses zusammennimmt, so neigt sich meines Bedünkens, die Entscheidung dieser Streitigkeit mehr auf die Seite der Gründe für, als wider die Duldung solcher religiösen Zusammenkünfte, zumal wenn aller Anlaß zu Beschuldigungen immer mehr aus dem Wege geräumt wird. Was zu Speners Zeiten so nützlich und nöthig war, ist es auch immer noch in den unsrigen. In jenen disputirte man zu viel über den Werth der Dogmatik; in unsern zu viel über den Werth der Moral. Wie nöthig sind also Gesellschaften, die beides gehörig verbinden, und nicht über das Christenthum disputiren, sondern es üben.—

Befremdend war mir daher der Ausdruck in einer neuern Schrift: *) "Daß es der allerunglücklichste Einfall gewesen sey, zu unsern Zeiten eine Gesellschaft zu errichten, die zur Absicht hat, reine Lehre und wahre Gottseligkeit zu befördern." — Der allerunglücklichste Einfall, etwas Gutes stiften zu wollen? — Wie man weiß, hat Herr D. Urlsperger, der ehemalige würdige Senior in Augspurg diesen Gedanken zuerst gehabt, und er kam auf den Reisen, die er deshalb übernahm, auch nach London. Hier aber waren schon ähnliche Gesellschaften längst errichtet.

J 3   Wir

*) Freymüthige Untersuchungen über Pietismus und Orthodoxie S. 138.

Wir haben eine Gesellschaft zur Ausbreitung christlicher Kenntniße; eine Gesellschaft zur Pflanzung des Evangelii im Auslande; eine Gesellschaft zur Austheilung guter Bücher unter die Armen, und viele Gesellschaften der Art, welche auf das Wohl der Menschheit und Religion abzielen, und sowohl von der hohen Kirche als den Dissenters unterstützt werden. Schwerlich war es also daher zu erwarten, daß eine solche in Deutschland zu errichtende Gesellschaft ihren Einfluß auf England erstrecken, oder mit ihm in Verbindung stehen könnte. — Aber in Deutschland selbst hatte es doch wirklich bisher an so etwas ins Allgemeinere Gehende gefehlt. Und glücklich im Superlativ muß so ein Einfall genennt werden, wenn der so gute und rühmliche Zweck durch schickliche Mittel erreicht werden kann. Bisher hat die Gesellschaft auch schon durch ihren Briefwechsel allein, manches Gute gestiftet. Viele neue protestantische Gemeinden in den oesterreichischen Staaten, welche durch die Toleranzedikte des Kaisers freye Religionsübung erhielten, haben die uneigennützige Wohlthätigkeit derselben empfunden. Man muß übrigens auch bedenken, daß sie noch in ihrer Kindheit ist, und nichts ganz vollkommenes da erwartet werden kann, wo man erst anfängt sich Mühe zu geben, nach Vollkommenheit zu streben. Wenn die Gesell-

sellschaft fortfährt, dem einreißenden Unglauben und der Zügellosigkeit der Sitten, so viel
an ihr ist, wie bisher ohne Poltern und Ge-
räusch, im Stillen an einzelnen Orten und
Menschen, entgegen zu arbeiten; wenn über
Einnahme und Ausgabe beym Hauptdirektorio
gehörige Belege und Rechnungen gehalten
werden, welche dem christlichen theilnehmen-
den Publikum in erforderlichen Fall vorgelegt
werden können; wenn in den Zusammenkünften der Particular = Gesellschaften Freiheit zu
sprechen und der Geist der bescheidenen Frei-
müthigkeit und Offenherzigkeit herrschend
wird; wenn die Bibel und eine gesunde Auslegung derselben die Richtschnur ihres Glaubens und Lebens bleibt; wenn die Bruderliebe der allgemeinen Menschenliebe keinen Eintrag thut; wenn nicht der beschränkte enge
Verstand einzelner Mitglieder, sondern der
Geist, der diese Gesellschaft im Ganzen beseelt,
immer mehr die Oberhand behält; kurz, wenn
die Mittel immer mehr eben so gut werden,
als der ähnliche Zweck, so sehe ich nicht, wie
irgend ein einsichtsvoller und rechtschaffener
Mann, ein Menschenfreund — etwas wider
eine Verbrüderung haben kann, die so edel
und wohlthätig ist. —

Aber noch befremdender war mir eine andere Stelle in eben dieser Schrift, wo der

J 4　　　　Ver-

Verfaßer sagt:*) "Ob es unter dieser Ge-
"sellschaft wenige oder viele giebt, die sich,
"ohne es vielleicht zu wißen, durch päbstische
"Andächteleyen einnehmen, und zu der Mey-
"nung verleiten ließen, als ob eine Wieder-
"vereinigung der Protestanten mit der noch
"immer unfehlbar seyn-wollenden römischen
"Kirche möglich wäre, davon habe ich keine
"sichere Beweise. Aber das weiß ich gewiß,
"daß die Exjesuiten, diese Schlauköpfe, sich
"auf keiner Seite der evangelisch-luth'rischen
"Kirche leichter und mit beßern Erfolg hätten
"einschleichen können, als auf dieser, und daß
"sie keine Gattungen von Christen leichter du-
"pieren könnten, als diese, weil sie so gern
"einen jeden im Schaafpelz einhergehenden
"schlauen Heuchler für ihren Bruder erken-
"nen, weil Andächteley und Frömmeley unter
"allen Religionspartheyen fast gleiche Mas-
"ken haben, und weil der Pietist selten etwas
"Böses zu argwohnen fähig ist, wo man nur
"seine Sprache geschickt nachzuahmen weiß.
"Und das weiß der Jesuit! — —' Was
auch immer an der Jesuitenriecherey seyn mag,
worüber Herr Nicolai und Biester in Berlin
vor einiger Zeit einen solchen Lärm erregt haben, so ist es doch ungerecht, eine Gesellschaft, welche viele Jahre vorher, ehe dieser
unnütze Rosenkreuzerstreit sich in Deutschland
erhub,

*) S. 538. 539.

erhub, schon im Werk war; eine Gesellschaft,
die von ihrem Ursprung, ihrer Absicht, ihren
Bemühungen öffentlich so viele Beweise gegeben hat; eine Gesellschaft, welche von selbst
gern wieder aufhören will, sobald es bloß
Menschenwerk seyn, und ihre redlichen allgemein bekannten Absichten zu großen Widerstand finden sollten; eine Gesellschaft, die
wie so manche andere in Schweden, Dänne-
mark und England schon seit langen Jahren,
zur Fortpflanzung des wahren Glaubens und
des Evangelii, errichtet ist, und welche nicht
Goldmachen — nicht weltliches Intereße —
nicht Herrschsucht und Partheygeist — sondern
wahres Menschenwohl durch Beförderung der
reinern Lehre Jesu und ächter christlicher Tugend und Frömmigkeit zum Zweck hat, folglich
jeder andern im Finstern schleichenden Pest
entgegen wirkt — eine solche Gesellschaft,
oder auch nur einige Mitglieder derselben im
Verdacht zu haben, als ob sie den Grundsätzen
der Reformation entgegen handeln könnten.
Ohngeachtet ich nicht weiter Theil an dieser
Gesellschaft nehmen kann, als so weit jeder
rechtschaffene Mann sich freut, wenn irgendwo etwas Gutes gestiftet wird, das er selbst
in seiner Lage nach bestem Vermögen zu befördern sucht — so mußte ich doch bey dieser
Gelegenheit die Parthey dieser Gesellschaft
nehmen, die für mein Vaterland so wohlthä-

J 5   tig

tig werden kann. Denn die angeführte Besorgniß und Beschuldigung ist ungegründet
und vergeblich. *) Niemals ist das Intereße
der Protestanten in Deutschland so sicher gewesen, als jetzt; und seit der große Friedrich
von Preußen vor seinem Tode den Fürstenbund
gestiftet hat, und so lange dieser bestehen
wird, ist jeder Versuch unmöglich und wirk-
los, das Intereße der Protestanten in Deutschland zu schwächen. —

Wachnächte.

Alles, was den Menschen ernsthaft und
strenge gegen sich selbst machen kann, wurde
gar bald nach einiger Prüfung von den Methodisten als ein Stück ihrer Disciplin aufgenommen, und darunter gehören auch die Wachnächte. **) Zu Kingswood nemlich waren
die Neu-Erweckten so eifrig, daß sie sehr häufig zusammen kamen, und nach ihrer verrich-
teten Tagesarbeit oft den größten Theil der
Nacht auf geistliche Unterredungen, und auf
gemeinschaftliches Gebet, Lob und Dank Gottes

---

*) S. Zeugniße der Wahrheit — veranlaßt durch
die Für und Gegen die Gesellschaft von Be-
fördr. r L. u. w. G. in öffentlichen Schriften ge-
äußerte Urtheile von D. Joh. Aug. Urlsperger 1786.

**) Watch - Nights.

tes verwendeten. Wesley wurde ermahnt,
diese Gewohnheit unter ihnen abzustellen; allein nachdem er sie mit den Uebungen der ersten christlichen Kirche verglichen, und zwischen beiden eine Aehnlichkeit zu finden geglaubt hatte, mißbilligte er sie nicht, sondern
ermunterte die Seinigen vielmehr, ein so nützliches Geschäft fortzusetzen, und überall einzuführen. Die Wachnacht wird gewöhnlich
im Monathe einmal in einer Gemeinde in der
Kapelle öffentlich gehalten und zwar um die
Zeit des Vollmonds; damit diejenigen, welche von entfernten Straßen kommen, Licht
genug haben, wenn sie wieder zu Hause gehen.
Er, oder ein anderer Prediger eröfnet dieselbe um neun Uhr mit einer Homilie und allge-
meinem Gebete; nach ihm tritt ein Prediger
nach dem andern zum Gebet auf. Dazwischen
wird zur Abwechselung gesungen, und die Gesänge sowohl als die Anreden und Gebete sind
dem Zwecke gemäß eingerichtet, und handeln
vom Reiche der Finsterniß, von der Pflicht
der Wachsamkeit u. s. w. Ich habe einmal
einer solchen Wachnacht in London beigewohnt;
und ich weiß nicht, war es die Neuheit der
Sache, oder war es die tiefe feyerliche Stille
der Nacht, oder war es eine besonders glückliche Stimmung meiner Seele, welche gerade
zu der Zeit den Eindrücken der Religion offener stand, ich muß bekennen, das Vorurtheil,
mit

mit welchem ich kam, nahm ich nicht wieder
mit weg, und die Empfindungen meines Herzens waren stärker, als die Einwürfe meines
Verstandes gegen eine solche Anstalt. So
viel mir bewußt ist, dauert sie noch immer
fort, und ist gewiß ein Mittel zur Beförderung des Guten. Mit den Vigilien im Pabst-
thum hat es weiter nichts, als die Nacht gemein. Denn Gott wird hier nicht mit Rosen-
kränzen und mechanischen Singen und Beten,
sondern im Geist und in der Wahrheit ange-
betet, Es hat jeder Freiheit zu kommen, oder
wegzubleiben, oder zu gehen wenn er will,
denn es dauert die Uebung biß gegen Morgen.
Der Arbeitsmann braucht allerdings die Nacht
zu Schlaf und Erholung. Allein, wenn man
bedenkt, wie viele Nächte in London in Trink-
häusern durchschwärmt werden, worüber man
nichts sagt, so muß man wenigstens diejenigen nicht zu strenge tadeln, welche auch einige
Nächte ihres Lebens durchbeten wollen. Solche Uebungen sind gleichsam die Aussöhnung
für die ungeheuren Sünden, welche nur eine
einzige Nacht, mit der Finsterniß bedeckt, in
London begangen werden.

Das Bibelaufschlagen,

Oder die sogenannte Stichomantie, wo man
nemlich entweder die Bibel selbst, oder eine
gedruckte Sammlung biblischer Sprüche eröfnet,

net, und die zuerst in die Augen fallende festhält, um daraus etwas für seine gegenwärtige Lage zu lernen, oder eine Art von göttlicher Antwort in einer gewißen Verlegenheit zu vernehmen, den Ausgang einer Unternehmung zu erforschen, oder Rath und Trost daraus zu schöpfen, ist unter den Methodisten nicht allgemein gebräuchlich. Was sie von der Art haben, scheint von den Pietisten aus Deutschland zu ihnen gekommen zu seyn. Denn des Bogatzki sogenanntes Schatzkästgen ist auch ins Englische übersetzt worden. So etwas, als eine Spruchlotterie, habe ich niemals unter ihnen gefunden. Es ist auch wirklich schon der bloße Name für eine so ehrwürdige Sache, als die Religion ist, zu gemein und tändelnd. Freilich ist bey solcher Lotterie keine Ninte; man gewinnt auf jeden Zug, wo nicht etwas für Verstand und Herz, doch für die Einbildungskraft. Allein, wenn man überlegt, daß die Stellen oft übel gewählt, und an sich selbst, ohne Erklärung, wozu Sprachkenntniß, Geschichte und Alterthumskunde gehört, sehr dunkel bleiben müßen, folglich auf keine Art erbaulich seyn können: So wäre es viel rathsamer, solche Uebungen, welche ins Spielende fallen, abzuschaffen, und vernünftigere Mittel der geistlichen Unterhaltung einzuführen. Den Willen Gottes aus einer so aufgeschlagenen Stelle, in einem gewißen Vorhaben erkennen

kennen wollen, heißt den Verstand erniedri-
gen, und der Vorsehung vorschreiben. Höchstens gehört es unter das, was man Zufall
nennt, wenn einmal eine Stelle uns merkwürdig wird, oder mit unsern Wünschen über-
einstimmt. Ich erinnere mich hierbey des
Methodisten Prediger Smith, welcher zu Dublin einer ansehnlichen Gemeinde vorsteht, und
deßen erste Frau sehr belesen, gelehrt und
fromm war. Er fand nach ihrem Tode einige
ihrer handschriftlichen Aufsätze und Briefe,
und nun war die Frage, ob er sie drucken
laßen sollte, oder nicht. Er schlug das neue Te-
stament auf, und siehe da, sein erster Blick stieß
auf die Stelle: Hebet die übrigen Brocken
auf. Er betrachtete dieses als einen göttlichen Wink, und gab sie heraus. Allein, hätte ihn nicht sein eigenes Nachdenken, oder der
innere Werth oder Unwerth der Schriften der
seligen Frau zu seinen Entschluß bestimmen
können? Festgesetzt schien es in seiner innern
Neigung immer zu seyn, die Briefe drucken
zu laßen; denn der göttliche Ausspruch, wenn
er einmal auf diese Gelegenheit gezogen
werden sollte, sagte weiter nichts, als diese
übrigen Brocken aufzuheben, und das konnte
ganz wohl geschehen, wenn sie zu seinem und
der Seinigen Gebrauch im Schreibepulte liegen blieben. — Wesley selbst hält viel auf
diesen Gebrauch, wie ich in seinen Tagebüchern

chern finde, und in der That, sehr oft waren
die Stellen in seiner Lage überaus treffend.

Eben so unzuverläßig für den Zweck der
Erbauung muß es seyn, jede zuerst aufstoßende Stelle der Bibel, außer dem Zusammenhange, ohne Erklärung sogleich in Gefühl zu
verwandeln. Wie, wenn diese Stelle gerade
eine unter denen im Alten Testamente, besonders in den Geschichtsbüchern, seyn sollte,
worüber die Schamhaftigkeit erröthet, oder
worüber selbst die Gelehrten noch nicht einig
werden können, z. B. der Wagen mit vier lebendigen Rädern im Ezechiel, oder das Thier
und die babylonische Hure in der Offenbarung
Johannis u. s. w. Ich weiß nicht, ob hierbey Erbauung möglich seyn könnte; aber das
weiß ich, daß die Erklärung einer solchen
Stelle, besonders aus der hohen bilderreichen
Sprache der Propheten, für einen Candida-
ten, und vielleicht für den Superindenten,
welcher jenen examinirt, selbst gewiß nicht
Milch, sondern starke Speise seyn würde. Bey
allen diesen wirklich gutgemeynten aber übel
angebrachten Erbauungsmitteln bleibt es aber
dennoch gewiß, daß etwas dem Aehnliches
wahres Bedürfniß für den Christen ist. Eine
Sammlung von Kernsprüchen aus der Bibel
auf jeden Tag des Jahres, ohne weitere Zusätze, würde für die Seele des gemeinen Christen, welcher sich nicht Stundenlang mit Bi-
bel-

bellesen beschäftigen und so in den Geist ganzer Kapitel und Bücher eindringen kann, aber
doch etwas Geistliches den Tag lang zur Beschäftigung haben will, das einfachste und wirk-
samste Mittel seyn. Denn alle zur wahren
Beruhigung und Frömmigkeit dienende Lehren und Trostgründe der Bibel sind kurz, einfach, ungekünstelt und herzlich.

Die Sitten

der Methodisten, wie sie seyn sollten,
kann ich nicht beßer beschreiben, als wenn ich
die Vorschriften anführe, welche Johann Wesley und seyn Bruder Karl allen denjenigen
gaben, die sich zu ihrer Parthey halten wollten,
und welche in einer kleinen Schrift auf einem
Bogen über die Beschaffenheit, den Zweck,
die allgemeinen Regeln, der unter ihnen errichteten Gesellschaften enthalten sind, die schon
vor zwölf Jahren das sechszehntemal augelegt
war. *) Sie sind darinn angewiesen, überhaupt für ihrer Seelen Seligkeit die höchste
Sorge zu tragen, und dieses Verlangen theils
durch die Vermeidung alles Bösen, und durch
Eifer in allem Guten zu zeigen. Sie sollen
erstlich alles Böse überhaupt, und besonders
diejenigen Sünden vermeiden, welche am
meisten

*) The Nature, designed general rules of the
united Societies in London, Bristol etc.

meisten herrschend sind, z. B. den Mißbrauch des
Namens Gottes; die Entheiligung des Sonntags entweder durch Wochen-Arbeit oder durch
Kaufen und Verkaufen; die Trunkenheit oder
den Handel in starken Getränken, ausgenommen da, wo die höchste Noth sie als Arzney zu trinken erfordert; das Schlagen und
Zanken, das Proceßiren: das Widervergel-
ten des Bösen mit Bösen; das Vorschlagen
oder Bieten im Handel und Wandel; verbote-
ne oder unverzollte Güter zu kaufen oder zu
verkaufen; gesetzwidrige Interesse oder uner-
laubten Wucher; lieblose oder unnütze Gesell-
sellschaft und Unterredung; Andern dasjenige
zu thun, was wir gleichwol tadeln, wenn es
uns geschieht; Handlungen, welche nach unserer Ueberzeugung nicht auf die Ehre Gottes
abzwecken; eitlen Schmuck und goldne oder
köstliche Kleidung zu tragen; Vergnügungen,
die nicht im Namen Jesu genoßen werden können; Lieder zu singen oder Bücher zu lesen,
welche weder zur Erkenntniß noch Liebe Gottes
beförderlich sind; Weichlichkeit und unnöthige
Nachsicht gegen seine Sinnlichkeit; Sammelsucht irdischer Güter auf Erden; Sorgen ohne
Wahrscheinlichkeit, wieder bezahlen zu können; oder Waaren und Güter aufzunehmen,
ohne daß man im Stande ist, zur gesetzten Zeit
die Rechnungen der Kaufleute und Handwerker zu befriedigen. — Sie sollen aber auch

ferner

ferner allem Guten nachstreben, so weit sie
Gelegenheit haben und es in den Kräften eines
Jeden stehet.   Sie sollen insbesondere die
uneingeschränkteste Menschenliebe an Andern
ausüben; an ihren Leibern, daß sie die Hungrigen speisen, die Nackenden kleiden, die Kranken oder Gefangenen besuchen; an ihren Seelen, daß sie belehren, strafen, ermahnen, wo
nur schickliche Gelegenheit ist, und jene Maxime nicht achten, nach welcher man nur Gutes
thun solle, wenn man Lust und Neigung dazu
habe.   Sie werden ermuntert, insbesondere
an den Glaubensgenoßen Gutes zu thun,
von ihnen zu kaufen, und ihnen in Geschäften
und der Nahrung fortzuhelfen, weil auch die
Welt das ihre liebe und sich unterstütze.   Sie
sollen sich aller möglichen Sorgfalt und Wahr-
nehmung ihres äußerlichen Berufs, wie auch
der Sparsamkeit befleißigen, wie sie das Evangelium fordert und ohne Geitz bestehen kann;
sich selbst in allem verläugnen; um Christi
willen gern Spott und Nachrede ertragen;
alle äußerliche Gnadenmittel, den Gottesdienst
in der Kirche, die Predigten des göttlichen
Worts, das Abendmahl, die Hausandachten
Morgens und Abends, das Lesen der Bibel,
Fasten, Enthaltsamkeit u. d. g. fleißig treiben,
um im Guten immer mehr bestärkt zu werden,
und mit einem guten Beispiel vorzuleuchten.

So

So lange Jemand alle diese Pflichten und Uebungen, die im Worte Gottes ihren Grund haben, und die Wohlfarth der Gesellschaft befördert, bestmöglich beobachtet, wird er als ein Mitglied der Methodisten angesehen; wenn er einige derselben übertritt, wird er unter brüderlicher Bestrafung noch einige Zeit geduldet; aber wenn er unverbeßerlich ist, wird er ausgestoßen. Die Methodisten haben daher freilch auch äußerlich immer das Gepräge des Ernstes und der Frömmigkeit. Man kann sie, so wie die Freymäurer unter sich, sogleich kennen. Sie zeichnen sich durch eine strenge Sonntagsfeyer aus, und manche gehen so weit, selbst Eßen und Trinken, das für den Tag des Herrn nöthig ist, den Sonn abend anzuschaffen. Sie beten länger, als andere Menschen, wenn sie sich zu Tische setzen; und sie genießen selbst die kleinste Erfrischung, selbst ihren Thee, nicht ohne Gebet und Danksagung. Ueberall im gemeinen Leben mischen sie, wo sie können, im Umgange geistliche Anmerkungen ein, und halten sehr genau auf die Beobachtungen des Hausgottesdienstes mit ihren Familien. Ihre Sitten sind also so beschaffen, daß, wenn sich keine Schwachheit und Heucheley einschleicht, ihre Strenge und ihr Eifer für die Religion und das gemeine Beste, im Ganzen genommen viel Gutes wirken muß.

VI.

VI.

Einfluß des Methodismus auf das gemeine Wesen.

Den Häuptern der Methodisten und ihren zahlreichen Anhängern ist es oft sehr laut, und in einem ziemlich untoleranten lieblosen Tone gesagt worden, daß sie düstre, eigensinnige, freudenlose Leute, daß sie Schwärmer und Enthusiasten wären, und daß sie durch ihre Lehrsätze und Uebungen in der Gesellschaft mehr Verwirrung und Schaden, als Nutzen stifteten. Wären diese Vorwürfe gegründet; so dürfte man sich nicht über den Widerwillen und Haß wundern, dem sie bisher ausgesetzt gewesen sind. Aber wenn es bewiesen werden kann, daß der Methodismus, im Ganzen genommen, für England sehr nützlich, wenigstens mehr nützlich als schädlich gewesen ist, so wird jeder vernünftige und unpartheyische Menschenfreund und Christ, von selbst das richtige Urtheil von ihnen zu fällen, im Stand gesetzt seyn. Es ist eine sehr wichtige Untersuchung, welchen Einfluß die Religionsmeynungen auf das Wohl oder das Unglück eines Staats haben, wovon der berühmte Finanzminister Necker in Frankreich kürzlich ein ganzes Buch geschrieben hat, und ich werde am besten thun, wenn ich zuerst die Beschuldigungen beleuchte, womit man die Methodisten

sten als Friedensstörer und Enthusiasten ge-
brandmarkt hat, und alsdenn auf den großen
beträchtlichen Nutzen aufmerksam mache, welchen sie seit ihrer Entstehung in England ge-
gestiftet haben.

Kaum ist es glaublich, daß Jemand im
Ernst diese guten Leute habe beschuldigen können, als wenn sie unruhige Köpfe wären, die
nichts als Aufruhr und Zwietracht stifteten.
Gleichwol aber haben sich sowohl die Stifter,
als auch die Anhänger des Methodismus öfters dieses vorwerfen lassen müßen. Es war
freilich ein sehr gewagter Schritt, auf öffentlichen Straßen und Feldern aufzutreten, und
da ihre Gottesverehrungen zu halten. Aber
dieß geschahe doch nicht eher, als biß ihren
ersten Predigern entweder die Kirchen verschloßen, oder die offenen zu klein wurden.
Im Lande der Freiheit ließ sich das wohl thun,
so bald man nicht wider die Gesetze verstieß.
Und niemals hat man erfahren, daß bey der
großen Menge Volks, das sich oft bei dieser
Gelegenheit versammelte, irgend ein Aufruhr
entstanden oder ein Unglück geschehen sey.
Die vielen tausende, welche oft beisammen
waren, tönten zwar wie die Meereswogen,
wenn sie sungen, aber waren still und ruhig,
wie die Mitternacht, wenn sie hörten oder
weggiengen. Blos ihre Feinde störten sie
nicht selten in ihrer Ruhe, und waren als-

K 3

denn

denn so bescheiden, wenn man ihnen wider-
stund, die ganze Schuld auf die Friedliebenden
Methodisten zu schieben. Die Lehre,
welche Wesley vortrug, zielte dahin, den
Geist des Christenthums in dem Herzen und
Leben der Christen zu erwecken, und man weiß
es, daß keine Lehre beßer mit dem Wohl des
Staats und der öffentlichen Ruhe bestehen, ja
keine beides beßer befördern kann, als die
christliche, welche Rebellion und Aufruhr gegen rechtmäßige Obrigkeit verdammt, und
den Gehorsam gegen ihre löblichen Befehle
und Gesetze mit so mächtigen Gründen ein-
schärft. Aber wenn sich Menschen, welche
die Wahrheit nicht vertragen konnten, welche
sie in ihrer Sicherheit und in ihren Lastern be-
unruhigte, wenn diese sich zusammenrotteten,
ihr zu widerstehen, alsdenn war es gewiß ihre Schuld nicht, daß große Bewegungen und
nachtheilige Folgen entstunden. Sonst müßte
Jesus selbst ein Aufrührer gewesen seyn, wie
seine Feinde so gern ihn beschuldigen wollten,
und das, was mit Paulus zu Damaskus, zu
Antiochien, zu Jconien, zu Lystra, Philip-
pen, Theßalonich und Ephesus vorfiel, müßte
alles auf seine eigene Rechnung geschrieben
werden. *) Unser göttlicher Erlöser hat es
längst vorausgesagt, daß durch seine Lehre so
wohl im Ganzen als Einzelnen Streitigkeiten
und

*) Apostelg. 9. 13. 14. 16. 17. 19.

und Trennungen in der Welt würden verursacht werden.   Wenn die Ursachen, warum
das Evangelium zu seiner und der Apostel Zeiten so vielen Widerstand fand, unter einigen
Veränderungen biß jezt immer dieselbe bleiben: So darf man sich auch nicht wundern,
daß vielleicht mit eben dem Eifer, als ehmals
ein Heide seiner Frau oder Kindern verbot,
in die Versammlungen der Christen zu gehen,
jezt noch ein Vater oder ein Herr, der zwar
selbst Christ heißt, dennoch seinen Kindern
oder Dienstboten verbietet, in die Kirche oder
in Erbauungsstunden zu gehen, wenn er zumal das Vorurtheil hat, als wenn das Christenthum, welches daselbst gelehrt wird, bloß
zur Schwärmerey führte, gerade so wie der
Heyde es ehemals glaubte. — Der praktische Unglaube ist so orthodox wie der Glaube,
und schreyt über Neuerungen und falsche Lehren eben so stark, als er sich einbildet, daß
der Methodist dagegen eifert. Man sollte aber
nicht eher etwas eine falsche Lehre nennen, ehe
man es völlig untersucht hat. Niemand zwang
die Menschen, die Methodisten zu hören.
Aber das konnte man in England erwarten,
nicht eher eine Lehre zu verdammen, als biß
man sie gehört und untersucht hatte. Und ge-
sezt, daß man sie nach der reiflichsten Untersuchung als falsch fänd, so darf man wenigstens in England nicht fodern, daß jeder ge-

K 4   rade

rade so denken soll wie wir. Zwingen läßt
sich Verstand und Gewißen nicht, sondern nur
überzeugen, und durch Gründe auf die Seite
hinneigen, auf welche wir sie gern haben
möchten. Aber die Spottreden und Befeindungen, mit welchen man sie verfolgte und zu
einer Trennung zwang, waren gewiß eben so
wenig die Mittel sie im Schooße der Kirche
zu erhalten, als es klug seyn würde, erndten
zu wollen, wenn man zuerst die Felder verwü-
stet. Der Grund, daß sie Friedensstörer wären, ist schlechterdings falsch, eben so falsch
als das Vorgeben, unter welchem man den
Pietisten in Deutschland an manchen Orten
die Privat-Zusammenkünfte verwehren wollte,
weil sie vielleicht darinnen etwas wider den
Staat reden oder vornehmen möchten.

Man hat ferner gesagt, daß die Methodisten wegen ihrer häufigen gottesdienstlichen
und Gebetsübungen von der Arbeit abgehal-
ten, und in Müßiggang und Faulheit ermuntert würden, wodurch nothwendig viele arme
Leute und Familien unter ihnen entstehen müßten. Der gute Wesley mußte zuerst diesen
Vorwurf in Georgien und Amerika hören, als
er anfieng, die Negers und Sclaven im Christenthum zu unterrichten. Die Besitzer der
Pflanzungen, welche, wie bekannt ist, diese
Negers kaum so gut wie Vieh behandeln, waren unwillig darüber, das Wesley diesen Leuten

ten sagte, es sey ein Gott, und sie wären Menschen, seine Geschöpfe mit einer unsterblichen
Seele. Um unter dem Schein des Rechten
ihn also einzuschränken, gaben sie vor, er
mache sie faul und nachläßig. Er nahm sich
daher vor, seine Predigten an sie zu einer Zeit
zu halten, wo sie keine Arbeit hatten, und das
war Morgens vor und Abends nach sechs Uhr.
Diese Gewohnheit hat er in allen Wochenpredigten in London und an andern Orten beibehalten, um diesen Einwurf mit einemmale bey
der Wurzel abzuschneiden. Es ist ganz dem
Geiste ihrer Einrichtungen entgegen, wenn
ein Bruder seine Berufsgeschäfte vernachlässigt. Sie wachen genau über ihn, und bre-
chen die Gemeinschaft ab, wenn er fortfährt,
müßig zu gehen. Ich sollte also vielmehr
glauben, daß Fleiß und Arbeitsamkeit unter
ihnen befördert werden müßten, wenn sie
zwölf Stunden jeden Tag zu arbeiten angehalten werden, und schwerlich arbeitet Einer unter ihren Gegnern, die diese Beschuldigung
machen, so lange Zeit; und schwerlich kann
jemand länger arbeiten.

Bekanntlich bestehet der größte Haufe der
Methodisten aus armen Leuten, obgleich auch
einige vornehme, begüterte und gelehrte Männer unter ihnen sind, ja selbst einige Parle-
mentsglieder sich zu ihrer Parthey erklärt haben, und es hat nicht viel gefehlt, daß man

K 5   den

den jetzigen ersten Staatsminister Pitt wegen
seines unbescholtenen Lebenswandels unter sie
gezählt hat. Die Ursache der Armuth ihrer
meisten Mitglieder hat man darinnen zu finden
geglaubt, weil sie sich zu sehr durch Abgaben
an die Prediger und ärmern Brüder ihrer Parthey erschöpften. Allein kann Jemand dadurch arm werden, wenn er jede Woche einen
Pfennig giebt? Denn so viel ist es, was der
Arme unter ihnen erlegt, und selbst der wird
ihm erlaßen, so bald er ihn nicht entbehren
kann; ein gewißes Zeichen, daß er selbst der
Unterstützung bedarf, die ihm auch alsdenn
gewährt wird. Die wahre Ursache aber liegt
tiefer, warum viele Methodisten weniger weltliches Gut haben, als sie haben könnten. Es
werden ihnen oft und nachdrücklich die Stellen der Schrift erklärt, welche gegen den irdischen Sinn, gegen Geiz und Sammelsucht
gerichtet sind. Sie werden ermahnt, die Begierde reich zu werden und Schätze aufzuhäu-
fen, in sich nicht herrschend werden zu laßen,
und den wahren Werth des Reichthums bloß
in seinem vernünftigen christlichen Gebrauch
zu setzen. Sie wollen also den Götzen der
Welt, das Gold, nicht anbeten; sie wollen
lieber in einer ehrlichen Dürftigkeit leben, als
sich durch ungerechte Mittel bereichern; und
viele unter ihnen sind zwar arm, aber sie besitzen ein Gut, das größer als Reichthum ist,
nem-

nemlich die Zufriedenheit mit dem Wenigen,
das sie haben. Sie verabscheuen alles, was
der Gerechtigkeit und Wahrheit zuwider ist.
Manche von ihnen haben die Geschäfte aufgegeben, welche sie vorher mit weitem Gewißen
trieben, aber nach ihrer Bekehrung schlechterdings als sündlich erkannten. Unter ihnen
ist kein Wucherer, kein Schleichhändler, kein
Hurenwirth, kein Theaterarbeiter. Die an
sich rechtmäßigen Geschäfte können sie wenigs-
stens nicht mehr auf die Art und mit so vielen
unrechtmäßigen Gewinn treiben, als zuvor,
denn sie können nicht mehr betrügen oder un-
wahr und fälschlich handeln. Können aber wohl
solche Leute einem Staate nachtheilig seyn?
Ist die Gesellschaft nicht glücklich, wo ihre Anzahl groß ist? Und dennoch sind viele Redlichen
dieser Art oft recht muthwillig in Armuth ge-
stürzt worden, vor welcher sie sich gern retten
wollten. Die Welt hat immer noch das Ihre
lieb, und gewißenlose, unbarmherzige Nebenmenschen, vielleicht gar Verwandte, haßen
diese Frommen so sehr, daß sie ihnen ihren Lebensunterhalt erschweren, ihnen die Kund-
schaften benehmen, und sie außer Brod setzen,
blos weil ihnen diese ihre neue Religion, wie
sie es nennen, verhaßt ist. Es hat Fälle gegeben, wo Eltern ihre Kinder enterbt, und
Herrschaften ihre Dienstboten außer Dienst
und Brod gejagt haben, weil sie auf diese
beßere

beßere Art, mit einem reinen Herzen und heiligern Leben Gott dienen wollten. Und diese Eltern, diese Herrschaften nennten sich Protestanten?— und beklagten den Verfolgungsgeist des Pabsthums? Sie nennten sich Christen?— und redeten von nichts als Gewißensfreiheit? — Sie nennten sich Menschen? — und setzten das Wesen ihrer Religion in Menschenliebe? — Ich will es nicht leugnen, daß es seit jeher auch unter den Methodisten solche gab, deren Armuth und Verachtung blos eine gerechte Strafe ihres Eigensinns, ihrer Scheinheiligkeit und Schwärmerey war; aber das weiß ich auch gewiß aus vielen Beispielen, daß wahre Frömigkeit mit diesem verhaßten Namen lächerlich gemacht, und manche ihrer Verehrrer auf eine Art bedrückt und verfolgt worden sind, wie kaum der schuldlose Ketzer in Spanien vom Inquisitionsgericht verfolgt werden kann.

Nichts ist gewöhnlicher, als daß man sagt, daß der Methodismus zur Schwärmerey verleite, daß die zu hochgetriebene Lehre von Buße und Bekehrung die Menschen melancholich mache, und daß die Methodisten trübsinnige, lichtlose, freudenleere mürrische Enthusiasten wären, welche sich und andern das Leben schwer machten, alle Vernunft, Aufklärung und Moral verachteten, und folglich der wahren Religion und der allgemeinen Wohlfarth

farth ungleich mehr nachtheilig, als nützlich würden. Dieß ist ein starker Einwurf, der sehr viele Beschuldigungen zugleich in sich faßt, und den wir also mit aller Aufmerksamkeit und Unpartheylichkeit entwickeln müßen.

Vorausgesetzt, daß die Lehre der Methodisten keine andere ist, als die, welche die Bibel enthält, so kann es schlechterdings nicht wahr seyn, daß Menschen durch sie verwirrt und melancholisch werden können. Denn, wie kann das, was sie erst recht zu vernünftigen weisen Menschen machen soll, zugleich die Ursache ihrer Thorheit und Unvernunft seyn? Eben die Schrift aber, welche die einzige Richtschnur des Glaubens und Lebens der Christen ist, wenigstens seyn soll, löset uns diesen Widerspruch und dieses Räthsel dadurch auf, daß sie ausdrücklich sagt, daß die wahre Weisheit von den verderbten Menschen oft für Thorheit gehalten worden ist. Da sich die menschliche Natur nicht ändert, so darf es uns in unsern Zeiten gar nicht befremden, wenn Leute für Thoren gehalten werden, die gleichwohl die wahre Weisheit besitzen, da Paulus, dieser große ehrwürdige Mann, her seinen nüchternen weisen Lehren und Reden vom Festus den Vorwurf hören mußte: Paul, du rasest! — Alle irdische Dinge für nichts zu achten; die Vergnügungen der Erde den künftigen Freu-

den

den des Himmels aufzuopfern; nichts nach
dem Beifall der Menschen zu fragen, sondern
nur nach dem Beifall und Wohlgefallen Gottes; sich selbst der Trübsal und Verfolgung zu
rühmen; Gott zu danken, wenn wir leiden;
bey aller Traurigkeit dennoch Freude, bey aller Verachtung dennoch Ehre, bey aller Dürftigkeit dennoch Ueberfluß zu genießen; selbst
Feinden zu vergeben; den angenehmsten Begierden zu entsagen; wohlzuthun, ohne eine
Belohnung zu hoffen; mäßig beym Quell des
Vergnügens — enthaltsam bey dem ungehin-
derten Genuß der Schönheit — gerecht beym
lockenden Gewinn des Geldes — demüthig im
Besitz der Hoheit und Macht — billig, nach-
gebend und großmüthig bey der gerechtesten
Anforderung an seinen Nebenmenschen zu
seyn — diese und andere Grundsätze und Tugenden des Christenthums können freilich dem,
der noch nicht in den Geist derselben einge-
drungen ist, sondern nur den Sinnen folgt,
wahre Thorheit scheinen, ob sie gleich wahre
Weisheit, oder mit andern Worten, Herzens-
religion, überwindende Liebe und gesunder
Verstand sind. Das, was Frucht der himmlischen Weisheit ist, kann dem Weltmenschen
als Ausgeburt eines verrückten Gehirns, oder
als Folge einer kranken Einbildungskraft vor-
kommen. Und wäre es nicht für das Wohl
der bürgerlichen Gesellschaft der Mühe werth,
recht

recht viele solche tolle und unsinnige Menschen
zu bilden? —

Wenn Menschen um ihre Seligkeit wirklich bekümmert zu werden anfangen, so muß
es ihnen wenigstens darum eben so zu Muthe
seyn, als es ihnen entweder beym Verlust
oder Gewinn eines vorzüglich gewünschten irdischen Gutes ist. Daher lassen sich denn die
ausserordentlichen Bewegungen entweder der
Traurigkeit oder der Freude leicht erklären,
welche beym Ursprunge des Methodismus in
England in den Gemüthern vorgiengen. Manche fielen während der Predigt des göttlichen
Worts wie Todte zur Erde; manche waren in
Convulsionen; manche schrien laut aus. Zwar
will ich nicht leugnen, daß der gute Wesley
manches für Wirkungen der göttlichen Gnade
gehalten hat, was doch blos Wirkungen der
Natur und äusserlicher Umstände waren. Aber
es läßt sich doch wirklich schon aus der
Natur erklären, wie ein Menschen, der nur
ernstlich um Seligkeit bekümmert ist, solche
heftige Erschütterungen haben kann. Furcht
und Hofnung sind bekanntlich die beiden großen
Triebräder, welche die Seele in Bewegung
setzen. Niemals aber kann nach den jetzigen
Gesetzen der Verbindung der Seele mit dem
Leibe, jene sich heftig fürchten oder heftig be-
gehren, ohne daß dieser zugleich dadurch af-
ficirt werden sollte. Es ist nicht möglich, daß
die

die Seele stark fühlen, und der Leib dabey
unempfindlich bleiben sollte. Man hat Beispiele, daß über einer zu heftigen Aufwallung
der Freude, oder über einer zu starken Be-
trübnis der Seele über einen Verlust oder
über ein Unglück, das Band zwischen Leib und
Seele zerrissen worden ist: Und sollte nicht
also eine plötzliche sehr starke Empfindung von
der Abscheulichkeit der Sünde, und vom Verlust einer unendlichen Glückseligkeit, die Furcht
vor einer ewigen Verdammnis und Entfernung
von Gott — Dinge, die mit der ganzen Welt
in eine Wagschaale gelegt, ein unendlich schwe-
reres Gewicht haben — ähnliche Wirkungen
hervorbringen können? Das ist natürlicher
Zusammenhang der Dinge, wovon wir wissen; aber wie, wenn es noch einen Zusammenhang der Dinge im Unsichtbaren gäb, den
wir nicht so genau erforschen können? — Lasset uns also wenigstens nicht von Tollheit und
Unsinn sprechen, wo in diesem uns unbekannten Zusammenhang der Dinge göttliche Weisheit seyn kann. —

Es ist auch bekannt genug, daß Unsinn
und Raserey sich oft von ganz andern Ursachen
hergeschrieben haben, als von der Lehre der
Methodisten, die auf eine göttliche Bußtrau-
rigkeit bringt, die niemand gereuen darf.
Man hat Beispiele gehabt, daß Personen,
welche zuerst blos ernsthaft und göttlich be-
trübt

trübt waren, von ihren Verwandten sogleich
in das Tollhaus gesendet wurden, um zu ihren
gesunden Sinnen zu kommen, die sie noch
niemals verlohren hatten, aber im Tollhaus
erst wirklich verloren. Und wer Bedlam in
London kennt, der wird wissen, daß dieses
Haus eben so geschickt sey, eine Verwirrung
des Verstandes zu bewirken, als zu heilen.
Welch ein Anblick! welch ein Sitz des menschlichen Elendes! Man stelle sich einen Menschen vor, welcher blos wegen eines Ge-
müthskummers, aber doch noch bey Verstande
dahin verbannt wird. Abgeschnitten von allen, mit denen er bisher stets umzugehen gewohnt war, von aller vernünftigen Unterredung, von allen Geschäften, von allem Lesen,
von allem erlaubten Vergnügen — eingeschlossen Tag und Nacht in einer einsamen Celle —
gekehrt in sich selbst und geheftet auf den Kummer, der die Seele drückt — umringt entweder mit melancholischem Stillschweigen, oder
mit schrecklichem Geschrey und Seufzen mit
Gelächter vermischt — gezwungen unter die
Herrschaft der Aufseher, die oft wenig wissen,
was menschliche Natur oder Mitleid ist — gezwungen zu Medicin, welche der Leib nicht bedarf, und die Seele nicht heilen kann — verachtet und bespottet von Besuchern, welche einmal alles, was der Wahnwitzige sagt, dem
Hause gemäß verstehen, und wirklich gute

L   Dinge

Dinge aus seinem Munde wenigstens für glückliche helle Augenblicke halten, die auch bisweis-
len der Verstandlose hat — ist es Wunder,
wenn solche für unsinnig gehaltene und einge-
kerkerte endlich wirklich unsinnig werden? Ich
habe eine solche unglückliche Person im Pest-
hause bey Altona gesehen und gesprochen, die
ich nie vergessen werde, und auch in Bedlam
in London habe ich dergleichen gesprochen, wo
ich mich wunderte, daß nicht an ihrer statt diejenigen in diesem Hause waren, welche sie
hineingebracht hatten. *)

Daß es Schwärmer unter den Methodisten gebe, will ich nicht in Abrede seyn, aber
daß die Lehre der Methodisten zur unsinnigen
und schädlichen Schwärmerey führe, das leugne ich. Das Wort Enthusiasmus hat sich
eben sowohl, als das Wort Frömmigkeit miß-
handeln lassen müssen. Ist Schwärmerey freilich jener mit Verfolgungsgeist verbundene
Wahnwitz, welcher menschliche Irthümer und
Träumereyen für höhere Erleuchtungen vom
Himmel hält, welcher keinen Andersdenkenden
dulden

*) Es fällt mir hierbey die Antwort eines ehrlichen
Grobschmidts ein, der sich in Bedlam befand.
Er wurde gefragt, wie er hierher gekommen
sey? Die ganze Welt ist toll, antwortete er,
und verschließt alle vernünftigen Leute in
diesem Hause.

dulden kann, sondern ihn mit blindem Relt-
gionseifer verfolgt, und Gott einen Dienst zu
thun meynt, wenn er ihn abschlachtet oder in
die andere Welt sendet, welcher die öffentliche
Ruhe und Sicherheit stört, und die Rechte der
Menschheit kränkt, welcher Bartholomäus-
nächte, Pulververschwörungen, und gestiefelte
Apostel zur Ausrottung sogenannter Ketzer er-
denkt, welcher Königsmorde erlaubt, Schei-
terhaufen anzündet, oder Auswanderungen gebietet — alsdann ist sie ein Ungeheuer, ein
grimmiges Raubthier, eine Ausgeburt der
Hölle, wohin sie mit der vereinigten Macht
der Menschen zurükgestoßen zu werden verdient. Die weltlichen Gesetze haben aber
auch schon seit der Reformation in den protestantischen Ländern dafür gesorgt, daß diese
blinde Wuth nicht mehr in Flammen ausbre-
chen kann. Aber es giebt gleichwohl eine liebenswürdige, eine für die Gesellschaft nützliche Schwärmerey, und das ist der Zustand
der Seele, bey welchem man für das wahre
Gute mit einem vernünftigen und göttlichen
Eifer begeistert wird, etwas aus dem Gleise
der gewöhnlichen Alltagsmenschen heraustritt,
und so, wie in andern Dingen, also auch in
der Religion, zu einer höhern Vollkommenheit
emporstrebt. Eine solche Begisterung, ein
solcher höherer Muth, eine solche Kraft, die
sich ihrer Stärke und reinen Absicht bewußt ist,

und

und unter dem Einfluße der Gottheit selbst zu
handeln glaubt, oder wirklich handelt, hat
seit jeher alle große Männer gebildet, und ist
die Eigenschaft großer Geister. Zu jeder ungewöhnlich guten und edlen Handlung gehört
ein gewisser Enthusiasmus, ein Feuer, welches nicht das Loos kleiner, kalter und träger
Seelen ist. Mag doch immerhin der Mann,
der mit Lebensgefahr sich zuerst unter den wü-
thenden Pöbel aufs freye Feld wagt, die
Rechte des Ewigen zu verkündigen — mag immerhin der Begüterte, und Vornehme, der
zuerst seinen Ueberfluß verschwendete, seine
Lüste zu befriedigen, aber ihn jetzt anwendet,
Kirchen und Schulen zu erbauen, Nackende
zu kleiden, Hungrige zu speisen — mag immerhin der Geschäftsmann, welcher vorher
durch ungerechte Mittel Millionen erwarb,
aber jetzt sich in eine dürftige Niedrigkeit zu-
rückzieht, und sein eignes Brod isset — mag
immerhin der Grosmüthige, der bey aller Gelegenheit der Rache, dem Feinde verzeiht,
der in seiner Gewalt ist — mag immerhin der
Redliche, der den Umgang mit Gott und der
unsichtbaren künftigen Welt allen rauschenden
Ergötzlichkeiten der Sinne vorzieht — mögen
sie immerhin Sonderlinge, Schwärmer genennt
werden; ihre Schwärmerey, die aus so reinen
Quellen fließt, in sich selbst so harmlos ist, und
auf so gute Folgen zielt, wird allemal wohlthätig

thätig für die Gesellschaft seyn, und wehe dem
Staate, wo nicht wenigstens einige solche
Schwärmer sind.

Man giebt freilich den Methodisten Schuld,
daß sie die gesunde Vernunft des Menschen zu
tief herabsetzen, und zu viel auf göttliche Erleuchtungen rechnen. Selbst der berühmte
Mosheim in seiner Kirchengeschichte fällt von
George Whitefield das Urtheil, daß dieser
Mann, welcher mit so glücklichem Erfolge
mehr Leben und Vollkommenheit unter die
Christen zu bringen suche, wenn er nicht anders dem blinden Stoße der Phantasie folge,
sondern nach einer gewissen festen Richtschnur
handele, die Religion in heiligen Bewegungen
und in einem gewissen unerklärlichen Gefühl
einzig und allein zu setzen, und von den Seinigen zu forderen scheine, daß sie mit Bei-
setzung der Vernunft und Lernbegierde, ihre
Seele bloß durch ein göttliches Licht regieren
und bilden lassen sollten. *) — Wenn dieses
L 3   Urtheil

*) Hoc ipso tempore Georgius quidam Whitefield
coetum cogit et perfectiorem ceteris omnibus
civitatem christianam meditatur, nec fortunam
prorsus adversam habet. Videtur homo, si sa-
tis ipse sibi constat, nec coecum magis phan-
tasiae instinctum, quam certam quandam nor-
mam sequitur, religionem in sanctis motibu
e

Urtheil nach dem Zusammenhange der bisherigen Geschichte nicht vollständig genug scheinen
sollte; so kann der verehrungswürdige Abt sehr
leicht durch seine eignen Worte in ebendemsel-
ben Paragraphen entschuldigt werden, wo er
sagt, daß von den verschiedenen Sekten, welche wegen der Freiheit zu denken in England
entstehen, und von ihren Streitigkeiten nicht
leicht Jemand vollkommen richtig handeln könne, als wer selbst einige Zeit unter den Engländern gelebt, und die Meinungen, Rechte,
Gesetze und Partheyen dieses glücklichen Volks
in der Nähe kennen gelernt habe, weil viele
Secten auch nicht einmal dem Namen nach,
viele nur obenhin, und die glaubwürdigsten
Quellen, aus welchen sich ohne Irthum schöpfen ließ, nur wenig außer dem Lande bekannt würden. Whitefield selbst ist auch wirklich in der ersten Hitze seines Eifers in manchen Dingen zu weit gegangen, hat aber seine
Irthümer und Schwachheiten, die er erkannte, ehrlich und offenherzig wiederrufen. Allein
Wesley,

et inexplicabili quodam sensu unice ponere,
idque a suis poscere, ut dimissa ratione et
discendi studio abjecto, mentem divino lumi-
ni regendam et fingendam committant. —
*Moshemii Institutionum Historiae Ecclesiasticae
antiquae et recentioris Libri quatuor Ed. alt.
Helmstadii* 1764. pag. 910.

Wesley, welcher doch eigentlich als erster
Stifter der Secte anzusehen ist, zeigt sich in
allen seinen Schriften als einen denkenden
scharfsinnigen Mann, welcher Gelehrsamkeit
und Sprachen hochschätzt, weil er sie selbst
kennt, und welcher eben deswegen das wahre
Christenthum mit solchem Eifer auszubreiten
suchte, weil er es, wie Locke, so vernunft-
mäßig fand.   Wesley wird für einen Armnia-
ner gehalten, und er ist es, wenigstens in
dem Satze, daß die Liebe Gottes gegen die
Menschen und die Erlösung Christi allgemein
sey, und daß kein Mensch durch etwas anders als durch Unglauben und durch seine
Sünden verdammt werde. Schon dieses zeigt,
daß er die Vernunft nicht so gering schätzen
könne, als Whitefield oder andere strenge
Calvinisten, welche noch steif und feste über
den fünf Sätzen halten, welche gegen die Ar-
minianer als Glaubensarticel in der Dor-
drechter Synode festgesetzt wurden, in welcher warlich die gesunde Vernunft und christliche Menschenliebe nicht den Vorsitz hatte,
sondern eigennützige Staatspartheisucht ihre
irdischen Absichten unter dem heiligen Deck-
mantel der Religion durchzusetzen strebte. —
Statt aller weitern Vertheidigung will ich
Wesley selbst reden lassen, und einige Worte
aus seiner ernstlichen Appellation an Leute
von Verstand und Religion anführen: "Es

"giebt

"giebt viele, besonders unter den Myſtikern,
"welche den Gebrauch der Vernunft in der
"Religion verſchreyen, ja, welche die Ver-
"nunft in göttlichen Dingen für gefährlich hal-
"ten. Allein ich ſtimme keineswegs mit ih-
"nen überein. Ich finde vielmehr in der hei-
"ligen Schrift, daß unſer Herr und ſeine
"Apoſtel beſtändig mit ihren Gegnern auf eine
"vernünftige Art zu Werke giengen. In kei-
"ner alten oder neuern Schrift herrſcht ſo
"eine gründliche Schlußkette als in dem Brie-
"fe an die Hebräer. Der größte Vernunft-
"ler, ausgenommen Jeſus, war Paul von
"Tarſus, welcher allen Chriſten die Vorſchrift
"gab: Seyd Kinder in der Bosheit, aber
"Männer am Verſtande. — Wir ermahnen
"daher jeden, in der Religion allen Verſtand
"zu gebrauchen, den ihnen Gott gegeben hat.
"Aber nur müſſen die Urtheile wahr und rich-
"tig ſeyn, aus welchen wir Schlüſſe machen.
"Aus falſchen Vorderſätzen kann unmöglich
"Wahrheit gefolgert werden." *) Man
ſieht leicht, daß der würdige fromme Mann
blos das als wahre Weisheit und Vernunft
geltend machen will, was in Gottes Augen
es iſt, und nicht, was einzelne Menſchen dafür halten, deren Verſtand von ihrem Herzen
beſto-

*) An earneſt Appeal to Men of reaſon and re-
ligion by J. Wesley, Briſtol 1771. pag. 14. 199.

bestochen wird, und die das, was sie wahr
zu seyn wünschen, von allen Menschen als
wahr angenommen wissen wollen.   Wenn aber
jede Weisheit, jeder Verstand verdächtig wird,
wodurch Irthum und Uebel in der Welt befördert werden; so muß uns die Lehre, die Weisheit, die Vernunft, die Religion desto ehr-
würdiger seyn, wodurch die Menschen besser
und glücklicher werden können, wenn sie
wollen.

Eben so ungegründet ist der Vorwurf,
welchen man den Methodisten, und auch den
Pietisten in Deutschland, gemacht hat, und
noch macht, als wenn sie die Moral, das ist,
die Lehre und Beobachtung der Pflichten,
welche jeder, als Mensch und Christ, in den
verschiedenen Verhältnissen des Lebens zu erfüllen hat, gering schätzten und herabwürdig-
ten.   Es mag wohl der Fall seyn, daß einige
in ihrer Unwissenheit, oder in ihrem unvernünftigen Eifer für Gottes Ehre, nicht mit
bösen Herzen, die Besuchung des Gotteshau-
ses oder auch der Erbauungsstunden für eine
wesentlichere Pflicht des Christenthums halten, als einen Kranken zu besuchen, oder
Wittwen und Waisen zu helfen.   Aber diese
verstehen den Geist der reinen christlichen Religion, und die Lehre der Rechtgläubigen eben
so wenig, als die Gegner, welche kühn und

L 5   gera-

geradezu behaupten, daß die Lehre vom Glauben an Jesum die Menschen im Guten träge
und nachlässig mache. Wo ist jemals in einem System oder Compendio, aus welchem
solche Leute doch zuerst auch gelernt haben,
aber das sie leider nicht recht verstanden zu haben scheinen — wo ist je von einem protestantischen Schriftsteller und Professor gesagt worden: "Der bloße blinde Glaube an Jesu Verdienst macht gerecht und selig; und dieser
Glaube braucht keine guten Werke zu haben;
er ist ein Baum ohne Früchte? Kann man selig
werden, wenn man gleich vorsetzlich und muthwillig lasterhaft zu seyn fortfährt?" —
Steht dieser letzte Satz in irgend einer Schrift
unserer Evangelisch-lutherischen Theologen, so
zeige man mir sie, und ich will der erste seyn,
der sie ins Feuer wirft, und öffentlich auftritt,
gegen solche Widersprüche zu eifern. — Aber
meines Wissens steht kein solcher Irthum weder in einem Compendio, noch in der Bibel. —
Man macht aber einen Misbrauch, welcher
von einigen Christen mit der Lehre von dem
Glauben und der Rechtfertigung getrieben
wird, zu einen Irthum der Kirche selbst. Ist
das billig, wahrheitliebend, und unpartheyisch?
Zu Luthers Zeiten war diese Lehre durch tausend Zusätze und Menschensatzungen verunstaltet worden. Man empfahl die Beobachtung
einer Menge selbsterwählter guter Werke, die

Gott

Gott nicht vorgeschrieben hat, und der Mensch
nicht halten kann, als das beste Mittel zur
Seligkeit, als Pönitenzen, Geisselungen, Fasten, Keuschheits = und Cölibat-Gelübde, Wall-
farthen, Herplappern der Gebetsformeln,
Klosterleben u. d. g. Luther zeigte die Nich-
tigkeit dieser äusserlichen pharisäischen Scheinheiligkeit. Nach seinem Tode entstund der be-
rüchtigte Streit über die Nothwendigkeit guter Werke zur Seeligkeit. Anstatt die Kraft
des wahren Glaubens am Herzen zu erfahren und im Leben zu üben, disputirte man
spitzfindig über die Natur und Beschaffenheit
desselben; der Haß gegen die Lehre der Römischen Kirche von guten Werken verleitete einige, von den Früchten des Glaubens, von
wahrhaftig guten Werken, von der christlichen Tugend, gering zu denken, und man begnügte sich damit, daß man die reine Lehre
bekenne, ohne sich darum zu bekümmern, dieselbe durch einen reinen Wandel zu zieren.
Dieses Uebel erpreßte manchem rechtschaffenen
Lehrer geheime Seufzer, und veranlaßte Johann Arnd, seine Bücher vom wahren Christenthum zu schreiben, worüber er zwar viel
leiden mußte, worinn er aber deutlich zeigte,
daß das äusserliche Bekenntniß nicht hinreichend sey, daß der Glaube das Herz und den
Wandel zugleich reinige; daß Buße und Bekehrung das Werk Gottes in der Seele des
Men-

Menschen sey, wodurch ein neues geistliches Leben in und mit Gott hervorgebracht wird, und welches in der Verleugnung seiner selbst und der Welt, in der Bekämpfung sündlicher Lüste, in der Nachfolge Jesu und einem tugendreichen Wandel besteht. — Das war es auch, worauf die Väter der Pietisten in Deutschland, Spener und Franke, und in England Whitefield und Wesley drungen. Wider ihren Willen aber entstunden hier und da unter dem gemeinen Haufen Mißverständnisse und Irthümer. Viele fiengen an, ihr Christenthum blos nach gewissen starken Empfindungen entweder der Bußtrauer oder der Glaubensfreudigkeit zu beurtheilen, ohne auf das Wesen der Besserung zu sehen. Man fieng an, eine gewisse Form festzusetzen, nach welcher alle Christen gemodelt werden müßten; wer nicht die Stunde angeben konnte, in welcher er bekehrt und gerechtfertigt worden war, wurde mit verdächtigen Augen angesehen, aber der war ein guter Christ, der alle Mitteldinge für Sünde hielt. Die Schwärmerey, die Verdammungs- und Tadelsucht, der geistliche Stolz, und andere Uebel, die daher unter Einigen entstunden, veranlaßten den bescheidenen und denkenden Spalding sein Buch über den Werth der Gefühle im Christenthum zu schreiben, worinn er zeigte, daß bloße Gefühle trügerische Kennzeichen unsers Gnaden-

Gnadenstandes wären, und daß Rechtschaffenheit des Herzens und Lebens die Hauptsache in der Religion sey. Kaum war dieser
Ton angegeben; so wurden beinahe alle Gefühle als Schwärmerey verschrien. Weil einige die Empfindungen bey Buße und Glauben
zu hoch erhoben, und von Tugend und Moral
verächtlich gesprochen zu haben schienen; räch-
te man sich dadurch, daß man die Gefühle
wieder desto tiefer herabwürdigte. Man vergaß es beinahe, daß der Mensch ein Herz und
eine Einbildungskraft habe. Die Religion
nahm also, wie die Moden, eine veränderte
Gestalt an. Bald wollte man selig werden
ohne guten Werke allein durch den Glauben,
und bald ohne Glauben allein durch die guten
Werke; sonst trieb man Dogmatik ohne Moral, und jetzt predigt man blos Moral ohne
Dogmatik. Man fragt nicht mehr, was der
Mensch glauben, sondern blos, was er thun
müsse um selig zu werden. —

Ich habe diese kurze Geschichte des Lehrbegriffs vom Glauben und guten Werken deswegen einfließen lassen, um daraus sowohl
den Ursprung seiner verschiedenen Gestalt zu
entwickeln, als auch den Ungrund der Beschuldigung darzulegen, als wenn die Methodisten die Moral verachteten. Ich will es
freilich nicht leugnen, daß es hier und da einige

nige Christen gebe, denen in ihren beschränkten Einsichten alles als Neuerung in der Religion vorkommt, was die alte Lehre blos mit neuen Worten vorträgt. Aber im Ganzen genommen stimmt doch der Lehrbegriff der Methodisten mit den Artickeln der englischen Kirche, mit den Grundsätzen der Reformatoren, mit den Schriften der Apostel überein, und wenn sie ja von blos moralischen Predigten verdächtig sprechen, so geschiehet es nicht mit einer Verachtung der Pflichten selbst, welche darinn vorgetragen werden, sondern sie billigen die mangelhafte Art des Vortrags nicht, nach welchem man das scheidet, was doch Gott offenbar zusammengefügt hat. Sie verlangen, daß die wesentlichen Glaubenslehren eben sowohl als die Sittenlehren in Verbindung bleiben sollen, daß man auf die gründliche Verbesserung des Herzens eben sowohl, als auf die äusserliche Rechtschaffenheit des Lebens dringen müsse, und daß der Baum keine guten Früchte tragen könne, der keine gute Wurzel hat.

Aber noch vielmehr widerlegen sie obige Beschuldigung durch ihre eignen Tugenden und guten Handlungen. Sie erfüllen ihre bürgerlichen und häuslichen Pflichten mit strenger Pünktlichkeit, und wenn Jemand, der sich zu ihnen hält, einmal in ein Laster fällt, das andere

dere Christen ungescheut begehen, so fällt man
das Urtheil: Wie doch ein Mensch so etwas
thun könne, der ein Methodist seyn wolle? —
Ein Beweiß also, daß man von einem wahren
Methodisten keine andern, als gute Handlungen erwarte. Bey ihnen sieht man also jeden
Flecken sehr bald, weil er ungewöhnlich ist,
und der, welcher Balken im Auge hat, ent-
dekt mit der grösten Scharfsichtigkeit in dem
ihrigen Splitter. Man kann ihnen das Lob
der Menschenliebe, des Mitleids, der Enthaltsamkeit, des Fleißes, der Großmuth, der
Gerechtigkeit nicht absprechen. Es ist doch
merkwürdig genug, daß Leute, die sonst wenig
Rühmens von guten Werken machen, ja alle
menschliche Tugenden mit Recht für unvollkom-
men ausgeben, und sie am wenigsten bey der
Erlangung einer ewigen Seligkeit in Rechnung bringen, gleichwohl sie am meisten üben;
und daß hingegen bey ihren Gegnern, welche
so sehr auf Tugenden dringen, es oft so sichtbar daran fehle. Es ist bekannt genug, daß
z. B. bey einer Kollekte in Methodisten-Ge-
meinden, die doch meist aus armen Leuten besteht, viel reichlicher gegeben wird, als in
andern, wo man fast von nichts als von den
Tugenden der Menschenliebe predigen hört.
Man bemüht sich daher Methodisten-Prediger
zu werben, wenn in englischen Kirchen Kol-
lecten gemacht werden sollen, weil man alsdenn

denn gewiß einen reichlichern Zug thut, wenn
sie die Menschen zur Wohlthätigkeit ermuntern.
Die Großmuth ist freilich wohl ein Hauptzug
im Charakter des Engländers überhaupt. Die
Hospitäler, welche Wohnungen von Königen
zu seyn scheinen, die Armenhäuser, die drey
Millionen, welche jährlich für Arme gesammelt werden, die reichlichen Unterzeichnungen
für unglückliche Familien, sind Denkmäler und
Beweise der englischen Freygebigkeit. Aber
die Methodisten thun Gutes, nicht um Ehre
davon zu haben, nicht des Anblicks eines leidenden Gegenstandes los zu werden, nicht um
der Gesetze des Wohlstandes willen, sondern
aus christlichen Bewegungsgründen. Sie gehen ins Detail; sie suchen die Armuth und das
Elend in ihren verborgensten Wohnungen auf;
und ihre Anstalten und Einrichtungen haben
das Gepräge der Liebe, die sich für andere
aufopfert, ohne zu fragen: Was wird mir dafür?

Der Methodismus hat in England manche
heilsame Veränderungen unter dem Volke bewirkt. Es war eine Reformation nöthig.
Die englische Geistlichkeit war in der Erfüllung ihrer Pflichten nachlässig; und wegen ihrer Ausschweifungen größtentheils in allgemeine Verachtung herabgesunken. Die Gewohnheit, die Predigten blos herzulesen, hatte die
nach-

nachtheilige Folge, daß man sie mit eben der
Kälte anhörte, als man sie ablas. Die Erziehung der Jugend; die Aufsicht über die
Schulen; der Krankenbesuch; das eigne Studieren; kurz, der Eifer, sich seines Amts an-
znnehmen, waren Dinge, um die man sich
wenig bekümmerte. Der ganze äusserliche
Gottesdienst wurde blos etwas formelles und
mechanisches, und das Volk wurde mehr durch
die Gesetze des Parlements oder der Ehre, als
durch die Gesetze Gottes und des Evangelii
regiert. Mit dem Methodismus aber entstund neues Leben in der Religion. Tausende,
welche noch nie in eine Kirche gekommen waren, noch keinen Begriff von Gott, ihrer
Seele, und dem Christenthum hatten, hörten
es in den Straßen, hinter Hecken und Zäunen auf ihren Spaziergängen, daß sie unter der
Bedingung der Buße und des Glaubens selig
zu werden, streben mußten. Das Volk wurde aus dem Schlafe geweckt, in welchem es
bisher gelegen hatte, und das thätige Christenthum fieng an, als die Hauptsache betrachtet zu werden. Die Methodisten hatten vorzüglich das Verdienst, daß sie die rohesten
und wildesten unter der gemeinen Volksklasse
zu gesitteten Menschen bildeten, und Gefühl
von Religion und Christenthum auch unter
Matrosen, Kohlenfahrer, Soldaten und Ta-
gelöhner einführten.

M   Frei-

Freilich entstunden darüber große Gäh-
rungen und Streitigkeiten. Aber das kann
nicht anders seyn, wenn verjährte Vorurtheile, eingewurzelte Misbräuche angegriffen und
abgeschaft, und neue wichtige Veränderungen
eingeführt werden sollen. Solche Bewegungen sind in der moralischen Welt so heilsam,
wie Stürme und Erdbeben in der physischen.
Wahrheit und Religion gewinnen dadurch,
wenn darüber gestritten wird, und Goldsmith
tadelt es in seiner Geschichte Englands an jeder Regierung, wenn sie blinden Glauben
oder Stillschweigen über streitige Punkte der
Religion gebietet. Es entsteht daraus, sagt
er, ein viel grösseres Uebel, nemlich Gleich-
gültigkeit gegen die Religion und Verachtung
derselben, wenn bey Zulassung des Streites
das Feuer der Theilnehmung erhalten wird,
ohne welches man weder weiser noch besser
werden kann. *)

Einige

*) Nothing can be more impolitic in a state than
to hinder the Clergy from disputing with
each other: they thus become more anima-
ted in the cause of religion, and which side
soever they Defend, they become wiser and
better as they carry on the dispute. To
silence argument in the Clergy, is to encou-
rage them in sloth and neglect; if religion be
not kept awake by opposition, it sinks into
silence,

Einige Bischöffe, und selbst ihr Haupt, der Erzbischoff von Canterbury fiengen an, wider Wesley und Whitefield zu schreiben, welche keine Vorwürfe der Schwärmerey unbeantwortet ließen. Der Bischoff von London ließ ein Circular-Schreiben an die, seiner Diöces unterworfenen Geistlichen ergehen, worinn er sie auf der einen Seite vor der eingerissenen Lauigkeit, auf der andern vor den Abwegen des Enthusiasmus warnte. Dies weckte viele aus ihrem Schlummer, daß sie als Hirten sich ihrer Heerden besser annahmen, und die Streitigkeiten der Methodisten unter einander selbst hatten den Nutzen, daß der Lehrbegriff besser untersucht, und die Wahrheit in ein näheres Licht gestellt wurde. Der Deismus, welcher in England so herrschend geworden war, erhielt, so wie der Unglaube und die Freidenkerey, dadurch einen heftigen Stoß, und die reine Lehre des Evangelii kam mit der damit verknüpften wahren Gottseligkeit bey einem großen Theile der Nation in Umlauf und Ansehen.

Die Methodisten stifteten also eben den Nutzen in England, welchen die ersten Pietisten

silence, and no longer continues an ol j-ct ob public concern. *Dr. Goldsmith's History of England* vol. IV. pag. 199. Ed. 4. London 1784.

tisten zu Anfange dieses Jahrhunderts in Deutschland stifteten   Die letztern haben doch offenbar einen sichtbaren Einfluß in die Verbesserung des deutschen Kirchen- und Schulwesens gehabt, und manche edle Stiftung, manche nützliche Anstalt, hat dem Pietismus seinen Ursprung zu danken. Es war ein Pietist, der das berühmte Waisenhaus in Halle baute, dessen Schulanstalten, dessen Apotheke und Arzneymittel, dessen Buchhandel, dessen Verbindung mit den entferntesten Welttheilen, dessen Bibelwerk, dessen ganze Einrichtung ganz gewiß für Menschheit und Christenthum die ausgebreitesten heilsamen Wirkungen hervorgebracht hat. Welche Summe von Kenntnissen, von menschenfreundlichen Handlungen, wären verloren gegangen, wenn dieses Haus nicht errichtet worden wär? Es war ein Pietist, der das Schulmeister-Seminarium in Hannover in Gang brachte, und wie manche kleinere Stadt hat in ihren Mauern gewisse Vermächtnisse, Stiftungen oder Anstalten aufzuweisen, welchen der fromme Gedanke und der thätige Eifer irgend eines Pietisten ihr Daseyn gab? Wenn man also den Baum nach seinen Früchten zu beurtheilen hat, so brauchen die Pietisten bey der Aufforderung des Jacobus, ihren Glauben durch ihre Werke zu zeigen, nicht beschämt dazustehen. Unter dem Einflusse des Pietismus waren unsere guten

ken alten Vorfahren doch wahrhaftig nicht
weniger thätig und wirksam für das Beste der
Religion und der Menschheit, als es unser
Zeitalter unter dem Lichte der Aufklärung ist;
und ich weiß nicht, welches von beiden bey
einer Vergleichung des Guten, das dadurch
in der Welt gestiftet wird, den Vorzug verdient. Aber das weiß ich, daß ein Staat,
eine Gesellschaft so lange glücklich ist, als es
noch recht viele gute und wahre Christen darinn
giebt.

Man rechnet, daß die Anzahl der Methodisten im ganzen Lande sich gegen achtzigtau-
send beläuft. Wie viel Gutes kann eine solche Menge von Menschen stiften, welche sich
durch nichts anders, als durch das göttliche
Wort, durch die Liebe Gottes und des Welt-
erlösers, durch Pflicht und Gewissen leiten
laßen, Bewegungsgründe, welche mächtig
auf das Herz wirken, und den Menschen zum
Wohlthäter seiner Brüder machen können.
Wenn die Gemeinde Christi noch irgendwo zu
finden ist, so muß man die Mitglieder dazu
gewiß auch unter ihnen aufsuchen. Finden
sich auch unächte Christen unter ihnen; so
muß man bedenken daß die ganze Gesellschaft
das nicht entgelten kann, was bloß einigen
unter ihnen zur Last gelegt werden muß.
Schleichen auch einige Mißbräuche und Un-
voll-

vollkommenheiten ein, so müssen wir uns erinnern, daß die Kirche Gottes seit jeher ein
Acker war, wo Unkraut und Waizen zugleich
wuchs, daß auch Christen noch Menschen, und
nicht Engel sind, und daß ein ganz vollkom-
mener Zustand der Christenheit, und des
menschlichen Geschlechts erst in der Ewigkeit
Statt finden wird.

Vollständige Geschichte

der

Methodisten

in England,

aus glaubwürdigen Quellen

von

D. Johann Gottlieb Burkhard,

Diener des Evangelii bey der deutschen Mariengemeinde in der
Savoy zu London.

Zweyter Theil,

welcher die Lebensbeschreibungen ihrer beiden Stifter, des Herrn Johann Wesley und George Whitefield
enthält.

Nürnberg,
im Verlag der Raw'schen Buchhandlung
1795.

Prüfet alles; behaltet das Gute.

Inhalt
des zweyten Theils.

Lebensbeschreibung des Herrn Johann Wesley.

I.
Jugend- und Universitäts-Jahre. S. 1.

II.
Reise nach Georgien in Amerika. S. 8.

III.
Seine Bemühungen zur Ausbreitung des Reichs Jesu in England. S. 19.

IV.
Sein Charakter. S. 53.

V.
Von seinen Schriften. S. 64.

Lebensbeschreibung des Herrn George Whitefield.

I.
Seine Jugendgeschichte. S. 73.

II.
Universitäts-Jahre zu Oxford. Ordination. Beruf nach Georgien in Amerika. S. 78.

III.

Inhalt.

III.

Erste Reise nach Georgien über Gibraltar. S. 95.

IV.

Sein erster Versuch unter freyem Himmel zu predigen. S. 109.

V.

Seine Reise, Bemühungen und Schiksale in Schotland und Irrland. S. 118.

VI.

Errichtung seines Waisenhauses bey Savannah in Georgien. S. 127.

VII.

Bekanntschaft mit der Gräfin Huntingdon. S. 135.

VIII.

Vermischte Nachrichten von seinen Reisen in verschiedenen Ländern. S. 142.

IX.

Sein Tod und Charakter. S. 151.

Anhang.

I.

Etwas über Lady Huntingdon. S. 173.

II.

Kurze Lebensgeschichte des Herrn Prediger John Newton in London. S. 180.

Lebens-

Lebensbeschreibung
des
Herrn Johann Wesley.

I.
Jugend - und Universitäts - Jahre.

Der Vater und Stifter der Methodisten,
Johann Wesley, ist zwar aus der
vollständigen Geschichte dieser Secte, in welche seine Lebensumstände verwebt sind, schon
ziemlich bekannt; allein es sind noch viele
Merkwürdigkeiten seines Lebens übrig, welche ein Licht über seinen Charakter und seine
Unternehmungen verbreiten, und eben deswegen eine eigene Erzählung verdienen. Er
ist jezt ein Greis von 87. Jahren, predigt
noch mit vieler Lebhaftigkeit, und lieset und
schreibt ohne Brille. Dieses hohe muntere
Alter hat er der strengen Beobachtung der Regeln der Diät zu danken, welche er sich von
Jugend an selbst vorgeschrieben und mit Sorgfalt geübt hat; und er ist ein Beweiß, daß
die Gottseligkeit auch dazu nütze ist, uns schon
auf dieser Erde ein langes und glückliches Le-

ben zu verschaffen, und daß die Vorschriften der Mäßigkeit, des Fleisses und der Ordnung, welche das Evangelium giebt, wenn man ihnen folge, großen Einfluß auf die Erhaltung unserer Gesundheit haben.

Er ist im Jahre 1702. in der Grafschaft Lincolnshire geboren, und sein Vater war selbst ein Prediger und rechtschaffener Mann. Er genoß also auch eine fromme Erziehung und einen frühzeitigen Unterricht in Sprachen und Wissenschaften. Das ist es aber auch fast alles, was wir von seiner Jugendgeschichte wissen, und wir gehen sogleich zu dem Zeitpunkte fort, wo er im Jahre 1720. im November die Universität Oxford bezog; denn wir wollen ihn nicht als Kind, sondern als Lehrer kennen lernen. Er hatte schon in seinen Jünglingsjahren angefangen, die Regel des Bischoff Taylors, welche er in seiner Anweisung zu einem heiligen Leben und seligen Tode giebt, in Ausübung zu bringen, nämlich über die Eintheilung und den Gebrauch seiner Zeit, so wie über seinen Herzenszustand und die Ereignisse seines Lebens ein Tagebuch zu halten, aus welchem er hernach Auszüge hat drucken laßen, die bey seiner Lebensbeschreibung unsere vornehmste Quelle sind.

Kaum war er in Oxford, diesem berühmten Englischen Pflanzorte der Gelehrsamkeit und Religion angekommen; so wurde er mit
einem

einem jungen vortreflichen Manne, Herrn
Morgan, bekannt, zu welchem ihn gleiche
Stimmung des Herzens und gleiche Liebe für
wahre Frömmigkeit hinzog. Sie setzten einige Abende in der Woche dazu aus, die Klaßischen Schriftsteller zu lesen; der Sonntag
aber war für theologische Schriften und für
die Bibel bestimmt. Morgan erzählte einmal
in einem Abend, daß er den Mörder im Gefängniß gesehen, der seine eigene Frau umgebracht habe, und daß er glaube, man könne viel Gutes thun, wenn man die Delin-
quenten sowohl, als die Schuldner, so wie
auch andere Arme und Elende in ihren Häusern besuche. Was bey ihm blos vor der
Hand guter Gedanke war, wurde bald wirkliche That und Ausführung. Diese frommen
Freunde besuchten wirklich die Gefangenen
und Kranke; theilten ihnen guten Rath, Unterricht, ein nützliches Buch, und Geld mit,
und waren mit diesen Liebeswerken im Stillen
so lange beschäftigt, biß einige ihrer Mitstudenten anfiengen, laut über diese unmodische
Frömmigkeit zu spotten. Dieser Spott ver-
mochte freilich nichts über sie, und wog das
Vergnügen nicht auf, das sie im Gutesthun
empfanden; aber der Gedanke, den man in
ihnen erregte, als wenn sie hiermit den Männern in ihr Amt griffen, welche diese Pflicht
auf sich hätten, machte sie doch anfänglich et-

A 2   was

was schüchtern. Wesley schrieb daher an seinen Vater, einen erfahrnen Greiß von siebzig Jahren, und fragte ihn, ob sie zu weit gegangen wären, und ob sie hier stille stehen, oder noch weiter gehen sollten? Der Vater drückte sich in seiner Antwort also aus:

"Was euren Vorsaz und eure Beschäfti-
"gung betrift, so kann ich nichts weniger sa-
"gen, als valde probo! Ich habe hohe Ur-
"sache, Gott zu preißen, daß er mir zwey
"Söhne in Oxford gegeben hat, welche Gna-
"de und Muth gnug haben, der Welt und
"dem Teufel den Krieg anzukündigen, wel-
"ches der beste Weg ist, beide zu überwin-
"den. Ihr habt nur noch mit einem Feinde
"zu kämpfen, und das ist euer eigen Fleisch
"und Blut; wenn ihr diesem durch Gebet und
"Fasten überlegen seyd, so habt ihr nichts
"weiter zu thun, als auf dieser angetretnen
"Laufbahn fortzuwandeln, und die unver-
"gängliche Krone zu erwarten. Danket Gott,
"daß ihr einen Freund, wie Morgan, habt,
"der euch die Bahn bricht. Wär er auch
"mein Sohn, so könnte ich hoffen, daß der
"Krieg, in welchem ich schon ein ausgedien-
"ter Soldat bin (miles emiritus) nach mei-
"nem Tod fortgesezt würde, und daß diese
"Triumvirs mich nicht zu schanden werden
"lassen, wenn sie mit ihren Feinden sprechen
"im Thor. — Ich fürchte nur, daß in Be-
"suchung

"suchung der Gefangenen euer eigenes Fleisch
"und Blut euer größter Feind seyn wird.
"Denn wer kann euch Schaden thun, so ihr
"dem Guten nachfolgt? wenn ihr die Kenn-
"zeichen an euch habt, an welchen der große
"Erzhirte an jenem Tage seine Schaafe ken-
"nen wird? — Doch, wenn ihr hier etwas
"zu leiden gewürdiget werdet, so könnt ihr
"die Belohnung eines Bekenners, eines Mär-
"tyrers erwarten. Ihr gestehet selbst, daß
"diejenigen ihre Sinne verloren haben müs-
"sen, die eine solche thätige Menschenliebe
"tadeln. — Fahret denn fort auf dem Wege,
"den ihr betreten habt, den euer Vater zuvor
"betreten hat, und den euer Erlöser auch
"gieng. Auch ich besuchte als Student die
"Gefangenen in Oxford, und erinnere mich
"mit Vergnügen daran biß diese Stunde.
"Verhaltet euch klug, aber nicht furchtsam,
"mein Herz und Gebet ist mit euch! Aller-
"dings müßt ihr erst Erlaubniß von dem Vor-
"gesetzten des Gefängnißes und von den Bi-
"schoff des Kirchspiels haben. Es soll mir lieb
"seyn, euch alle drey bey mir zu sehn; wenn
"das aber nicht möglich ist, so weiß ich doch
"einen Weg, mit euch zusammenzukommen,
"und wenn ihr weiter, als beide Indien von
"mir entfernt wäret, und das an jedem Ta-
"ge — Der Allgegenwärtige sey mit euch! ——
"Er, der Handlungen und Absichten wägt,

"wird

"wird euch belohnen, wenn ihr um seinet-
"willen zu leiden gewürdigt werdet. Denn
"ich weiß nicht, ob ein Sterblicher zu einer
"höhern Vollkommenheit gelangen kann, als
"beständig Gutes zu thun, und deswegen
"Uebel zu ertragen. Werdet daher nie mü-
"de; werdet aber auch nicht stolz; spannet
"nicht mehr Seegel aus, als nöthig ist, und
"hütet euch für allen Sandbänken und Ab-
"wegen." —

Wie vieles vernünftige und christliche Ermahnungen über junge unverdorbene Herzen,
besonders von einem frommen und geliebten Vater vermögen, wurde auch hier sichtbar. Denn
beide Wesleys mit Morgan wurden durch diese väterlichen Ermunterungen in ihren Unternehmungen bestärkt und angefeuert, was auch
immer ihre leichtsinnigen Mitstudenten gegen
sie sagen mochten. Sie erhielten wirklich
von dem Geistlichen des Kirchspiels Erlaubniß,
alle die Pflichten zu erfüllen, die er selbst hätte verrichten sollen. Sie schlossen sich näher
im Gebet und in geistlichen Uebungen zusammen, und legten den Grund zu einer Verbrüderung, von welcher hernach unendlich viel
Gutes für das ganze Reich entstanden ist.
Morgan starb freilich sehr bald, und es wurde von dem Vater des verstorbenen beiden
Wesleys schuld gegeben, daß sie seinen Sohn
durch vieles Fasten und durch eine überspannte

te Religion getödtet hätten. Allein, wie ungegründet diese Verläumdung war, erhellte
auch daraus, daß Morgan schon zwey Jahre
lang die Fasten nicht mehr wegen seiner
Schwächlichkeit beobachtet, und daß Wesley
erst seit einem Vierteljahr her angefangen hatte, diese alte Gewohnheit der christlichen Kirche auszuüben. Sie schrieben sich gewiße Regeln und Gesetze vor, nach welchen sie ihr Leben führen wollten; sie giengen jeden Sonntag zum heiligen Abendmal, und thaten vieles, was andern Christen allzu christlich zu
seyn schien. Darüber wurden sie Sacramentarier und Supererogationsleute genennt und
als Enthusiasten verschrieen, ob sie gleich
nichts mehr wünschten, als tugendhaft und
nützlich zu seyn. Sie setzten sich indeßen über
alle Spöttereyen hinweg, zumal, da sie eine
Menge gutgesinnter Christen auf ihrer Seite
hatten, welche ihre Absichten durch ihre Unterzeichnungen unterstützten, damit sie desto
fähiger werden möchten, durch Austheilung
guter Bücher, durch Allmosen, durch Unterstützung redlicher junger Anfänger im Haus-
stande und im Gewerbe, durch Erziehung der
vernachläßigten Jugend, und durch andere
gute Werke so nützlich zu werden, als sie zu
seyn wünschten. Wenn man bedenkt, daß
der zufällige Besuch eines Mörders die aller-
erste Veranlaßung zu dem allen war; so fin-

det

bet man hier wieder einen Beweiß von der Wahrheit, die in der Erfahrung gegründet ist, daß die göttliche Weisheit aus dem Bösen etwas Gutes herauszubringen weiß; daß kleine Ursachen große Wirkungen haben, und daß ein guter Einfall, ein frommer Gedanke allemal etwas Gutes nach sich zieht. —

II.
Reise nach Georgien in Amerika.

Im October des Jahres 1735. wurde der General Ogletorpe von der Brittischen Regierung abgeschickt, in Georgien und Carolina neue Colonien anzulegen, und das Land daselbst anzubauen. Mit ihm gieng auf demselben Schiffe eine Anzahl Mährischer Brüder ab, die sich daselbst niederlassen wollten, und mit welchen Herr Wesley und sein Bruder bald durch das innigste Band der Liebe und Freundschaft verknüpft wurden. Auf der Reise selbst hatte Herr Wesley oft Gelegenheit, die Bemerkung zu machen, daß zwischen der ruhigen stillen See und einer gelaßenen frommen Seele, und zwischen einem stürmischen brausenden Meere und einem durch heftige irdische Affecten erregten Herzen die größte Aehnlichkeit sey. Die Absicht, warum er sich allen Beschwerlichkeiten und Gefahren der Seereise unter-

unterwarf, war keine andere, als in Amerika
umsonst, und aus herzlichem Drang das Evangelium zu predigen, und die Jugend in der
christlichen Erkenntniß zu unterrichten. Er
fragte den würdigen Spangenberg um Rath,
wie er sich zur Erreichung dieses wichtigen
Zwecks zu verhalten habe, und dieser legte
ihm folgende Fragen vor: "Mein Bruder!
giebt der Geist Gottes deiner Seele Zeugniß,
daß du ein Kind Gottes bist? Kennst du Jesum Christum? und glaubst du, daß er dich erlöset hat? und kennst du dich selbst?" Wesley beantwortete diese Fragen nur mit Schüch-
ternheit, und man sieht, daß sie die Veranlaßung gewesen sind, das Christenthum, das
er andern predigen wollte, erst auf sein eigenes Herz mit ganzen Ernst anzuwenden. Nach
vier Monathen betraten sie Amerikanischen
Grund und Boden, und das erste Geschäft
war, daß die ganze Schiffsgesellschaft unter
freyem Himmel am Ufer auf die Kniee fiel,
und Gott dem Allmächtigen für seinen Schutz
im Gebet und Gesang dankte.

Anfänglich wohnte er meistentheils bey
seinen Herzensfreunden, den Mährischen Brüdern, Spangenberg, Nitschmann und Delamotte, biß er in das Pfarrhaus des Predigers
von der Savannah zu wohnen kam. Er hatte sovial Deutsch gelernt, daß er den Brüdern
einen verständlichen Vortrag thun konnte.

Seine

Seine ganze Seele war für sie eingenommen,
und als er einst der Wahl und Ordination eines ihrer Bischöffe beiwohnte, so glaubte er
wegen der edlen Einfalt und Würde, die dabey bemerkt wir, in jene Zeiten der apostolischen Kirche sich zurück gesetzt zu sehen, wo
keine Form, kein Staat in den Versammlungen war, wo ein Teppichmacher Paulus, ein
Fischer Petrus den Vorsitz hatten, aber in
Beweisung des Geistes und der Kraft. Sein
Wunsch, mit den Heiden sich zu unterreden,
wurde bald erfüllt. Die Indianer selbst kamen mit einem Dollmetscher zu ihm und seinen
Gehülfen, um, wie sie sich ausdrückten, das
große Wort zu hören. Eine sehr merkwürdige Unterredung, die er mit ihnen hielt, ist
aus seinem Tagbuche in einigen Englischen
Magazins nachgedruckt, und da sie auch Alberti in seinen Briefen schon in einer Uebersetzung mitgetheilt hat, so bin ich der Mühe
überhoben, sie sie hier zu wiederholen. Er
fällt von den Indianern das Urtheil, daß sie
wohlgewachsene und witzige, scharfsichtige sanfte Leute sind, und daß sich unter ihnen Spuren der alten patriarchalischen Religion finden.

Gern hätt' er auch in der benachbarten
Stadt Friderica Nutzen gestiftet, allein er
fand, daß die Leute daselbst ihm sehr zuwider
waren, und fast eben so wenig die äusserliche
Gestalt als das innerliche wahre Wesen des
Chri-

Chriſtenthums an ſich hatten. Er that einige Reiſen dahin, und oft ſelbſt mit großer Lebensgefahr, durch die ſumpfigſten Gegenden und dickſten Wälder. Einſt wurde er von ſeinem Wegweiſer irre geführt, und mußte die Nacht hindurch im kälteſten Winter auf dem Felde unter freyen Himmel ſchlafen. Er gewöhnte ſich überhaupt an eine ſehr ſtrenge und enthaltſame Lebensart; und ob er es gleich ſchon ſo weit gebracht hatte, daß er nichts als trocknes Brod aß und Waſſer trank, ob er es gleich beſſer hätte haben können, ſo verſichert er doch, daß er zu keiner Zeit ſo geſund geweſen ſey, als damals. Er fand auch zuletzt den Schlaf auf platter Erde ſo ſüß und erquickend, als auf weichen Daumfeder-Betten.

Merkwürdig iſt das Urtheil, das er von den Schriften des berüchtigten Nic. Machiavell fällte, welche er um dieſe Zeit mit geſpaunter Aufmerkſamkeit durchlas. Er war mehr mit einen günſtigen Urtheil für das Buch eingenommen, als er es in die Hände nahm, weil man ihm geſagt hatte, daß der Verfaſſer oft mißverſtanden, oft übel erklärt worden ſey. ”Ich erwog, ſpricht er, jeden ungewöhnlichen Satz, ſchrieb die Stellen ab, worinn ſeine ihm eigenen Meinungen enthalten waren, verglich eine Stelle mit der andern, und gab mir Mühe, ein kaltblütiges unpartheyiſches Urtheil für mich ſelbſt darüber zu fällen,

und

und dieses ist: Daß, wenn alle anderen Lehren der Teufel, die in Schriften aufgezeichnet
sind, seitdem Schrift und Druckerey in der
Welt ist, in ein Buch verfaßt würden, sie
doch lange diesem nicht gleich kommen könnten, und daß, wenn ein Fürst sich darnach
bilden und die Regeln befolgen wollte, die
solche Verstellung, Hochverrath, Lügen, Raub,
Unterdrückung, Ehebruch, Hurerey und Mord
aller Art unter einem guten Schein empfehlen,
Domitian oder Nero ein Engel des Lichts gegen einen solchen Mann seyn würde.”

Man machte ihm Anträge, ordentlicher
Prediger in der Savannah zu werden, allein
er versprach niemals gewiß, die Stelle zu haben, ob er gleich alle Geschäfte des Amts verrichtete. Er predigte nicht nur Englisch; er
lernte auch französisch, um den Hugonotten;
italiänisch, um einigen Waldensern; ja sogar
Spanisch, um einigen Juden das Wort Gottes zu verkündigen, und die in alle diese Sprachen übersetzten Englischen Gebete oder Liturgie der Episcopal-Kirche vorzulesen. Unter
den letztern fand er einige rechtschaffene Na-
thanaels, in welchen kein Falsch war, und
die in ihrem Betragen mehr den Sinn Christi
zeigten, als viele unter denen, welche ihn
Herr nennen. Der Unglaube und Deismus
war unter diesen neuen Anbauern sehr herrschend; aber er suchte beiden entgegenzuarbei-
ten.

ten. Nachdem er aber etwas über ein Jahr
auf diese Art gearbeitet hatte, sehnte er sich
nach England zurück, wozu er noch mehr
durch den Proceß ermuntert wurde, den einer
seiner heftigsten Feinde wider ihn anfieng,
weil er aus wichtigen Ursachen einer Anver-
wandtin das heilige Abendmal in der Kirche
zu reichen sich geweigert hatte.

Diese Reise nach Amerika ist ihm selbst so
nützlich gewesen, als Andern. Er lernte sein
eigenes Herz besser kennen, und wurde durch
den Umgang mit den mährischen Brüdern erst
auf das rechte Erfahrungschristenthum geführt.
Was er selbst über seinen Seelenzustand um
diese Zeit gedacht habe, läßt sich aus dem
Schluße seines ersten Auszugs ersehen, worinnen wir zugleich die Demuth und Kindlich-
keit des Geistes erblicken, die ein vorzüglicher
Zug in seinem Charakter ist, und bey jedem
Christen seyn muß. ”Ich gieng nach Ameri-
”ka, sagt er, Indianer zu bekehren; aber o!
”wer bekehrt mich? Ich habe eine noch sehr
”leichte Religion. Ich kann wohl davon spre-
”chen, und habe Glauben, wenn keine Ge-
”fahr nahe ist. Allein gleichwohl hab’ ich
”noch Furcht, wenn der Tod mir scharf ins
”Gesicht sieht. — Ich gieng nach Georgien,
”zu lehren, hab’ ich aber auch selbst während
”der Zeit gelernt? Freilich das, was ich am
”wenigsten dachte, daß ich Andere bekehren
”wollte,

"wollte, und gleichwol selbst noch nicht be-
"kehrt war. Möchten einige erwachen, die
"noch so träumen, und möchten sie sehen, daß
"sie das sind, was ich bin. Sind sie in der
"Philosophie belesen? Auch ich bins. In
"alten oder neuern Sprachen? Auch ich. Ver-
"stehen sie die Gottesgelahrheit? Auch ich ha-
"be sie viele Jahre studirt. Können sie flie-
"send über geistliche Dinge sprechen? Ich konn-
"te es auch. Gaben sie reichlich Almosen? Ich
"gab alle meine Haabe den Armen. Ich habe
"mehr gearbeitet als sie alle. Sind sie wil-
"lens für ihre Brüder zu leiden? Ich habe
"Freunde, Ehre, Bequemlichkeit, Vaterland,
"alles aufgegeben, ich habe mein Leben der
"Gefahr und der großen Tiefe ausgesetzt, und
"mich an Hitze und Kälte, Arbeit und Härte
"gewöhnt. Aber kann dieß alles mich ange-
"nehm bey Gott machen? kann alles, was
"ich wissen, sagen, geben, thun oder leiden
"kann, mich in den Augen des Allerheiligsten
"rechtfertigen? kann es ein bloß äusserlicher
"Gottesdienst? äusserliche Rechtschaffenheit
"des Wandels? oder die vernünftige Ueber-
"zeugung von den Wahrheiten des Christen-
"thums? Kann alles dieses mir den Charak-
"ter eines heiligen, himmlischen, göttlichen
"Menschen und Christen geben? Keineswe-
"ges. Wenn das Wort Gottes wahr ist, so
"behalten alle jene Vorzüge ihren Werth,
"wenn sie durch den Glauben an Jesum gea-
"delt

"delt werden; aber ohne diesen sind sie nichts
"anders als — Koth. Dieß habe ich denn
"am äussersten Ende der Erde gelernt, daß
"ich ein Baum bin, der ohne ihn keine gute
"Früchte bringen kann, daß ich ein Kind des
"Todes, ein Erbe der Hölle bin; daß alle
"meine gute Werke mich so wenig mit einen
"beleidigten Gott versöhnen können, daß viel-
"mehr jedes von ihnen selbst wieder eine Ge-
"nugthuung nöthig hat, um mich nicht zu
"verdammen; daß ich also in und an mir
"nichts habe, das mich gerecht und selig ma-
"chen könnte, als die Hofnung freyer Gnade
"durch den Glauben an Jesum allein. Elen-
"de Tröster haben mir zwar gesagt, daß ich
"Glauben habe. Ja! wie die Teufel — ei-
"ne gewiße Art des Glaubens, bey dem sie
"zittern, und den Bund der Verheissung sich
"nicht zueignen können. Selbst seine Apo-
"stel hatten in Galiläa, da Er seine Wunder
"that, schon einen Glauben, aber nicht den,
"der die Welt überwindet. Der Glaube,
"den ich mir wünsche, ist das zuversichtliche
"Vertrauen auf Gott, daß mir durch das
"Verdienst Christi meine Sünden vergeben
"sind; der Glaube, den Niemand haben kann,
"als der es weiß, daß er ihn hat; der Glau-
"be, der von der Sünde und Furcht des To-
"des befreyt, alle Zweifel benimmt, Freude,
"Liebe, Hofnung bewirkt; uns Zeugniß giebt,
"daß

"daß wir Gottes Kinder sind; der Glaube,
"den Paulus der ganzen Welt, besonders im
"Briefe an die Römer empfielt, und welcher
"sagt: Ich lebe, aber doch nun nicht ich,
"sondern Christus lebet in mir."

Eben als Wesley an den Küsten Englands
ankam, befand sich Whitefield auf einem
Schiff in den Dünen, nach Georgien abzuse-
geln, und was jener angefangen hatte, setzte
dieser fort. Der gute Same, der damals in
dortigen wilden Gegenden ausgestreuet worden ist, hat nicht unterdrückt werden können,
und bis jezt noch senden die Anhänger des
Wesley ihre Mißionarien in die dortige Welt-
gegend aus, den Heiden, und selbst den Christen, die es, wie jene meist eben so sehr bedürfen, das Evangelium predigen zu lassen.
Zu meiner Zeit ist ein gewisser D. Cooke, ein
rührender frommer Redner, den ich oft habe
predigen hören, nach Antiqua und den andern
Westindischen Inseln abgegangen, um daselbst,
besonders unter den Negers, die lebendige
Erkenntniß Christi auszubreiten, und seine
Berichte von dem Erfolg seiner Bemühungen
sind sehr ermunternd. Die Gesellschaft in London, die sich Brays Associates nennt, hat es
sich zum Zwecke gemacht, Bibeln und gute
Bücher dahin zu schicken, und auch dadurch
ist der Weg immer besser zur Ausbreit n) des
Reichs

Reichs Christi gebahnt worden. Wesley behält immer das Verdienst, daß er unter den Engländern einer der ersten gewesen ist, welcher nicht blos so einen gottseligen Gedanken zur Bekehrung der Heiden gehabt, sondern auch, wie wir gesehen haben, ihn mit Ernst auszuführen gesucht hat.

Sobald er nach England zurückgekommen war, trat er eine Reise nach Deutschland, besonders nach Herrnhuth an, um sich persönlich von den vortreflichen Einrichtungen der Mährischen Brüder zu überzeugen, die er in Amerika so innigst lieb gewonnen hatte. Die Nachrichten, die er von dieser Reise in seinen Tagebüchern giebt, sind merkwürdig. Er gieng meist mit seinen Begleitern zu Fusse, und hatte Empfehlungen von einem Orte zum andern. Da er vor Dresden Abends spät ankam, wurde er nicht eingelassen, und er gieng also biß aufs nächste Dorf und von da nach Leipzig. Hier rühmt er die brüderliche Aufnahme eines gewißen Herrn Arnolds, der sich unter den Wenigen befand, welche nichts lieber kennen und wissen wollen als Jesum Christum den Gekreuzigten. Von da giengen sie nach Halle, wo er den Professor Franke kennen lernte, den er so, wie dem Professor Knappe, viele Lobsprüche macht; und in Jena, wo um diese Zeit Stoltius, Budäus und auch August Spangenberg sich um Erziehung

IIter Thl.　　　　B　　　　und

und Schulen verdient zu machen anfiengen,
hielt er sich eine geraume Zeit auf, um sich
von ihren Gesinnungen und Einrichtungen unterrichten zu lassen. Er trat hierauf seine
Rückreise über Frankfurt, Mainz, Cölln, und
Rotterdam nach seinem geliebten Vaterlande
an, in welchem er auch glücklich anlangte.
Die Bemerkungen, die er hier und da, besonders über einen Anschlag an einer Kirche in
Cölln, machte, wo Pabst Clemens XII jedem
Priester, der an gewissen Tagen und Orten
Messe lesen würde, eine Seele aus dem Feg-
feuer zu erlösen verspricht, übergehen wir,
weil seit dieser Zeit sich die Umstände auch in
dieser Absicht geändert haben, und kein ver-
nünftiger Catholik dergleichen Dinge mehr bil-
ligt. Bey der Besuchung der Synagoge der
Juden in Rotterdam empfand er tiefe Beküm-
merniß in seiner Seele über den Verfall eines
ehemals so hochbegnabigten Volks, und bat
herzlich um' ihre Erleuchtung.

———

III.

III.

Seine Bemühungen zur Ausbreitung des Reichs Jesu in England.

England ist seit der Zeit, da er zu lehren auftrat, der wichtigste Schauplatz gewesen, auf welchem er sich bis in sein hohes Alter immer auf ein und ebenderselben Seite gezeigt hat. Es ist eine traurige Bemerkung, die man jezt häufig machen kann, daß berühmte Schriftsteller und Männer in höhern Jahren ausarten, und ihren beßern Grundsätzen, die sie in der Jugend hatten, untreu werden. Das ist nicht der Fall mit Wesley; er ist sich biß jezt stets gleich geblieben, und wie er als Jüngling gesinnt war, so ist er es noch als Greis. Es scheint, als wenn er schon auf der Universität den Plan zu seinem ganzen künftigen Leben gelegt hätte, denn er wollte kein bestimmtes Amt annehmen, oder vielmehr die Ahndung, daß er ohne Amt mehr Nutzen stiften könnte, als in einem Amte, hielt ihn zurück, die Anträge seines Vaters anzunehmen, welcher ihm seine eigene Stelle anbot. Der Brief, welchen er als Antwort in dieser Absicht an seinen Vater von Oxford aus schon im Jahre 1734. schrieb, ist merkwürdig, und schließt uns sein ganzes Herz auf. Ich theile ihn deswegen hier mit:

Theurer

Theurer Vater,

Das Ansehen eines Vaters und der Ruf der Vorsehung sind so heilige Dinge, daß ein Auftrag, worinn beides intereßirt ist, die ernsthafteste Ueberlegung verdient. Ich bin Ihnen für die Mühe verbunden, die Sie sich gegeben haben, mir die Sache im deutlichsten Lichte darzustellen; und ich will sie jezt mit aller der Aufmerksamkeit überdenken, deren ich fähig bin. Sie werden gewiß mit mir die Leitung deßen anrufen, welcher Niemand, der auf ihn traut, statt des Lebens den Tod finden läßt.

Ich stimme völlig mit Ihnen überein, daß die Ehre Gottes und die verschiedenen Wege sie zu befördern, uns einzig und allein in der Wahl unserer Lebensart bestimmen müssen. Folglich ist jezt die Frage bey mir: Ob ich das Universitätsleben fortsetzen, oder der Prediger eines Kirchspiels werden soll? Die Ehre Gottes muß hier nicht nur mein vorzüglicher sondern mein einziger Endzweck seyn. Was darauf nicht abzielt, hat schlechterdings kein Gewicht bey mir, und muß es nicht haben: Es verschwindet wie ein Staub beym Uebergewicht der Waagschaale. Und in der That, ehe ich noch nicht alle andere Nebenabsichten bey Seite legte, konnte ich nicht zum völligen Entschluß kommen. So lange mein
Auge

Auge nicht einfältig war, war meine ganze
Seele dunkel. Allein, sobald die Ehre Got=
tes alle andere Gründe aufwog, habe ich nun
so wenig Zweifel in Absicht des Weges, den
ich gehen soll, als an den Stralen der Mit=
tagssonne.

Aber diejenige Lebensart zielt am meisten auf
die Ehre Gottes ab, wobey wir am meisten
Heiligkeit in uns selbst und Andern befördern
können. Beides kann nicht von einander ge=
trennt werden. Was aber diesen Zweck auf
einer Seite am meisten befördert, befördert
ihn auch auf der andern. Ist die Lebensart,
die auf Heiligkeit abzweckt, für andere gut,
so ist sie es für uns selbst: ist sie es für uns
selbst, so ist sie es für andere. Indeßen muß
ich allemal bey zwey vorgeschlagenen Lebens=
arten zuerst fragen: Welche ist für meine ei=
gene Seele die beste? welche bringt mich
in Heiligkeit und Seligkeit weiter? oder, wel=
ches einerley ist, in der Denkungsart Christi,
und in der Erneuerung meiner Seele nach
dem Ebenbilde Gottes? Meine jetzige Lage auf
der Universität aber, hat, wie ich glaube, in
dieser Absicht, beträchtliche Vorzüge vor jeder
andern.

Der tägliche Umgang mit meinen frommen
Freunden ist der erste Vortheil. Ich weiß un=
ter dem Himmel keinen andern Platz, wo ich
Freunde von eben der Denkungsart und eben

B 3   den=

denselben Beschäftigungen so nahe haben könnte; Freunde, welche durch Erweckung zu der
völligen Ueberzeugung gebracht sind, daß sie
nur ein großes Werk auf Erden zu vollenden
haben, und das ist, ein reines gutes Herz zu
erhalten; welche deswegen sich Gott geweihet
haben, und um ihres Herrn willen gern ihr
Kreutz auf sich nehmen wollen. Auch nur wenige Freunde dieser Art zu haben, die stets
über meine Seele wachen, und nach befun-
denen Umständen mit aller Liebe mir Rath mit-
theilen oder mich zurechtweisen, ist eine Wohlthat, die ich im ganzen Königreiche nirgends
besser finde. Eingezogenheit und Stille ist
ein anderer Vorzug. Ich habe so viel oder
so wenig Gesellschaft, als mir gefällt. Zeit-
verderbende Besucher habe ich gar nicht. Niemand nähert sich mir, als wenn ich es ver-
lange, oder wenn er Geschäfte mit mir hat.
Und selbst alsdenn, sobald die Geschäfte, weswegen er kommt, kurz und gut abgemacht
sind, geht er wieder weg. Beide Vortheile
werden mir desto wichtiger, wenn ich das Lee-
re und Unangenehme bedenke, das mit meiner Entfernung von der Universität, nur auf
eine Woche, verbunden ist. Auch der Umgang
mit beßern Menschen in der Welt läuft endlich
auf Dinge hinaus, die nicht mit meinem Vor-
satz, nicht mit meinem Lebenszweck vereinbar
sind. Ich danke Gott, daß ich gewissermassen
ge-

gelernt habe, die Gesellschaft sogenannter gut-
artiger Leute zu vermeiden, die zwar eine Liebe zur Religion, aber kein Gefühl davon haben. Sie unterminiren allmählig jeden ern-
stern Entschluß, und rauben mir den wenigen
Eifer, den ich habe. Ich komme niemals
aus der Gesellschaft dieser weltlichen Heiligen,
wie sie John Valdeßo nennt, ohne zerstreut,
ohnmächtiger und nachläßiger in meinem Haupt-
zwecke zu werden, und meine Bitte ist alsdenn, daß mich Gott von solchen Halb‑Chri-
sten erretten wolle. Endlich ist die Freiheit
von weltlichen Sorgen auch einer der beträcht-
lichsten Vortheile meines jetzigen Universitäts-
lebens. Ich höre oft von Nahrungssorgen,
aber ich fühle sie nicht. Ich habe gerade soviel als ich brauche, und das ist — täglich
Brod. Ich kann meinen Gott also ohne Zer-
streuung dienen, und ich weiß, wie viel dieses zur Heiterkeit des Geistes und des Körpers
beiträgt.

Alle diese Vortheile fleißig und dankbar zu
gebrauchen, habe ich hier viele Ermunterungen, die mir in der Lage fehlen, welche Sie
mir anpreißen, und die mit Schwierigkeiten
verknüpft ist, welche vielleicht selbst ein Stär-
kerer, als ich, schwerlich davon trennen kann.
Was andere indeßen können und wollen, kann
und will ich nicht. Ich würde keinen Monath
wider die Reizungen zur Unmäßigkeit im Schlaf

und

und Eßen, zur Unordnung im Studieren, zur
Laulichkeit in meinen Neigungen und Handlungen, und zu jener Weichlichkeit aushalten,
welche dem Charakter eines guten Streiters
Jesu Christi so sehr widerspricht. Wär erst
mein Geist auf diese Art nachläßig gemacht, so
würde ich ein Raub jeder Versuchung werden.
Die Sorgen der Welt und das Streben nach
irdischen Dingen, würde wie eine Fluth wieder über mich hereinbrechen, und es würde
kein Wunder seyn, wenn ich, indem ich andern predigte, selbst verwerflich würde. Es
kommt bey meinem jetzigen Entschluß nicht
bloß auf die Stufen, sondern selbst auf das
Wesen der Frömmigkeit an. Und wenn ich
einmal ein Amt annehme, so ists auf immer
geschehen. Vestigia nulla retorsum. Jezt
kann ich meine Lage nach Freiheit ändern,
wenn sie mir nicht mehr gefällt. Aber wenn
ich einmal wider meine Ueberzeugung mich jezt
einer bestimmten Stelle unterziehe, so kann
ich eben so wenig, als aus dem Grabe, wieder zurück treten, und ich begebe mich auf eine stürmische See, ohne zum Hafen zurück-
kehren zu können.

Ich gebe es zu, daß wir nicht allein auf
uns selbst, sondern auch auf andere sehen
müssen, daß Gott uns zu einem gesellschaftlichen Leben erschuf, wozu bey Gelehrten die
Universität bloß Vorbereitung ist; ich leugne
nicht,

nicht, daß jeder Mensch das Talent, das ihm
Gott gab, und wovon er Rechenschaft fodern
wird, nach seinem Willen gebrauchen muß;
ich gestehe, daß jeder Nachfolger Christi, an
seinem Theile, das Licht der Welt seyn müße,
und eben so wenig verborgen bleiben könne,
als die Sonne mitten am Himmel, ja daß er
dann mit größerm Glanz scheine, je dunkler
der Ort ist, an welchem er leuchtet, und daß
es nur einen Weg gebe, das Licht zu verber-
gen, und der ist, es auszulöschen. Wenn
ich nicht wider die Wahrheit streiten will, so
muß ich auch zugestehen, daß kein verächtli-
cheres Geschöpf auf Gottes Erdboden ist, als
der Mensch, der, wie die Drone unter den
Bienen, sein Leben im Müßiggange zubringt,
ohne etwas zur Ehre Gottes oder zum Besten
der Menschen zu thun, und daß der ein Nie-
derträchtiger ist, der zehn Talente empfangen
hat, und kein einziges anwendet, der undank-
bar und meyneidig gegen Gott und die Gesellschaft wird, und Belohnungen für Unthätig-
keit und Müßiggang erwartet. Wenn dieses
aber gleich von vielen Gelehrten gilt, so kann
es doch vom Universitätsleben überhaupt nicht
gesagt werden. Der Mißbrauch deßelben
hebt seinen rechten Gebrauch nicht auf. Sind
gleich viele hier, die blos Ballast der Schöpfung heißen können, so giebt es doch auch
andere, die in dieser Lage der Welt größere

Dienste

Dienste leisten, als in jeder andern. Für
mich wenigstens ist hier eine reiche Erndte.
Hier ist Gelegenheit zur Ausübung der Menschenliebe in allen ihren verschiedenen Aus-
flüßen. Hier sind arme Familien zu unterstützen; vernachläßigte Kinder zu erziehen;
Gefängnisse und Armenhäuser zu besuchen, in
welchem das menschliche Elend in allen seinen
Verwickelungen sichtbar und zu mildern ist;
hier sind endlich die Schulen der Propheten.
Wer einen Einzigen gewinnt, thut der Welt
mehr Dienste, als er ihn sein ganzes Leben
hindurch in einem Kirchspiel leisten könnte.
Denn in diesem Einzigen sind alle die begriffen, welche durch ihn zu Gott bekehrt werden.
Er ist nicht ein bloßer Thautropfen; er wird
ein Strom für die Stadt Gottes. —

Sie sagen mir, daß die Liebe von zweitau-
send Seelen zu Exworth gegen mich, die mich
gerne zu ihrem Prediger haben wollen, alle Be-
denklichkeiten aufwägen müße. Allein, wie lange wird diese Liebe dauern? Nur so lange, biß
ich ihnen sage, daß ihre Thaten übel sind, und
biß ich jenes: Du bist der Mann des Todes! auf
jeden einzeln anwende. Weiß ich nicht, welche
Liebe sie Anfangs zu Ihnen bezeigten? Und
wie haben viele Sie hernach behandelt? Wie
man jedem begegnet, dessen Geschäft es ist,
Licht unter die zu bringen, welche die Finsterniß

niß lieben. Ich genieße jezt schon das Glück, um der Wahrheit und des Evangelii willen verachtet und gehaßet zu werden. Das ist es aber eben, was Sie mir ferner einwenden, theurer Vater? Was hast du, fragen Sie mich, in vierzehn Jahren auf der Universität ausgerichtet? Sind nicht deine Unternehmungen fruchtlos gewesen? haben sie nicht Verachtung über dich gebracht, welche jeden künftigen Erfolg deines Eifers in Orford unwahrscheinlich macht? Giebt es nicht geschicktere und beßere Leute an diesem Orte, die wegen des Rufs, den sie für sich haben, den großen Zweck der Verherrlichung Gottes daselbst beßer erreichen können? Ich weiß, was ich hierauf antworte. Daß Jemand, welcher verachtet wird, nichts Gutes thun, und ohne sogenannte Reputation nicht nützlich seyn könne, ist der Schlupfwinkel des ungläubigen, des ruhmsüchtigen, des feigherzigen Christen. Ich will doch sehen, ob dieses stolze Vorurtheil sich immer gegen das Evangelium Christi erheben könne.

Mein erster Grundsatz, mit welchem ich mich gegen Verachtung, Haß, Neid, Afterreden, Verfolgung und die Weisheit der Welt wafne, ist: Jeder wahre Christ, wo er auch lebt, wird von denen verachtet, die nicht so sind, und die da wissen, daß er so ist; und das gilt im Grunde von allen, mit denen er

umgeht,

umgeht, so lange es unmöglich für ein Licht ist, nicht zu scheinen. Dieses beweise ich sowohl aus dem Beispiel, als auch aus den Aussprüchen unsers Herrn. War er verachtet; so muß es sich auch sein Nachfolger gefallen lassen. Denn der Schüler ist nicht über seinen Meister, der Diener nicht über seinen Herrn. Er hat es auch ausdrücklich gesagt: Haben sie mich verfolgt, so werden sie euch auch verfolgen. Niemand hege die eitle Hofnung, daß dies nicht ihm, sondern nur den ersten Nachfolgern Christi gesagt sey. Denn er setzt hinzu: Ihr seyd nicht von der Welt, darum hasset euch die Welt. Hier werden sowohl die Personen, welche gehaßt werden, als auch, die, welche hassen, und die Ursache, warum sie jene hassen, angezeigt. Die Gehaßten sind alle, welche nicht von der Welt sind, sondern Gott kennen und lieben. Die Hasser sind alle, welche von der Welt sind. Die Ursache des Hasses ist der Unterschied zwischen beider Absichten, Urtheilen und Neigungen. Jene kennen Gott nicht, und diese wollen nichts weiter kennen und erlangen, als Ihn. Jene lieben und schätzen die Welt, und diese achten alles für nichts, um Christum zu gewinnen.

Mein nächster Satz ist: Ehe ein Mensch nicht auf diese Art gehaßt wird, ist er nicht in einem Stande der Bekehrung und auf dem

dem Wege zur Seligkeit. Es folgt aus dem erstern. Denn wenn die, welche nicht von der Welt sind, von denen, die es sind, gehaßt werden, so folgt, daß ein Mensch noch von der Welt, noch unbekehrt und irdischgesinnt ist, so lange er nicht gehasset wird. Die, welche Gott und Welt so gern vereinigen möchten, werden es schwer finden, dieser Folge auszuweichen, es müßte denn seyn, daß sie behaupteten, man könne von der Welt, irdischgesinnt und lasterhaft seyn, und doch selig werden. Ich muß also, mit oder ohne ihre Zustimmung bey den Worten meines Erlösers bleiben, und glauben, daß Verachtung ein Theil des Kreuzes ist, das ihm jeder seiner Nachfolger nachtragen muß; daß es das Kennzeichen, der Stempel, das Siegel seines Berufs und seines Bekenntnisses ist, so, daß zwar ein Mensch verachtet seyn kann, ohne selig zu werden, aber nicht selig werden kann, ohne verachtet zu seyn.

Ich würde über diese große Wahrheit keine Sylbe sagen, wenn es nicht schien, als wenn sie jetzt ganz aus der Welt und Christenheit verbannt wäre. Die Meister in Israel, Leute von Gelehrsamkeit und Ruf scheinen sie ganz vergessen zu haben, und beschuldigen wohl gar die, welche dieser Worte ihres höchsten Lehrers eingedenk sind, als wenn sie eine neue Lehre verkündigten. Allein, die, welche

Gott

Gott mehr als Menschen gehorchen, müssen
noch einen auffallendern Grundsatz behaupten,
nämlich: Daß, um Gutes in der Welt zu
thun, man nothwendig verachtet seyn müsse.
Zwölf verachtete Apostel ihres verachteten
Meisters, thaten mehr Gutes in der Welt,
als alle zwölf Stämme Israels. Selig seyd
ihr, sagt unser Herr, wenn die Menschen euch
um meines Namens willen verfolgen, und
alles Uebel von euch sprechen. Freuet euch,
denn eure Belohnung wird groß seyn im
Himmel.

Dieses sind meine Ursachen, warum ich
ohne Amt bleiben will. Ihre Arbeit, mein
Vater! an den Seelen, die Ihrer Sorge anvertraut sind, wird nicht vergeblich seyn. Sie
werden denen, die Ihnen Gott gegeben hat,
Lebenssatt und mit Ruhm in die Ewigkeit
nachfolgen. Und der, welcher für diese armen Schaafe sorgte, ehe Sie gebohren waren, wird sie nicht vergessen, wenn Sie todt
sind. Ich bin ꝛc. ꝛc.

————————

Dieser Brief kann manchen jungen Theologen auf der Universität in mehr als einer
Absicht nützlich seyn, und ich überlasse jeden
selbst, Schlüsse daraus für sein Studieren und
seine Endzwecke zu folgern. Ich rückte ihn
deshalb der Länge nach ein, weil er uns die
ver-

verborgene Hand erblicken läßt, die Menschenherzen wie Wasserbäche leitet, und die
unsern Wesley auf ganz andern Wegen führen
wollte, als wozu wir selbst geneigt sind. Die
Erfahrung hat hernach bestätigt, daß er unendlich mehr Gutes ohne ein Amt, als in
demselben gestiftet hat. Man warf ihm freilich hernach vor, warum, wenn er einmal eine solche Vorliebe für das Universitätsleben
gehabt, er kein bestimmtes Amt in Oxford angenommen habe? Er antwortete, daß ihm keines angetragen worden sey. Warf man ihm vor,
daß er seinen Grundsätzen nicht treu blieb, seinen Charakter nicht behauptete, selbst nicht
wisse, was er sey und seyn wolle; so antwortete er: Ich bin kein Christ, ich suche es
aber zu werden. Sagten sie ihm, daß er
durch seine Werke und Selbstverleugnung den
Charakter eines Christen behaupte, daß er
nicht so predigen könne, wenn er kein Christ
wäre; so war seine Antwort, daß jemand alle
seine Haabe den Armen geben, ein Märtyrer
seyn, und doch Gott nicht von ganzem Herzen
lieben könne, und daß er ohne diese Liebe
nichts sey, wenn er auch mit Menschen- und
Engel - Zungen rede. Er rufte oft seinen
Nachfolgern zu: Laßt euch nicht wankend machen, wenn ich auch falle, denn der Grund,
worauf ihr stehet, ist fest und unbeweglich.
Wendete man ihm ein, daß er in das Amt an-

derer

derer Prediger griff, wenn er für Seelen sorgen wollte, die seiner Aufsicht nicht anvertraut wären; so sagte er ihnen, daß es nach
der Schrift, die er allein zur Richtschnur seines Glaubens und Lebens machte, die Pflicht
jedes Christen sey, die Unwissenden zu unterrichten, die Lasterhaften zu bessern, die Tugendhaften zu befestigen. Soll ich das, sagte
er, in keinem Kirchspiel thun, so kann ich es
in allen thun. Die ganze Welt ist mein Kirchspiel. Er stützte sich überdieß auf die Ordination, die er empfangen hatte; und als einst
in Bath ein gewisser Nasch in seine Versammlung trat, und ihn fragte, unter welchem Ansehen er solche Conventikel hielt? so antwortete er: Unter dem Ansehen und auf Befehl
Jesu Christi, der mir unter dem Händaufle-
gen des Erzbischoffs von Canterbury mit den
Worten ertheilt wurde: "Empfang das Recht
und den Auftrag, das Evangelium zu predigen." Und das that er, hinter Hecken und
Zäunen; auf Bergen, in Feldern, in Stras-
sen, und wo man ihn nur hören wollte.

Die Wirkungen seiner Predigten waren
ausserordentlich. Kaum kann man es glauben, was er selbst davon schreibt und erzählt,
wenn nicht noch Augenzeugen davon lebten.
Und noch niemals hat es ihm Jemand gesagt,
daß das erdichtet und falsch sey, was er davon erzählt. Fast sollte man glauben, daß
der

der Geist, welcher zu Zeiten der Apostel wirkte, in dieser Epoche in England wieder aufgelebt sey. Verfolger, Spötter dieser neuen Sekte wurden, wie einst Saul, selbst im Begriff sie zu spotten, auf der Stelle zu Boden geschlagen und bekehrt. Unter den Tausenden, welche ihn zu hörten, entweder in Kirchen und Privathäusern, oder auf offenen Feldern ihm zuströmten, entstund eine Erweckung, dergleichen man seit den Zeiten der Apostel nicht gehört hat. Ernst saß auf allen Gesichtern; viele sprachen die Empfindungen ihrer Seele durch Thränen; viele riefen ganz laut aus: Was muß ich thun, daß ich selig werde? und die mehresten fielen unter der Heftigkeit des Schmerzes auf die Erde nieder, und schienen ihrer Sinne beraubt zu seyn. So bald Wesley oder seine Freunde mit solchen traurigen und geplagten Menschen beteten, ward es besser mit ihnen; und die, welche kurz zuvor über den Abgründen der Hölle gezittert hatten, schwebten nicht lange nachher mit Jauchzen in den Höhen des Himmels. Man fand Menschen, welche in einer Stunde sich als Sünder fühlten, und in die bangste Empfindung ihrer Verdammnis versunken, und alsdenn auch eben so lebhaft von der Vergebung ihrer Sünden überzeugt wurden, und den Vorschmack der Seligkeit empfanden. Die Bekehrung der meisten geschah plötzlich und in

IIter Thl.   C   einem

einem Augenblik. Aber bey allen solchen
plötzlichen Erschütterungen finde ich immer nur
ein starkes Gefühl als das Kennzeichen eines
göttlichen Einflusses angegeben. Folgende
zwey Briefe mögen die Stelle jeder andern
Erzählung dieser Art vertreten. Sie waren
beide an Wesley geschrieben, und er hat sie.
in seine Tagebücher einrücken lassen.

Der erste Brief.

Mein theurer Freund, den ich in der Wahrheit liebe.

Ich kenne die Stimme meines Erlösers,
und mein Herz brennt vor Verlangen, ihm
in der Wiedergeburt nachzufolgen. Ich bin
dem Fleische und mir selbst abgestorben und
liebe nur Ihn. Mein Geist freuet sich diesen
Augenblik Gottes meines Heilandes, und die
Liebe, die durch den heil. Geist in mein Herz
ausgegossen ist, zerstört in mir alle Selbstliebe, so daß ich recht gern mein Leben für
meine Brüder lassen wollte. Ich weiß, daß
mein Erlöser lebt, und habe das Zutrauen zu
Gott, daß mir um seines Blutes willen meine
Sünden vergeben sind. Er hat mich nach seinem Willen wiedergebohren, und befreyt mich
von der Sünde, daß sie keine Gewalt über
mich hat. Sein Geist versichert meinen Geist,
daß ich aus Gnaden von ihm an Kindes Statt
angenommen worden bin. Und das ist nicht
um

um der guten Werke willen, die ich gethan
habe. Denn ich bin sein Werk, geschaffen in
Christo Jesu zu guten Werken. Aller Selbst-
ruhm ist hier ausgeschlossen. Es ist nun achtzehn Jahre, seitdem Jesus Besitz von meinem
Herzen nahm. Er eröfnete mir damals die
Augen und sprach zu mir: Sey getrost, dir
sind deine Sünden vergeben. Erlauben Sie
mir, theurer Freund, Ihnen zu erzählen, wie
ich wiedergebohren wurde. Es war augen-
bliklich. Mein ganzes Herz wurde mit einer
göttlichen Kraft erfüllt, die alle meine Seelenkräfte nach Christo hinzog, welches drey Tage
und Nächte dauerte. Es war wie im starken
Wind, der über die Seele kam, und mich von
dem Augenblik an, zum Ueberwinder der Ver-
derbnisse und Begierden machte, deren Sclave
ich vorher gewesen war. Seit der Zeit ist
stets meine Seele nur auf Ihn gerichtet gewesen. Ich weiß, ich lebe in Christo, und Christus lebt in mir. Ich bin Fleisch von seinem
Fleisch. Daß Sie und alle, welche auf seine
Erscheinung warten, seine Tröstungen empfinden mögen, ist das ernstliche Gebet

Ihres
herzlichliebenden Bruders in Christo. W. F.

Der

Der zweyte Brief.

Theurer und Geehrter Vater in Christo,

Im zwanzigsten Jahre meines Alters öfnete mir Gott die Augen, zu sehen, daß ich
nicht wie ein Kind Gottes lebte. Ich fand,
daß meine Sünden groß waren, ob ich gleich
für eine gute Person gehalten wurde. Indessen glaubte ich, daß, wenn ich mich besserte,
und ein gutes Leben führte, Gott mich annehmen würde. So lebte ich ein halbes Jahr
und hatte bisweilen große Freude. Allein
letzten Winter fieng ich an, einzusehen, daß,
was ich auch thät, nichts sey. Selbst meine
Thränen waren Sünde, und der Feind der
Seelen legte mir so viel Anklagen vor, daß
ich bisweilen am Himmel zweifelte. Ich blieb
in Zweifel und Furcht, bis ich aus der Stadt
gieng. Hier war ich bisweilen wie entzückt
über der Betrachtung der schönen und großen
Werke Gottes; allein drey Wochen darauf
wurde ich aufs neue angegriffen. Gott bot
mir zwar einen Heiland an, aber meine
Selbstgerechtigkeit verhinderte mich, ihn zu ergreifen. Am Pfingsten empfieng ich das heil.
Abendmahl, aber mein Herz war wie ein
Stein. Zwar sah ich meinen gekreuzigten
Mittler, ich empfand einigen Trost; aber noch
war ich zu zaghaft und ungläubig, ihn mir
ganz zuzueignen. Ich sank wieder in den alten

ten Stand der Verdammnis zurück, und der Trost verlöschte, wie ein Licht, das keine Nahrung hat. Doch war ich nicht ohne Hofnung, denn seit dieser Zeit zweifelte ich schon nicht mehr so sehr daran, daß ich selig werden könnte, ob mir gleich Tod und Gericht noch Schrecken machte. Noch wollte ich nicht alle meine Sünden auf Christum legen; noch wollte ich ihn nicht meinen Heiland nennen. Das wußte ich, daß Christus für mich gestorben sey, aber die rechte Zueigung auf mein Herz hatte ich noch nicht lebhaft gefühlt.

Einst aber am Abend im Garten sah ich den, der die Ungöttlichen gerecht macht. Ich sagte es ihm kühn, daß er für mich gestorben sey. Ich hielt ihm seine Verheissung vor, daß er den Mühseligen und Beladenen Erquickung schenken wolle. Mein Glaube sahe ihn, wie er für mich vor den Richter stund. Ich erblikte in seiner Seite die Quelle, die meinen Durst nach ewigen Gütern stillen kann. Ich wurde so gewiß in diesem Augenbik, daß wenn auch alle Sünden der ganzen Welt auf mir gelegen hätten, ein Tropfen Blut meines Erlösers sie alle hätte versöhnen können. Er ist der Heiland der Sünder, und auf ihn verlasse ich mich. So lang ich auf diesem Felsen ruhe, bin ich gegen alle Mächte der Hölle sicher. Durch ihn habe ich im Glauben Friede mit Gott. Der Sohn Gottes und der Geist

C 3

Christi wohnt in meinem Herzen, und was
soll mich nun von ihm scheiden? — — —

Wie meine Mutter mich mit Schmerzen
gebahr: so gieng es bey dieser göttlichen
Wiedergeburt auch nicht ohne heftige Empfindung ab. Allein ich empfieng auch bald hernach das Unterpfand des Geistes und die Ver-
siegelung. Mächtige und glückliche Veränderung! Vorher sah ich nur Teufel um mich, die
mich zur Hölle reißen wollten; aber jezt Engel, die bereit stehen, mich zu meinem ver-
söhnten Vater in Himmel zu führen. Allein
ich kann es nicht ausdrücken, was Gott für
meine Seele gethan hat. Das wird noch
mein ewiges Geschäft seyn, wenn ich erst diese sterbliche Hütte abgelegt habe, wenn ich
mit der auserwählten Menge dem Lamme sin-
ge! O wie mächtig sind die Wirkungen Gottes auf eine wiedergeborne Seele! Mein Körper erlag beinah unter dem Gefühl meiner
Seele. Ich seufzte — ich liebte — ich
weinte — ich zitterte — ich sang — ich
war entzückt. Vorher war ich bereit, den
Bergen zu rufen, über mich hereinzustürzen:
Und jezt sehnte ich mich nach der Zukunft Jesu. Ich sprach mit gläubiger Kühnheit dem
Tode, dem Grabe, der alten Schlange Hohn!
Meine Augen wurden Quellen von Thränen.
Ich zerfloß in Liebe. Mein Freund ist mein,
und ich bin sein. Er ist mein Alles. Er hat
mir

mir mein Herz entrißen. Er ist der liebens-
würdigste unter den Menschenkindern. O
wie Jesus die Seele füllt, erweitert, und
veredelt! ——

———

Was auch immer für Urtheile über die
Beßerungsmethode gefällt worden sind, welche Wesley und Whitefield getrieben haben;
was für Mißbräuche auch immer eingeschlichen
seyn mögen, und so sehr sich immer manches,
was damals vorgefallen ist, aus natürlichen
Ursachen erklären läßt: So ist doch soviel gewiß,
daß durch diese beiden Männer eine große allgemeine Erweckung in der Englischen Nation,
besonders in der gemeinen Volksklaße bewirkt
wurde. Die Lehre des Wesley war ganz kurz
diese: Wir Menschen sind Sünder, des Todes,
der Verdammniß würdig. Gott aber hat sich
unserer erbarmt, und uns seinen Sohn zu einem Heiland geschenkt. Beides müßen wir
erkennen und fühlen. Diese Erkenntniß, dieses Gefühl unsers Elendes und der Rettung
durch Jesum ist Glaube; und der reinigt das
Herz, und ermuntert zum Guten. Die Religion besteht also nicht bloß in äußerlicher
Ehrbarkeit und Moralität. Alle unsere Tugenden gelten nichts vor Gott, sind nicht die
Ursachen, oder die Bedingung unserer Seligkeit. Nur der Glaube an Jesum allein recht-
fertigt uns vor Gott ohne eigenes Verdienst

und

und Würdigkeit. Aber dieser Glaube ist das
Leben Gottes in der Seele des Menschen, und
giebt Kraft zu allem Guten. Seine liebsten
Texte, die er deswegen immer wählte, waren
gewöhnlich jene Kernsprüche der Schrift: Thut
Busse und glaubet an das Evangelium —
Was soll ich thun, daß ich selig werde? —
Glaube an den Herrn Jesum, so wirst du selig
werden — Christus ist uns gemacht von Gott
zur Weisheit, Gerechtigkeit, Heiligung und
Erlösung — Es sey denn, daß Jemand von
neuem geboren werde, sonst kann er nicht ins
Reich Gottes kommen — u. s. w. Er hielt
sich immer an die deutlichsten bestimmtesten
Ausdrücke der Schrift, die zum Glück der Christenheit gerade da, wo es auf die Seligkeit
ankommt, die wenigsten Varianten hat. ——
Wesley ist, was das äusserliche betrifft, kein
großer Redner, in dem Verstande, wie ihn
die Schule groß nennen würde. Er hat nicht
die stärkste Stimme, und spricht ohne alle Ge-
sticulation. Aber das Gewicht und der Nachdruck liegt in seinen Gründen und in der Herzlichkeit, mit welcher er jeden Zuhörer in sein
Interesse einflechten kann. Kein Wunder also, daß er Tausenden, die ihn oft unter freyem
Himmel hörten, und die in London bisweilen
sich auf zwanzig Tausend beliefen — besonders unter solchen neuen Umständen und Auftritten, das Evangelium von Jesu so wichtig
und

und unentbehrlich machte. Es scheint aber
wirklich, als wenn Gott seiner Lehre durch besondere Zeichen hätte das Siegel der Wahrheit aufdrücken wollen. Denn seit den Zeiten der Apostel sind außer der Reformation solche große Bewegungen nicht erhört worden.

Im Jahre 1738. that er die erste Reise
nach dem Fürstenthum Wallis, und selbst im
kalten Wetter versammleten sich die guten
Leute zu tausenden um ihn, wenn er in einem
Thal, oder auf einem Berge, oder auch mitten auf einer Strasse in einer Stadt, sie zu den
Seligkeiten des Himmels einlud. Er ist auch
in Irland gewesen, ob er gleich wußte, daß
man ihm daselbst den Tod geschworen hatte.
Biß an die Gränzen von Schottland hat er
seine fromme Thätigkeit verbreitet; und im
ganzen Königreiche England sind nun Kapellen errichtet, wovon er als das Haupt anzusehen ist. Er reiset deswegen oft herum,
und hält seine Gemeinden in guter Ordnung.
Hier und da sind auch Schulen von ihm angelegt worden, und er ist in aller Betrachtung
ein wahrer Wohlthäter seines Vaterlandes.

Bisweilen besuchte er auch seinen ehemaligen Wohnplatz in Oxford wieder, allein er
fand zu seinem Leidwesen, daß das zu seiner
Zeit angezündete Licht daselbst allmählig zu
verlöschen anfieng. Er hatte einmal daselbst
eine Unterredung mit einem ernsthaften und

C 5   gelehr-

gelehrten Manne, der wider die Bekehrungs-
methode des Wesley folgenden Satz behauptete: "Es gäb auf der Erde weder unheilige,
noch heilige Menschen; alle wären sich gleich,
weil sich zwischen ihnen kein innerlicher Unterschied fänd."

Wesley wunderte sich von einem Manne
von Gelehrsamkeit und Verstand eine solche
Behauptung zu hören, und ließ sich die Gründe und Ursachen erklären. Ich habe, sagte
jener, diejenigen Menschen, welche die Welt
gut nennt, genau beobachtet, und gefunden,
daß der Unterschied bloß äusserlich ist. Ihre
Gemüthsarten, ihre Neigungen und Wünsche,
die Triebfedern ihrer Handlungen waren sich
völlig gleich. Obgleich der Eine ein Dieb,
ein Flucher, ein Trunkenbold ist, und der Andere nicht; obgleich diese Frauensperson lügt,
unzüchtig ist und den Sonntag entheiligt, welches jene nicht thut; so wirkt in ihnen beiden
doch als Grundtrieb die Liebe zum Vergnügen,
und der Hang zu Ehrgeitz und weltlichen Dingen. Die Selbstliebe bleibt in beiden das erste Triebrad ihrer Handlungen, ob es gleich
auf verschiedenen Wegen wirkt. Die Liebe
zu Gott ist die Richtschnur weder bey der einen
noch andern Person. Sind also jene sogenannte gute Menschen, bey welchen irdische
Absichten zum Grunde liegen, für tugendhaft
und fromm zu achten, so giebt es keinen un-

hei-

heiligen Menschen auf der Erde; denn Diebe und Huren haben gerade ein solches gutes Herz, als diese Heiligen der Welt. Einige von den letztern sagen zwar: Wir haben Glauben, wir verlassen uns auf Christum; allein ein solches Vertrauen auf Christum, der sie in ihren Sünden selig machen soll, findet sich auch unter neun in zehn solchen Räubern und Mördern, von welchen die übrige Welt sagt: Hinweg mit diesen!

Wesley widerlegte seinen Gegner damit, daß, so wenig eine Mißgeburt einen vollkommenen Menschen ausmache, eben so wenig könne der Heuchler, der Pharisäer, der Scheinchrist ein wahrer Bekehrter genennt werden; daß diese übelgeordnete Selbstliebe des Menschen ihn von der Nothwendigkeit einer gründlichen Herzensbeßerung am stärksten überzeuge, und daß zwar in dem Christen der Mensch nicht untergehe, daß aber die wesentliche Triebe des letztern durch die Eigenschaften, Kräfte und Vorzüge des erstern, verbeßert, veredelt, und auf den rechten Zweck abgerichtet werden müßten.

Im Jahre 1740. besuchte er seine Vaterstadt Erworth, und bat den Prediger des Orts, ihm die Kanzel einzuräumen, auf welcher sein Vater gepredigt hatte. Allein, es wurde abgeschlagen, und die große Anzahl von Zuhörern, welche zusammenfloßen, weil das Ge-

Gerücht sich verbreitet hatte, als würde Wesley predigen, wurden in der Kirche ermahnt sich vor Schwärmerey zu verwahren. Als die Leute aus der Kirche giengen, machte einer seiner Freunde öffentlich bekannt, daß Herr Wesley Abends um sechs (es war Sommer) auf dem Kirchhofe predigen würde, da ihm die Kirche untersagt sey. Die ganze Stadt kam zusammen, und Wesley trat auf den Leichenstein seines Vaters und hielt eine Predigt über die Todtengebeine in Ezechiel welche lebendig wurden, welches er hauptsächlich aufs Geistliche anwendete. Er fand jezt den Nutzen, den die Amtsführung seines rechtschaffenen Vaters gestiftet hatte. Der ausgestreute Saame gieng jezt auf und der Sohn sahe die Früchte dessen, was der Vater gepflanzt hatte. Auf diesem Leichensteine predigte er jeden Abend eine ganze Woche hindurch über verschiedene andere Texte, so lange er sich daselbst aufhielt.

Seine Mutter, welche ihre Wittwenjahre in London verlebte, war eine vernünftige Frau, und eine Tochter des D. Samuel Annesley. Wie ihr vortreflicher Sohn von Exworth nach London zurückkam, fand er sie an den Pforten der Ewigkeit. Sie starb sehr sanft und ruhig in seinen Armen im siebenzigsten Jahre ihres Lebens. Die Umstehenden thaten was sie noch verlangt hatte, kurz, eh
sie

sie die Sprache verlor: "Kinder, sobald ich
erlöset bin, singt Gott ein Loblied!" Ihr Sohn
hielt die Leichenrede über eine Stelle aus der
Offenbarung vor einer der ernsthaftesten so-
lemnesten Versammlungen, und verrichtete
selbst die Gebete bey Einsenkung ihrer sterbli-
chen Ueberbleibsel ins Grab. Sie hatte drey
Söhne und fünf Töchter geboren, und war
eben so, wie ihr Mann, Vater, und Gros-
vater, und hernach ihre beiden Söhne Carl
und Johann Wesley, ein Prediger der Gerechtigkeit gewesen. Welch Glück ist es für
einen Sohn, eine solche Mutter zu haben!
und von einer solchen Familie zu seyn! Irre
ich mich nicht, so war sie, und hernach der
Herrnhutische Bruder, Peter Böhler, das
Werkzeug in der Hand Gottes, unserm Wesley die Empfindungen einzuflößen, welche hernach alle seine Unternehmungen richteten und
beseelten. Da vertraute Privatbriefe, von
denen man, wenn sie geschrieben werden,
nicht glaubt, daß sie je öffentlich bekannt werden können, ein sehr wichtiges Merkmal des
wahren Charakters einer Person sind, so will
ich hier einige Stellen eines Briefes einrücken,
welchen sie an ihren Mann während seiner Abwesenheit schrieb, und welchen Wesley unter
den nachgelassenen Papieren vorfand.

Am

Am 6. Febr. 1711.

"Ich bin eine Frau und Aufseherin einer zahlreichen Familie. Die Sorge für ihre Seelen ist dir zwar anvertraut; allein in deiner Abwesenheit muß ich jede Seele als ein Kleinod betrachten, das mir von dem anvertraut ist, welches der große Herr und Vater aller Familien im Himmel und auf Erden ist. Wenn ich ihm, wenn ich dir untreu bin, und ihre Fähigkeiten nicht bilde, wie könnte ich es alsdenn vor ihm verantworden, wenn er einmal Rechenschaft von mir fordert?

Da mir die Seelen meiner Kinder und Dienstboten am Herzen liegen, so wünschte ich hauptsächlich die Feyer des Sonntags für sie erbaulich und nützlich zu machen, und zwar nicht blos und allein durchs Kirchengehen, sondern auch durch Privatgottesdienst. Ich hielt es also für meine Pflicht, einen Theil des Tages anzuwenden, meiner Familie ein gut Buch vorzulesen und sie zu unterrichten. Daß hernach Fremde hinzukamen, war blos zufällig. Die ersten waren unsers Bedienten Eltern, und mit andern, die ein Verlangen bezeigten, diese religiösen Stunden abzuwarten, wuchs die Anzahl endlich fast biß zu funzig.

Kurz nach deiner Abreise nach London fielen mir die Berichte von den dänischen Mißionarien

narien aus Ostindien in die Hände. Nichts
hat mich so stark gerührt. Ich dankte Gott
diesen Abend herzlich dafür, daß er ihnen einen solchen Eifer für seine Ehre eingeflößt
hat. Einige Tage hindurch konnt ich selten
von etwas anders denken oder sprechen. Es
fiel mir ein, daß, wenn ich gleich kein Mann
bin, ich doch auch etwas mehr als gewöhnlich
geschieht, für Gottes Sache thun könnte, und
zwar dadurch, wenn ich eifriger für sie betete, und
zu denen, die mir Gott in meinem Wege bringt,
mit mehr Wärme von Christenthum spräche.
Ich fieng also mit meinen eigenen Kindern an,
und nahm jedes einen Tag in der Woche besonders vor.

Mit meinen Nachbarn wurde ich immer
herzlicher, und ich las ihnen die erbaulichsten
Predigten vor, die wir hier haben. Den Erfolg und das Gedeihen dazu überließ ich Gott.
Die Absicht unserer Zusammenkunft ist blos
über geistliche Dinge zu sprechen; es wird also nichts weltliches eingemischt, und wenn
Gebet und Gesang vorüber ist, geht Jeder zu
Hause.

Ich wundere mich, wie man dich tadeln
kann, die Leute zur rechten Heiligung des
Sonntags auf diese Art anzulocken. Was
mich betrift, ich thu es dir in deiner Abwesenheit getrost nach, und achte nicht die Urtheile,
die man über mich fällt. Ich habe längst die
Freund-

Freundschaft mit der Welt aufgehoben, und
wünschte herzlich, ich hätte niemals mehr Ursache gegeben, wider mich zu sprechen. Es
kommt zwar etwas sonderbar vor; aber so ist
der Welt beinah alles, was etwas ernsthaft
ist, oder zur Ehre Gottes und Rettung der
Seelen abzielt. Du räthst mir zwar, daß ich
eine andere Person lesen lassen soll. Aber ich
glaube, keiner könnte eine Predigt lesen, ohne
vorher einen guten Theil zu buchstabiren. Noch
hat auch keiner der Kinder eine so starke Stimme, von allen gehört zu werden.

Ich scheue mich nicht zu lesen und zu sprechen, denn Niemand darf sich schämen zu dem
heiligen und großen Gott zu beten, und wärs
im Angesichte der ganzen Welt. Doch ists
mir aber ins Geheim immer wie etwas un-
schickliches, wegen meines Geschlechts, wenn
ich im Namen des Volks beten soll. Ich bitte sie daher zwar mich zuverlaßen, wenn ich
die Abendgebete für meine Familie thue, aber
ich kanns doch Niemand abschlagen, wenn er
noch länger zu bleiben sich ausbittet. ꝛc. ꝛc.

Die andern Grundsätze, welche sie auch in
Absicht der physischen und moralischen Erziehung ihrer Familie befolgte, hat sie noch vor
ihrem Tode aufgeschrieben und ihm hinterlassen, und er hat sie, so wie vorigen Brief im
28sten Theile seiner Werke mit eingerückt.

Das

Das läßt sich nicht abläugnen, daß durch
Herrn Wesley und seine Bemühungen unendlich viel Gutes ist gestiftet worden. Die Bewegungen, welche durch den Ursprung des
Methodismus in England entstunden, waren
allerdings ausserordentlich. Nur kann ich mich
davon nicht überzeugen, daß unter Gottes
weiser Zulassung der Teufel viele dieser Wirkungen an den Leibern und Seelen derer, die
ihn hörten, hervorgebracht habe. Es zeigten
sich an denen, welche während seiner Predigten laut ausschrieen, folgende Symptomen:
Es waren Personen, welche vollkommen gesund, und keinem Uebel von der Art unterworfen waren, bis sie von solchen Erschütterungen bewegt wurden; es kam über sie in
einem Augenblick, indem sie das Wort hörten,
oder darüber nachdachten; in diesem Augenblick fielen sie nieder, verlohren alle Stärke,
und empfunden heftige Schmerzen. Sie drück-
ten sich auf verschiedene Art aus, wie ihnen
zu Muthe sey. Einige sagten, es sey ihnen
gewesen, als gieng ein Schwerd durch sie,
andere, als fühlten sie ein großes Gewicht,
das sie zur Erde niederdrücken wollte; einige,
als wären sie wie erstikt, daß sie nicht athmen
konnten, andere, als zerbräch ihr Herz in
Stücken, u. s. w. Auch ihre Seelen wurden verschieden angegriffen, bald durch got-
teslästerliche Gedanken, bald durch Anfech-

tungen, als wären sie verlohren. Man hat
Beispiele gehabt, daß Leute wirklich todt zur
Erde niedergefallen sind.

Wesley förderte seine Zeitgenossen, die
ihn der Schwärmerey beschuldigten, öffentlich auf, entweder diese Thatsachen zu leugnen,
oder sie philosophisch zu erklären. Es ist weder das eine noch das andere geschehen. Wenn
er selbst gefragt wurde, wie er es erklärte, so
gestund er entweder bey manchen Fällen seine
Einschränkung und hielt sich blos an die Thatsache, oder, wie er öfters in seinen Schriften
zu verstehen giebt, er glaubte, daß der Geist
Gottes, wie zu der Apostel Zeiten plötzliche
Bekehrungen durch die Kraft der Wahrheit
gewirkt habe, daß aber auch der Teufel eben
so, wie zu Christi Zeiten, unter Gottes Zulassung geschäftig gewesen sey, die Frucht des
gehörten Worts zu verderben, und die Menschen von Christo und der Sinnesänderung
abzuschrecken, und überhaupt das Werk Gottes in Verdacht zu bringen. Vieles konnte er
selbst weder dem Geiste Gottes noch natürlichen Ursachen zuschreiben, und er nahm also
seine Zuflucht zu dieser Hypothese einer Zwi-
schenwirkung des Satans. Er scheint dabey
zu glauben, daß er und andere Christen in
vielen Fällen durch eine Art von Wunder-
glauben und Wundergebet den Teufel ausge-
trieben, und die von ihm Besessenen befreyt
habe.

habe. Denn er erzählt viele Vorfälle, wo
der Patient, der heftig geplagt, und entweder von heftigen körperlichen Schmerzen, oder
vom Gedanken der Verzweiflung gepeinigt
wurde, in wenigen Minuten darauf wieder
ruhig und stille geworden sey, so bald er oder
andere Rechtschaffene mit und für ihn gebetet
hätten.

Es lassen sich indessen meines Bedünkens
auch manche gewöhnliche und natürliche Ursachen ausfinden, solche Erscheinungen in der
moralischen Welt zu erklären. Man weiß,
wie mächtig die Einbildungskraft bey dem
Menschen wirkt, und wer sich hierbey der
Auftritte erinnert, welche vor etwa funfzehn
Jahren in Deutschland mit dem berüchtigten
Pater Gaßner vorgiengen, der wird es wissen, daß die Kuren, die er machte, gar nicht
die Wunderkuren waren, wofür er sie ausgab, und daß selbst Lavater, welcher sich seiner Anfangs mit so vieler Wärme annahm,
zuletzt kalt und mistrauisch wurde, da die Sache näher untersucht war. Die Neuheit der
Sache machte Aufsehen, und da die Menschen
so gern nachahmen — so gern in den herrschenden Ton einstimmen — so erzwang vielleicht mancher in sich gewisse Gefühle, um
auch das Ansehen zu haben, als ob er unter
dem unmittelbaren Einflusse der Gottheit —
oder auch des bösen Geistes stünd. Ganz ge-

wiß

wiß hörten auch den Wesley viele Leute von
schwacher Seele, von schwermüthigem Temperament, und reizbaren Nerven, und die
Heftigkeit der Empfindung, welche höhern
und übernatürlichen Ursachen zugeschrieben
wurde, konnte wenigstens aus diesem kränk-
lichen Zustande auch erklärt werden. Unsere
Bekanntschaft mit den Wirkungen der Natur
und dem Zusammenhange der Dinge ist auch
viel zu eingeschränkt, als daß wir nicht be-
hutsam seyn sollten, das der Gnade zuzuschrei-
ben, was oft blos Wirkung der Natur und
der Einbildung ist. Das Gefühl, und der
innere unerklärbare Stoß ist überhaupt auch
nicht das einzige und sicherste Kennzeichen einer wirklich göttlichen Veränderung des Herzens, wenn die Früchte des Glaubens aus-
bleiben. Aber wo diese erscheinen, wo Gefühle sich in Kraft und That endigen, und
den Menschen wirklich besser und glücklicher
machen, da ist ihr Ursprung göttlich, weil ihr
Zweck und ihre Frucht göttlich ist. Natur
wird dann Gnade, und Gnade Natur. Aber
wo das Gefühl den Verstand verdunkelt, und
den Menschen schlechter und elender macht,
dann nenne man es Nervenschwäche oder Teu-
felsbesitzung — es kann nicht von Gott seyn.
Die ungleich mehreren aber, welche durch
Wesleys Predigt erwekt und bekehrt wurden,
waren solche, die das Wort Gottes hörten,

es in einem feinen guten Herzen bewahrten,
und Frucht brachten.

———

IV.
Sein Charakter.

Es ist eine sehr schwere Sache, ein richtiges Urtheil von dem Charakter eines
Menschen zu fällen, und nur dem Allwissenden,
welcher den Menschen als das Werk seiner
Allmacht, welcher seine Anlagen, alle Krüm-
mungen und Triebfedern seines Herzens, alle
Verknüpfungen der physischen und moralischen
Ursachen seiner Art zu denken und zu handeln
vollkommen kennt, gehört es als ein göttliches
Vorrecht zu, jeden Menschen nach der Wahrheit zu beurtheilen und zu richten, welches
auch einst nach den Gesetzen der strengsten Unpartheylichkeit und Billigkeit geschehen wird.
Wir können nicht ins Herz sehen, und müssen
also aus Reden und Handlungen den Menschen, wie den Baum nach seinen Früchten
beurtheilen. Viele Menschen haben gar keinen Charakter, und wissen selbst nicht, so
wenig als andere, was sie eigentlich sind.
Allein ein Mann, wie Wesley, dessen Leben
beinah den Zeitraum eines ganzen Jahrhunderts einnimmt, und der dieses Leben nicht im

D 3

Win-

Winkel, sondern vor den Augen des Volks zugebracht hat, und sich immer in seinen Schriften, Predigten, Endzwecken, Handlungen gleich geblieben ist, muß gewiß Seiten gezeigt haben, die uns in sein Herz Blicke thun lassen, und aus welchen wir die Grundsätze abziehen können, nach welchen er sich mit solcher Beständigkeit und Festigkeit gebildet hat.

Seine Feinde haben ihn des Stolzes und Ehrgeitzes beschuldigt, nach welchem er stets gestrebt habe, sich zum Haupt einer eignen Secte zu machen, und deswegen sich als ein ungehorsamer Sohn von der Mutterkirche loszureissen. Luther mußte diesen Vorwurf auch oft hören; aber eben so wenig als ihm, war es auch unsern Wesley anfänglich im Sinn, eine eigne Parthey zu errichten. Er wollte nicht einmal das Ansehen haben, als wenn er ein Dissenter wär, sondern behauptete seit jeher und bis jetzt, daß er mit ganzer Seele der Lehre der hohen Kirche von England zugethan sey, daß aber vielmehr diejenigen im Schooße der englischen Kirche selbst, welche nicht nach ihrer Lehre glaubten, predigten und lebten, Dissenters zu nennen wären. ”Die Kirche sagt er, ist nach unsern Artickeln, ”eine Versammlung gläubiger Christen, wo ”das wahre Wort Gottes gepredigt und die ”Sacramente gehörig verwaltet werden. Wer

”sind

"sind also die Dißenters von der englischen
"Kirche, welche aus wahren gläubigen Chri-
"sten bestehen soll? Unheilige Leute aller Art,
"Flucher, Sonntagsschänder, Trunkenbolde,
"Faustfechter, (Boxers) Hurer, Lügner, Ver-
"läumder; die Rachsüchtigen, die Eitlen, die
"Geldgeitzigen, die, welche Putz und Kleider-
"pracht, Ehre vor der Welt, und Vergnügen
"höher achten als Gott — das, das sind die
"Dißenters von der wahren Kirche, oder sie
"gehören vielmehr zu gar keiner Kirche, son-
"dern zur Synagoge des Satans. Zu ihnen
"rechne ich ferner alle, die keinen richtigen
"Glauben haben, welche das Ansehen der
"heiligen Schriften bezweifeln oder leugnen;
"oder den Herrn, der sie erkauft hat, oder
"die Rechtfertigung durch den Glauben al-
"lein; auch diese greifen die Kirche bey der
"Wurzel an, und suchen Wahrheiten auszu-
"rotten, ohne welche keine wahre Kirche seyn
"kann. Man gehet auch von der wahren
"Kirche ab, wenn man das heil. Abendmal
"Leuten giebt, welchen, ich will nicht einmal
"sagen, der Geist, sondern selbst nur die
"Form des Christen fehlt."

Oft wurde er daher gefragt, was für ein
Unterschied sich zwischen den Methodisten und
der hohen englischen Kirche fänd, und er antwortete: Keiner. Wir stimmen mit derselben
in allen Hauptlehren, in ihren Gebeten, Ar-

D 4   tickeln

tickeln und Homilien überein. Allein von
Geistlichen, welche es zwar mit der Lehre der
Kirche halten, und doch auch von ihr abweichen, sind wir in folgenden Punkten verschieden:

Erstlich: Sie sprechen von der Rechtfertigung, als wenn sie einerley mit der Heiligung oder eine Folge der letztern sey. Ich
glaube, daß jene gänzlich von dieser unterschieden sey, und vor ihr vorher gehen müsse.

Zweitens: Sie reden von unserer Heiligkeit oder guten Werken, als wenn sie die Ursache unserer Rechtfertigung wären, und daß
wir um ihrentwillen vor Gott gerecht würden.
Ich glaube, daß weder unsere Heiligkeit noch
guten Werke ein Theil der Ursache unserer
Rechtfertigung sind, sondern daß allein der
Tod und die Gerechtigkeit Christi die einzige
Ursache sey, um derentwillen wir vor Gott
gerecht werden.

Drittens: Sie betrachten gute Werke als
die vorläufige Bedingung der Rechtfertigung.
Ich glaube, daß kein gutes Werk vor derselben vorhergehen, oder eine Bedingung derselben seyn könne; sondern daß wir, die wir bis
dahin ungöttlich sind, und folglich nichts Gutes thun können, allein durch den Glauben
gerecht werden; einen Glauben, der ohne
Werke ist, kein gutes Werk in sich schließt,
ob er sie gleich alle hervorbringt.

Vier-

Viertens: Sie setzen die Heiligung blos in äusserlichen Dingen, als wenn dazu weiter nichts gehörte, als Niemanden Schaden zu thun, und Jedermann das Seine zu geben. Ich glaube, daß die Heiligung und die Religion eines Menschen etwas Innerliches sey, das Leben Gottes in der Seele des Menschen, ein Theilhaftig werden der göttlichen Natur; ein Sinn, wie er in Christo war, oder die Erneuerung unsers Herzens nach dem Ebenbilde unsers Schöpfers.

Endlich: Sie reden von der neuen Geburt, als von einer blos äusserlichen Veränderung, als wenn es blos der Uebergang von äusserlicher Lasterhaftigkeit zur äusserlichen Ehrbarkeit, vom lasterhaften zum tugendhaften Leben wär. Es ist aber nach meiner Meinung, eine innerliche Veränderung des Herzens vom Ebenbilde des Teufels, in dem wir gebohren sind, zum Ebenbilde Gottes, von der Liebe des Geschöpfs zur Liebe des Schöpfers, von einem irdischen fleischlichen zu einem heiligen himmlischen Sinn; mit einem Wort, eine Veränderung von der Gemüthsart der Geister der Finsterniß zur Heiligkeit der Engel Gottes im Himmel.

Hier ist also ein sehr weiter, wesentlicher, unvereinbarer Unterschied zwischen uns, so daß, wenn sie die Wahrheit sprechen, wie sie in Jesu ist, ich als ein Lügner und falscher

D 5 Zeuge

Zeuge vor Gott erfunden werden muß, und
wenn ich die Wahrheit lehre, sie nothwendig
blinde Leiter der Blinden sind.

Es erhellet hieraus, daß man ihn mit
Ungrund beschuldigt habe, als wenn er ein
Catholik sey. Ein Mann, welcher so sehr
den Stolz und das eigne Verdienst guter Werke niederschlägt, daß es selbst dem Rechtglau-
bigen scheinen könnte, als wenn er zu weit
gieng, kann wohl schwerlich römischkatholische
Grundsätze hegen. Man hat dieses aber auch
hauptsächlich daraus schließen wollen, weil er
stets sehr auf das Fasten gedrungen hat, worüber er eine eigne Predigt hat drucken lassen,
die freilich manchen Christen bekümmert machen kann, der es sich nicht bewußt ist, daß
er auch nur einmal in seinem Leben mit Vor-
satz aus religiösen Absichten gefastet habe.
Allein er hält dieß auch nicht für ein wesent-
liches Kennzeichen eines wahren Christen, sondern hielt es für nöthig, die herrschende
Weichlichkeit der Christen, die in London so
sehr durch Ueppigkeit und Wollust verderbt
wurde, durch diese so nützliche Uebung der
ersten Kirche etwas zu unterdrücken. Daß er
Jesuitisch gesinnt sey, läßt sich mit viel leich-
terer Mühe widerlegen als beweisen, und dieser Verdacht fließt aus eben der Quelle, aus
welcher so manche andere Beschuldigungen großer Laster in Absicht des Umgangs mit dem
andern

andern Geschlecht gestoßen sind, deren er sich schuldig gemacht haben soll. Denn eben die häufigen Zusammenkünfte und Unterredungen mit jungen und alten frommen Schwestern, die ihm zu dergleichen Ausschweifungen hätten Gelegenheit geben können, wären gewiß schon längst das Mittel gewesen, seinen verstekten Charakter ans Licht zu ziehen, wenn er sich desselben hätte schämen müssen.

Der Saamen der Gottesfurcht wurde schon frühzeitig in seine Seele ausgestreut, und schon auf der Universität machte er sich den Grundsatz: "Ich will alles, was ich bin, und schreibe, und rede und thue, zur Ehre Jesu abzwecken lassen. Andere mögen sich andere Zwecke vorsetzen, die auch nicht verwerflich sind; ich will einmal ganz für Jesum leben." Er ist diesem Grundsatze bis in sein hohes Alter treulich nachgekommen. In diesem Grundsatze wurde er alsdenn erst recht befestigt, als er die Reise nach Herrnhuth vornahm, und sich von einigen Brüdern ihre Seelenerfahrungen erzählen ließ. Unter ihnen lernte er die Natur und Beschaffenheit des seligmachenden Glaubens nicht nur kennen, sondern auch empfinden. Er giebt uns in dem Bande, wo er diese merkwürdige Reise erzählt, eine kurze Geschichte seiner Bekehrung. Sie stimmt mit der Erfahrung aller Kinder Gottes

in der Hauptsache überein. Allemal wird der
Grund dazu durch ein lebhaftes Gefühl der
Traurigkeit in der Seele über das sündliche
Elend der menschlichen Natur gelegt, welche
nach der Verschiedenheit der Temperamente,
und anderer Umstände bald stärker, bald schwä-
cher, bald länger, bald kürzer ist. In einem
Petrus ergießt sie sich in einem milden Fluße
reuiger Thränen — in einem Zöllner wird sie
in dem demüthigen gebrochenen Seufzer hörbar: Gott sey mir Sünder gnädig. Es folgt
alsdenn zu einer gewissen Zeit nach Kampf
und Prüfung ein lebhaftes Gefühl von Freude,
wo die Seele, entweder durch ausdrükliche
Versicherungen des göttlichen Worts, oder
durch ein rührendes Lied, oder in einer Predigt, den Gedanken sich denkt und zueignet:
Jesus ist auch mein Heiland. Ja, auch meine Sünden sind mir vergeben, und ich gehe
nicht verlohren, sondern habe ein ewiges Leben. Beides dauert alsdenn fort, und wird
die Quelle des Trostes, so wie der Stärke und
Ermunterung zur thätigen Liebe Gottes und
der Menschen. Irgend eine Zeit muß es doch
in unsern Leben geben, wo Christenthum, wo
Buße und Glauben, wo Jesus und Seligkeit
uns äusserst wichtig werden, und so verschieden auch die Führungen der Seelen in diese:
Absicht sind, so stimmen sie doch in diesen wesentlichen Stücken überein, daß der bußfertige

und

und gläubige Sünder durch Christum vor Gott
gerecht und selig wird. —

Es ist ausserordentlich, wie beherzt und
muthig unser Wesley durch seinen Glauben
mitten in den größten Gefahren gemacht wurde. Er befand sich oft in Fällen, wo sein
Leben nur wie an einem Haar hieng. Oft
war er, wie Paulus, in Gefahr zu Wasser
und zu Lande, in Aufruhren, und unter fal-
schen Brüdern. Aber er behauptete in allen
Umständen eine Gleichheit des Charakters, eine Stille des Geistes, und eine Freimüthig-
keit, daß, wenn er nur erst von dem grim-
migen Pöbel, oder einem Anführer desselben,
der ihm den Tod geschworen hatte, gehört
wurde, seinen Feinden die Waffen aus den
Händen fielen, und Löwen sich in Lämmer ver-
wandelten. Ein wilder Haufe führte ihn einst
vor den Stadtrichter, und da dieser weiter
keine Beschuldigung hörte, als daß dieser rei-
sende Prediger Ursache wäre, daß die Leute
zu viel sängen und beteten, so entließ er den
Beklagten sowohl als die Kläger, und empfahl den letzten Ruhe und Ordnung. Gleichwohl wollten es einige beym Rükwege, der
über eine Anhöhe gieng, versuchen, ihn herab-
zustürzen, allein plötzlich trat der Wildeste unter ihnen auf seine Seite und schwur dem den
Tod, der ihn anrühren würde. Wesley verlohr im Gedränge auch weiter nichts, als daß
ihm

ihm ein Flittig von seinem Kleide abgeriſſen,
und einige Löcher in dem Kopf geſchlagen wurden. Wesley blieb kaltblütig und gelaſſen im
ganzen Aufruhr, und fragte blos: Ob er Jemand mit Worten oder in der That beleidigt
hätte? Einſt, da er auf dem Felde, auf einem
Tiſche ſtund und prebigte, hetzte man einen
Ochſen auf ſeine Zuhörer, der wirklich bis
zum Tiſche drung, und ihn umwarf — Wesley aber wurde in den Armen der Seinigen
aufgefangen und weggetragen. Ein andermal
flog in einem Steinregen ein Ziegelſtück ihm
zwiſchen beiden Augen an die Stirne — er
wiſchte ſich das Blut weg, fuhr fort zu reden,
und ſahe kurz darauf, welchen großen Nutzen
es habe, um Chriſti willen auch die kleinſten
Leiden zu ertragen. Dieſer ſanfte, gelaſſene
duldende Geiſt zeichnet ihn auch im blos pole-
miſchen Streit mit ſeinen Gegnern aus. Wären alle Streitſchriften mit ſolcher philoſophi-
ſchen Kälte und chriſtlicher Würde verfaßt,
wie die ſeinigen, gewiß die Wahrheit würde
dadurch mehr gewinnen als verlieren. Niemals erlaubte er ſich ein Schimpfwort, oder
eine Grobheit. Sein Witz, wodurch er die
Thorheit lächerlich macht, iſt von der feinſten
edelſten Art, und man ſieht es allen ſeinen
Werken dieſer Art an, daß er ſchreibt, nicht
um zu beleidigen, ſondern zu beſſern.

Ord-

Ordnung, Regelmäßigkeit und Strenge in der Lebensart ist ihm zur andern Natur geworden. Er geht zeitig zu Bette, und steht gewöhnlich Morgens um vier Uhr auf. Er ist sehr mäßig; ernsthaft und bescheiden, und in Gesellschaft angenehm unterhaltend. Die guten Regeln, die er seinen kleinern Gesellschaften gegeben hat, übt er alle selbst aufs pünktlichste aus. Er ist schmächtig und nicht von großer Mannslänge. Sein Gesicht hat Züge von Schönheit und Würde, und seine Stimme ist männlich und einnehmend. Seine Frau, die er heirathete, als er schon ziemlich alt war, starb bald wieder, und er hat mit ihr keine Kinder. Er ist ein wahrer Menschenfreund, und wie uneigennützig er sey, sieht man aus seiner Erklärung, daß er alles das Seine noch bey Lebzeiten zum Besten seiner Gemeinden verwenden wolle, und daß man nach seinem Tode nicht zehn Pfund Sterlinge als sein Eigenthum finden werde. —

V.

V.

Von seinen Schriften.

Was ein einziger Mann bey einer guten Eintheilung und weisem Gebrauche seiner Zeit, und in einem gesunden langen Leben, nicht nur thun und wirken, sondern auch bey der Abwartung seiner Pflichten noch überdieß lesen und schreiben könne; davon ist Wesley ein Beweiß. Alle seine Schriften betragen über hundert Bände, und man kauft sie nicht zusammen unter zehn Guineen. Ob er gleich einen eigenen Buchladen, und eine eigene Druckerey hält, und viele seiner Schriften und kleinern Pamphlets von zehn biß zwanzig Ausgaben durchgegangen sind; so sind doch manche vergriffen, und lassen sich nur selten haben, wenn sie nicht aufs neue gedruckt worden sind. Sie alle, selbst die philosophischen, zielen auf die Erkenntniß und Ausbreitung des reinen und praktischeu Christenthums ab, und sind in einer Schreibart abgefaßt, die sich durch edle Einfalt, gedrängte Kürze, und scharfsinnige Verknüpfung der Perioden auszeichnet. Gewundert hab' ich mich oft, daß mir in Deutschland, wo doch jeder Englische Roman, und jedes andere, oft selbst schlechte Englische Buch mit solcher Begierde übersetzt wird, auch noch nicht eine einzige Predigt, ein einziges Blatt dieses merkwür-

digen

digen Mannes in einer Uebersetzung bekannt
geworden ist, und es wär gewiß der Mühe
werth und nicht ohne Nutzen, wenn der Geist
seiner Schriften in einem kernhaften Auszuge,
Lesern, welche Geschmack daran finden, bekannt würde. Ob ich selbst einen solchen
Auszug machen oder veranstalten werde, hängt
von Zeit, Umständen und Aufmunterung ab;
jezt kann ich nichts weiter thun, als eine vollständige Anzeige aller seiner Schriften mitthei-
len. Um dieses nach einer bestimmten Ordnung zu thun, will ich sie in poetische, phi-
lologische, historische, philosophische, und
theologische abtheilen.

I. Poetische Schriften.

1) Es gehört hieher seine Sammlung von
heiligen und moralischen Gedichten (Moral and sacred Poëms) in 3 Bänden klein
Oktav, welche er in Verbindung mit seinem Bruder Carl schon auf der Universität
herauszugeben anfieng. Das Werk enthält
theils Auszüge der treflichsten Stellen über
Religion und Moral aus den besten Englischen Dichtern, einem Pope, Young, Mil-
ton, und andern; theils ihre eigene poeti-
schen Aufsätze solcher Art bey besondern Gelegenheiten. Es würde meines Bedünkens
ein vortrefliches Erbauungsbuch werden,
wenn ein deutscher auf dieselbe Art di-

IIter Thl.   E   schön-

schönsten Stellen aus den Englischen Dichtern über solche Gegenstände ausziehen wollte. — Youngs Nachtgedanken, und Mitons verlornes Paradies hat er ganz mit seinen Anmerkungen begleitet herausgegeben.

2) Geistliche Oden und Lieder über verschiedene Gegenstände und in verschiedenen größern oder kleinern Bänden. Unter seinen größern Liedersammlungen befindet sich die heilige Harmonie (Sacred Harmony) oder eine auserlesene Sammlung von Liedern und Melodien, und das allgemeine Gesangbuch, welches er im Jahre 1780. für alle Gemeinden in England veranstaltet hat. Ausser diesen hat er einzelne kleinere Sammlungen für besondere Fälle, Zeiten und Personen herausgegeben, als Lieder über die Erlösung, Festlieder am Neujahrstage, Weihnachten, Ostern, Pfingsten; Lieder zum Gebrauch in Wachnächten; Lieder für Kinder; Familienlieder u. s. w. Hierher gehören auch endlich die geistlichen Oden, welche er über die ganze Bibel schon sehr frühzeitig in der Zeit verfertigt hat, da er wegen Unpäßlichkeit sich auf seinem Zimmer aufhalten mußte; Sie enthalten zwey kleine Bände über das A. u. N. T.

II. Phi-

II. Philologische Schriften.

1) Unter seinen prosaischen Schriften stehet
die Ausgabe der Bibel oben an, die er
mit Erklärungen und Anmerkungen herausgegeben hat, wodurch er theils den Wort-
verstand der heil. Schrift festsetzt, theils
den Inhalt kurz und praktisch aufs Herz
anwendet. Sie kam zuerst in 3. Bänden in
groß Quart heraus, wurde aber auch hernach zu größerer Bequemlichkeit in Taschen-
format gedruckt; und Wesley verdient immer unter den Englischen Commentatoren
der Bibel einen ansehnlichen Platz.

2) Eine Paraphrase über das Buch Hiob, in
lateinischer Sprache, in Folio, mit Kupfern.

3) Alle die Schriften, welche er zum Gebrauch der von ihm gestifteten Schule und
Akademie zu Kingswood geschrieben und
veranstaltet hat; die Römische Geschichte,
eine Rhetorik, eine Logik, ein Englisches
Lexikon und eine Grammatik über die Lateinische, Französische, Griechische, Hebräische Sprache; Ausgaben einiger klaßischen
Schriftsteller, und Excerpte aus dem Ovid,
Virgil, Horaz, Juvenal u. s. w. Unter
den lateinischen Anfangsbüchern der Jugend
befinden sich die Fabeln des Phädrus, die
biblischen Dialogen des Castalio, und einige auserlesene Gespräche des Corderius
und Erasmus.

E 2   III. Hi-

III. Historische Schriften.

1) Eine Geschichte von England in 4. Bänden.

2) Die Kirchengeschichte in 4. Bänden.

3) Nachricht von dem Fortgang des Werks Gottes in Virginien, und in Neu-England. Man kann auch hieher seine Tagebücher von seiner Reise nach Amerika im Jahr 1735. biß aufs Jahr 1770. rechnen, welche die beste Quelle der Geschichte der Methodisten sind, und in der Sammlung seiner kleinern Werke die sieben letzten Bände ausmachen.

4) Geschichte des Grafen von Moreland in 2. Bänden.

IV. Philosophische Schriften.

1) Anfangsgründe der Arzneygelehrsamkeit. (Primitive Physic.) Er handelt darinnen von den Ursachen und der Beschaffenheit der gemeinsten Krankheiten, und schlägt die simpelsten und bewährtesten Mittel dawider vor. Er zeigt sich hierbey nicht nur als einen Arzt der Seele, sondern auch des Leibes, denn er hatte schon auf der Universität seine Nebenstunden auf die Erlernung der Heilkunde gewendet, und seine Erkenntniß in diesem Fach auf seinen Reisen praktisch gemacht. Einige Schriften des berühmten und vortreflichen Tißot sind von ihm ins Englische übersetzt worden.

Die

Die obige Schrift ist im 25sten Bande seiner Werke enthalten, und, wie ich glaube, auch einzeln gedruckt worden.

2) Die Weisheit Gottes in der Schöpfung, oder ein kurzer Inbegriff der Naturgeschichte und Naturkunde. (A survey of the Wisdom of God in the Creation, or a Compendium of natural Philosoph.) Dieses ist eins seiner Hauptwerke, und in fünf Bänden herausgekommen, wovon schon im Jahre 1777. die fünfte Auflage zu London gemacht war. Er hat dabey zwar die Schriften eines Ray, eines Derham, eines Goldsmith und anderer benutzt, aber doch viele eigene und vortrefliche Bemerkungen über diesen Zweig der Philosophie gemacht, und alles auf den großen Zweck der Verherrlichung Gottes hinzuleiten gesucht.

V. Theologische Schriften.

1) Christliche Bibliothek. (Christian Library.) Sie besteht aus 50. Bänden, und enthält Auszüge aus, und Kritiken über die wichtigsten Schriften, welche in Englischer Sprache, theils in Uebersetzungen alter Kirchenscribenten, theils in Originalschriften über das praktische Christenthum herausgekommen sind. Eine Bibliothek in der That! welche die ungeheure Menge von Schriften unentbehrlich macht, aus welchen

er

er die bündigsten Auszüge und gleichsam
den Geist mitgetheilt, auch sehr richtige
und kritische Urtheile gefällt hat.

2) Arminisches Magazin. (Arminian Magazin.) Es ist eine Monathsschrift, welche schon im Jahre 1778. ihren Anfang
nahm, und enthält Original-Abhandlun-
gen, Auszüge, Briefe, Poesien und andere Aufsätze über die Allgemeinheit der Erlösung.

3) Weslens Werke. (The Works of the
Rev. John Wesley, M. A. late fellow
of Lincoln - College, Oxford. Bristol
1772 — 1774.) Dieses ist eine Sammlung solcher kleinern Aufsätze, welche einzeln herausgekommen, und hier in ein
Ganzes gebracht sind. Die obigen Werke,
einzelne Stücke ausgenommen, sind nicht
darinnen enthalten. Das ganze Werk besteht aus 32. Bänden, und wird, da es
sich schon selten zu machen anfängt, gewöhnlich mit fünf Guineen bezahlt. Es
sind darinnen seine Predigten, Auszüge
aus dem Law und andern Schriftstellern,
seine Streitschriften, seine Briefe, und seine Tagebücher enthalten. Ich will kurz
anzeigen, was sich in jedem Bande findet.

I. II. III. und IV. Band enthalten Predigten,
meistentheils über die Beschaffenheit und
Früchte des Erfahrungschristenthums, z. B.
Ge-

Gerechtigkeit des Glaubens; Erwachung aus dem Sündenschlafe; Beinah ein Christ; Zeugniß des Geistes; Vorzüge der Wiedergebornen; Nutzen des Gesetzes; wider Schwärmerey; wider blinden Religionseifer; christliche Vollkommenheit; Selbstverleugnung; Gebrauch des Geldes u. s. w. Die Bergpredigt Christi ist in 13. Reden erklärt. Eine eigene Sammlung aller seiner Predigten ist nachher in 8. Bänden für sich selbst herausgekommen, und kostet ein Pfund Sterling.

V. Band enthält Auszüge aus Laws Abhandlung über die christliche Vollkommenheit.*)

VI. Gebrauch der Vernunft in der Religion.

VII. Geist des Gebets.

VIII. Christliche Klugheit.

IX. Sitten der alten Christen; Ermahnung an Heilige und Sünder; Alleins Briefe; ein Wort zu seiner Zeit an einem Sabbathschänder, Flucher, Trunkenbold, lasterhaftes Frauenzimmer, Schleichhändler, verurtheilten Missethäter, Protestanten, Grundbesitzer, Soldaten.

E 4   X.

*) Law war ein würdiger und gelehrter Schriftsteller seiner Zeit, welchen Wesley sehr hoch hielt, und dessen sämmtliche Werke in 8 grossen Oktavbänden herausgekommen, aber jetzt selten zu haben sind.

X. Band, Gedanken über das Erdbeben in Lißabon; Gebetbuch auf jeden Tag in der Woche; Gebetbuch für Familien; Addreße an die Geistlichkeit.

XI. XII. XIII. XIV. Kurze Lebensbeschreibungen frommer Personen.

XV. XVI. XVII. XVIII. XIX. Streitschriften gegen die Angriffe auf die Methodisten; über die Römischcatholische Religion; über den Unterschied zwischen ihn und den Mährischen Brüdern, u. s. f.

XX. Die Lehre von der Gnadenwahl.

XXI. Die Lehre von der Erbsünde.

XXII. Gedanken über die Lage der öffentlichen Angelegenheiten; über Freiheit; über den Ursprung der weltlichen Macht.

XXIII. XXIV. Einige Erbauungsschriften, nebst Gedanken über ein eheloses Leben und über den Gebrauch und die Wirkung des häufigen Theetrinkens.

XXV. Grundriße einer Arzneylehre.

XXVI. XXVII. XXVIII. XXIX. XXX. XXXI. und XXXII. Auszüge aus seinen Tagebüchern vom Jahr 1735. biß 1770.

————

Lebensbeschreibnug
des
Herrn George Whitefields.

I.

Seine Jugendgeschichte.

George Whitefield, dieser ausgezeichnete
und fromme Verehrer und Diener Jesu
Christi, hatte, wie viele andere große und würdige Männer, nur einen geringen Ursprung. Er
wurde im Jahr 1714. in der Stadt Gloucester
in England geboren, und sein Vater war ein
Gastwirth, welcher ihm durch einen frühzeitigen Tod entrißen wurde. Seine Mutter
aber, welche das zweitemal sich verheirathete,
und ein hohes Alter erreichte, nahm sich seiner mit besonderer Zärtlichkeit an, und gab
ihm eine solche Erziehung, als ihre Einsichten
und Umstände zulaßen wollten.

Sein lebhaftes und feuriges Temperament
zeigte sich sehr frühzeitig, und die guten Eindrücke sowohl, als die schlechten theilten sich
in die Empfindungen seines Herzens. Er hat
die beiden ersten Theile seines Lebens selbst

C 5

be=

beschrieben, und mit bitterer Reue und Schaam berichtet er vor der Welt seine Jugendsünden. Aber er thut dieses nicht wie Rousseau in seinen Bekenntnissen, sondern auf eben die Art und in der demüthigen bekümmerten Sprache, wie Augustin. Unter andern traurigen Folgen des jugendlichen Lichtsinns, des schlechten Umganges, und der ausgearteten Sinnlichkeit beklagt er besonders mit wehmüthiger Rührung die geheime Unreinigkeit, der er sich ergeben habe; eine Sünde, die noch jezt wie eine Pest auf Schulen und unter der Jugend im Finstern schleicht, deren traurige Folgen Tißot in einer kleinen Schrift gezeigt, und zu deren Ausrottung in der neuern Zeit besonders Salzmann Eltern und Erziehern so gute Mittel angewiesen hat. Er gesteht es offenherzig, daß die Trunkenheit, diese Mutter so manches andern Lasters, ihn wenigstens dreymal in seiner Jugend um den Gebrauch seines Verstandes gebracht habe; aber das, was ihn am meisten schamroth machte, war der Scherz, mit dem er sich bey einem Lustspiel auf der Schule in einen Anzug vom andern Geschlecht kleiden ließ, um eine Mädchens-Rolle zu spielen, welches er für eine Thorheit hielt, die ihn biß an das Ende seines Lebens demüthigen würde.

Denn, da er vom zwölften biß funfzehnten Jahre auf der öffentlichen Schule nicht
nur

nur seinen Fortschritt in den lateinischen claſſi-
ſchen Schriftstellern, ſondern auch ſeine Gabe
zur Beredſamkeit und ſeine vorzügliche Talente
in den jährlichen Reden und Schauſpielen zeigte, welche Schüler auf hohen Schulen vor der
Rathsversammlung und in Gegenwart ihrer
Lehrer und Gönner zu halten pflegen; ſo wurde er immer zu den vorzüglichſten Rollen aus-
geſucht.   Allein das wird nicht hinreichend
ſeyn, die Anmerkung derer zu rechtfertigen,
welche behaupten, daß das Theater für ihm
eine Schule der Beredſamkeit und des redneri-
ſchen Ausdrucks, wovon er ſo ſehr Meiſter
war, geweſen ſey. Jeder Vernünftige wird
vielmehr geſtehen, daß er zum Redner nicht
ſowohl gebildet, als geboren war; und daß
nicht Theateraffektation oder trockene Kunſt,
ſondern Natur, feuriges Genie, lebhaftes
Temperament, und Religion ihm die große
Beredſamkeit einflößte, mit welcher er alles,
wie in einem Strome mit ſich fortrieß.

Gleichwol konnte er eine geraume Zeit
nicht zum Entſchluß kommen, was für eine
Lebensart er eigentlich wählen ſollte, entweder, weil er ſelbſt ſeine Anlagen und Fähigkeiten nicht recht kannte, oder weil es ihm an
Mitteln fehlte, dieſelbe gehörig zu entwickeln.
Er verließ alſo die Schule im funfzehnten Jahre, und machte den Aufwärter im Gaſthauſe
ſeiner Mutter.   So ungünſtig auch dieſe Lage

war,

war, und soviel sie auch zu den jugendlichen
Ausschweifungen beitrug, die ihm in höhern
Alter so bittere Klagen erpreßten: So regte
sich in ihm doch immer der geheime Wunsch,
ein Geistlicher zu werden, und er machte in
dieser Zeit zwey Predigten, deren eine er seinem ältesten Bruder in Bristol zuschrieb, welcher ihn ermunterte, seine Kräfte und sein Leben nicht der Taverne, sondern der Kanzel
und der Kirche zu widmen.

In diesem Entschluße wurde er nun von Zeit
zu Zeit immer mehr befestiget, und die Beförderung der Frömmigkeit und des Christenthums bey
sich und Andern war nun der große Zweck, den
er sich für sein ganzes Leben vorsetzte. Er öfnete
nun sein Herz ganz den Einflüßen der Religion; empfieng im siebzehnten Jahre das erstemal das heilige Abendmahl; gab allen Umgang mit böser Gesellschaft auf, die seinen
Sitten bisher so gefährlich gewesen war; zog
sich immer mehr in sich selbst zurück und wach-
te mit größerer Aufmerksamkeit über sein Herz
und seinen Wandel; er setzte eine Zeit zum Fasten und Gebet fest; er laß am liebsten geistliche Schriften; besuchte zweimal des Tages
den öffentlichen Gottesdienst in den Kirchen,
und bereitete sich auf diese Art zum Abgänge
auf die Universität Oxford, wo er durch die
Vorsprache seiner Mutter und einiger Gönner
eine Freystelle erhalten hatte.

Wenn

Wenn man bedenkt, daß er in der Hand der Vorsehung ein Werkzeug werden sollte, hauptsächlich unter den niedrigern Stände und bey der gemeinen Volksklaße Gefühl und Achtung für Religion und Tugend auszubreiten: So wird man auch die göttliche Weisheit bewundern, die überhaupt in der Bestimmung junger Leute zur Wahl einer gewißen Lebensart sich so besonders wirksam zeigt, und die schon alle Umstände seiner Jugend so ordnete, daß er sich die, einem Prediger so nothwendige Kenntniß des Herzens und der Sitten der Menschen im gemeinen Leben schon sehr frühzeitig verschaffen konnte.

―――――――

II.

II.

Universitäts=Jahre zu Oxford. Ordinations=Beruf nach Georgien in Amerika.

Er war achtzehn Jahr alt, als er auf die
Universität Oxford gieng. Die Verfassung dieser Englischen berühmten Pflanzschule
der Wissenschaften und der Gelehrsamkeit ist
bekannt. Man würde sich irren, wenn man
Oxford und Cambridge mit Leipzig oder Göttingen vergleichen wollte. Die beiden Englischen Universitäten haben ganz andere Einrichtungen. Jede hat zwar ein Oberhaupt, einen Canzler, aber auch eine gewisse Anzahl
von Collegien, von denen jedes wieder sein
Haupt, seine Bibliotheken, Gesetze und Einrichtungen hat, und beynahe als eine Universität selbst anzusehen ist. Die Gebäude dieser
Collegien sind Klöstern sehr ähnlich, wie denn
auch ihre ganze Einrichtung sich aus den alten
Mönchszeiten noch herschreibt, und heilig beybehalten wird. Die Studenten, welche zu einem solchen Collegio gehören, leben in demselben beisammen, haben ihre eigenen Lehrer;
speisen gemeinschaftlich an einer Tafel in einer
Halle, in welcher die berühmten Männer in
Lebensgröße an den Wänden herum aufgestellt
sind, welche in diesem Collegio sich für die
Kirche

Kirche oder den Staat ihres Vaterlandes bildeten; haben ihre eigene Capellen, wo sie
Morgens und Abends zum Gebet erscheinen,
ihre eigenen Büchersammlungen und Gärten,
und ein junger Mann, der für die Religion
und Wissenschaften leben oder sich bilden will,
kann auf der ganzen Welt keinen solchen stillen
und angenehmen Sitz der Musen finden, als
hier. Bey meinem Aufenthalte in England
habe ich kein größeres Vergnügen gehabt, als
bisweilen von London aus, einen Besuch dahin zu meinen Freunden zu machen, und mich
einige Wochen unter ihnen aufzuhalten. Mit
Entzücken erinnere ich mich mancher angenehmen daselbst verlebten Stunde, und ich wüßte
keinen größern Wunsch, als die letzten Tage
meines Lebens in einer solchen Einsamkeit und
Entfernung von der Welt zu zu bringen, um
mich recht auf die Ewigkeit vorzubereiten.

Whitefield wurde als Mitglied des Pem-
broke • Collegiums aufgenommen, und war
Anfangs blos gemeiner Servitor, welcher von
dem Dienste und den Wohlthaten anderer rei-
chern Mitglieder leben mußte. Nicht nur die
Nothwendigkeit sondern auch seine eigene Neigung und Denkungsart hielten ihn zurück, sich
in die Gesellschaft der Ausschweifenden zu mischen, und er suchte blos Bekanntschaft unter
den sogenannten Methodisten, welche es sich
zum höchsten Gesetz machten, Gott und der Religion

ligion ihr Leben zu widmen. Er wurde sehr
bald mit Herrn Carl Wesley bekannt, welchen er hernach beständig als seinen geistlichen
Vater betrachtet hat. Dieser lud ihn einst zum
Frühstück ein, und gab ihm Frankens Abhandlung über die Menschenfurcht, und eine andere Abhandlung: Das göttliche Leben in der
menschlichen Seele. Er versichert, daß bey
der Durchlesung dieser Schriften der Stral
eines göttlichen Lichtes wie ein Blitz in seine
Seele gefahren sey, und daß er damals zuerst
erkannt habe, daß er ein ganz anderes und
neues Geschöpf werden müsse. Ernst und
göttliche Traurigkeit bemächtigten sich nun seiner Seele, und er schlug sich ganz zur Parthey der Methodisten. Er empfieng jeden
Sonntag das heilige Abendmahl; er besuchte
die Gefangenen und die Armen; er laß blos
Bücher, welche, wie er sagt, nicht bloß trockene entbehrliche oder wohl gar falsche Dinge
enthielten, oder bey der Oberfläche stehen blieben, sondern auf das Herz der Religion giengen, und ihn zur Erkenntniß Jesu Christi des
Gekreuzigten führten; und es wurde in ihm eine
solche Aenderung sichtbar, welche ihn, wie die
übrigen Methodisten, zu einem Gegenstande
des Spottes und Hohngelächters der andern
Studenten machte. Er vertiefte sich in die
mystischen Schriften, die er nun zu seiner
Hauptlektüre machte, und verfiel darüber, ob
gleich

gleich vielleicht aus Misverstand, doch mit
einem liebenswürdigen Eifer für alles was
göttlich und gut war, in eine solche melan-
cholische Stimmung der Seele, und in eine
solche körperliche Schwachheit, daß er der
Hülfe eines Arztes nöthig hatte. Mit der
strengsten Enthaltsamkeit versagte er sich selbst
die Bedürfnisse des Lebens, um alle sündlichen
Lüste zu tödten; er fastete Mittwochs und
Freytags jede Woche, und hielt wie der
strengste Catholik die Fastenzeit, ohne Fleisch
zu essen. Die meiste Zeit lag er auf seinen
Knieen in seinem Zimmer, und las in dieser
Stellung mit untermischtem Gebet das Wort
Gottes, und wenn er ja in die freye Luft
auf das Feld gieng, so suchte er abgelegene
Oerter und Bäume und Anhöhen bey der
Stadt, um sich mit seinem Gott und Erlöser
auf diese Art zu unterhalten. Selbst die
schöne Natur hatte keine Reize und Freuden
mehr für ihn, als wenn er mit dem Schöpfer
derselben umgehen konnte, und er kehrte zu
seinem Collegium nicht eher zurük, als bis
die Abendglocke ihn dazu rufte. Ohne Zweifel verfiel er auf eine zu gesetzliche Strenge
gegen sich selbst, welche ihn endlich so sehr
entkräftete, daß er kaum mehr gehen konnte.
Mit der Rükkehr seiner Gesundheit vermehrte
sich aber auch seine innerliche Heiterkeit, und
er empfand eine Freude, die seiner vorigen

Traurigkeit völlig angemessen war, und die er
selbst mit einem Strome vergleicht, der aus
den Ufern tritt. Sein Herz fühlte es nicht
nur stets, wo er gieng und stand, daß Gott
ihm gnädig sey, sondern es fiel ihm auch sehr
schwer, oft die Ausdrücke dieser Freude in
Lobgesängen öffentlich zurückzuhalten. Er reißte zu dieser Zeit nach seiner Vaterstadt Gloucester, und stiftete daselbst unter seinen Ju-
gendfreunden einige Gesellschaften, die sich
blos in der Absicht zusammenschloßen zu beten, und das Wort Gottes zu lesen. Seine
Anverwandten sahen diese Aenderung zwar
anfänglich für schwärmerisch an, wurden aber
in der Folge überzeugt, daß dieselbe aus göttlichen Ursachen entstund, und auf göttliche
Zwecke hinzielte. ――

Er hatte bey diesem Aufenthalte Gelegenheit, seine Grundsätze und Ueberzeugungen
von der Moralität der Schauspiele öffentlich
an den Tag zu legen. Denn da so eben eine
Bande sich in der Stadt einfand, so machte
er Auszüge aus Laws Schrift über die Un-
rechtmäßigkeit der Schauspielhaus-Vergnü-
gungen, und ließ sie stückweise sechs Wochen
lang in eine periodische Schrift einrücken,
welches viel Nachdenken verursachte. So
jung er auch noch war, so wirkte doch schon
sein Eifer und seine Betriebsamkeit, Menschen
durch die Religion glücklich zu machen, so
merk-

merklich und sichtbar, daß der Bischoff von
Gloucester, Benson, auf ihn aufmerksam wurde, ihn zu sich holen ließ, und ihm freywillig
die Ordination anbot. Denn ob er gleich
keinen unter drey und zwanzig Jahren ordi-
nirte, so wollte er doch bey ihm eine Ausnahme machen. Der Rath des Bischoffs sowohl
als das Zureden seiner Freunde besiegte endlich bey ihm jede Bedenklichkeit, die ihm besonders der Gedanke an seine Jugend machte, und er meldete sich beym Bischoff zur
Ordination. Sein Verhalten hierbey war
sehr musterhaft. Er las zuerst die 39 Ar-
tickel der englischen Kirche durch, wider welche er nichts zu lehren versprechen sollte, und
fand in seiner Ueberzeugung, daß ihr Inhalt
mit der heil. Schrift übereinstimmte. Er un-
tersuchte sich hierauf selbst nach den Eigenschaften, die von einem Diener des Herrn
im neuen Testamente gefordert, und nach den
Fragen, welche bey der Ordination vorgelegt
werden: "Glaubet Ihr gewiß, daß Ihr innerlich durch den heiligen Geist getrieben seyd,
dieses Amt über Euch zu nehmen? Und seyd
Ihr nach dem Willen unsers Herrn Jesu Christi und nach den Gesetzen dieses Reichs berufen?" Abends vor dem Sonntage der Ordination gieng er auf einen benachbarten Berg,
und betete zwey Stundenlang für sich und die
mit ihm ordinirt werden sollten. Sonntags

stund

stund er sehr früh auf, las sich die Epistel
des heiligen Paulus an den Timotheus zu seiner Prüfung und Ermunterung vor, und betete darüber. Er versichert uns, daß, indem
der Bischoff seine Hände auf ihn gelegt habe,
sein ganzes Herz bewegt worden sey, daß er
sich von nun an mit Geist Seele und Leib
ganz dem Dienste des Heiligthums übergeben
habe, welches er auch sogleich durch den Genuß des heil. Abendmals bestätigte. Den
folgenden Sonntag hielt er seine erste Predigt
in seiner Vaterstadt über die Nothwendigkeit
und den Nutzen frommer Gesellschaften in
der Kirche, worinnen er getauft war, zu einer großen neugierigen Menge. Die Urtheile
waren sehr verschieden; aber jeder, selbst sein
Neider und Feind mußte gestehen, daß der
junge Mann ungemeine Fähigkeiten hätte.
Man klagte dem Bischoff, daß er gleich durch
seine erste Predigt über ein Duzend Leute toll
gemacht häte, allein der würdige Prälat gab
zur Antwort, daß er nichts mehr wünsche,
als daß diese Tollheit nur bis den nächsten
Sonntag dauern, und nicht so bald wieder
vergehen möchte.

Er fand viele Wohlthäter und Freunde.
Der Bischoff selbst wollte ihm einige Stellen
in seiner Diöces geben; allein da er wünschte,
in seinem geliebten Oxford sein Studiren noch
einige Zeit fortzusetzen, so gab ihm Sir John
Phi-

Philips, ein Verehrer der Methodisten zu
Orford, einen jährlichen Gehalt. Die beiden Wesleys waren als Heidenbekehrer nach
Amerika abgereißt, und Herr Whitefield wurde nun als das Haupt der Sekte angesehen.
Man übergab ihm die Aufsicht über die von
ihnen angelegten zwey Armenschulen; er fuhr
fort, die Gefangenen, Armen und Kranken
zu besuchen, und die kleine Zahl seiner vertrauten Freunde bat ihn bey jedem Rufe, den
er erhielt, sie und Orford nicht zu verlassen.
Sie stellten ihm vor, daß die Universität der
Hauptsitz der Religion sey, oder doch seyn und
werden müsse, und daß, wenn er auch nur
einen einzigen jungen Gottesgelehrten bekehren hälfe, das eben so viel sey, als wenn
er ein ganzes Kirchspiel oder eine ganze Gemeinde bekehrte. Allein sein munterer rastlo-
ser Geist sehnte sich nach einem weitern Wir-
kungskreiße, der ihm auch in London eröffnet
wurde, wo ihn sein ehemaliger Freund, der
jetzt Prediger im Tower war, bat, während
einer Reise seine Stelle zu vertreten. Er
hatte noch ein sehr junges Ansehen, und als
er das erstemal die Kanzel bestieg, betrachteten ihn seine Zuhörer mit verächtlichen Blicken.
Sie hatten ihn aber nicht lange gehört, so
verwandelte sich diese Geringschätzung in Ehr-
erbietigkeit, und das spottende Lächeln in aufmerksamen Ernst. Er streute hier manchen

F 3 guten

guten Saamen aus, besonders unter den
Soldaten in den Barraken des Towers, und
nach zwey Monathen kehrte er bey der Rük-
kunft seines Freundes wieder nach Orford
zurük, wo er den Kommentar des Henry
über die Bibel durchlas, und im stillen Umgange seiner Freunde manche selige Stunde
genoß. Ein anderer seiner Freunde, ein
Landprediger in Drummer, ersuchte ihn bald
darauf, eine Zeitlang seine kleine Heerde zu
weiden, weil er in Geschäften verreisen mußte. Dieser hatte in seiner kleinen Gemeinde
die besten Einrichtungen gemacht. Er hielt
mit ihnen beym Ausbruch jedes Tages Mor-
gengebete, ehe sie zu ihren Ackerwerke giengen, und Abendgebete, wenn sie vom Felde
und der Arbeit zurükkehrten. Er katechisirte
die Kinder täglich in der Schule, und stattete
Besuche von Haus zu Haus ab. Er liebte
seine Zuhörer und sie liebten ihn. Whitefield
fand seine Lage an diesem einsamen Orte
und unter diesen guten aber einfältigen Leuten, anfänglich etwas befremdend, und fühlte den Unterschied des Aufenthalts auf einer
Universität oder in einer Stadt, und auf einem Dorfe. Allein er gewöhnte sich bald an
den einfachen und unverstellten Umgang mit
diesen guten ehrlichen Landleuten, und versichert, daß derselbe ihm überaus nützlich und
angenehm geworden sey, und daß er oft von
einem

einem einzigen Besuch in einer Bauernhütte
mehr gelernt habe, als von wochenlangen
Studieren. Er theilte gewöhnlich den Tag
in drey Abschnitte. Acht Stunden widmete er
dem Studieren, Lesen und dem Gebete für
sich selbst; eben so viele Stunden bestimmte er
für Schlaf und Essen; und eben so viele war
er mit Predigen, Catechisiren, und Besuchen
beschäftigt. So verfloß ihm seine Zeit in stiller Ruhe und abwechselnder Geschäftigkeit,
und wenn jeder junge Landprediger seinem Bey-
spiele folgen wollte, so würde er gewiß über
keine lange Weile zu klagen haben. Wenn
er die Pflichten seines Berufs in seinem kleinern Cirkel sich zum Vergnügen zu machen
wüßte, so würde er nicht in Versuchung gerathen, die Stille des Dorfes mit dem Geräusche der Stadt, und den kunstlosen Umgang der Landleute, die seine Liebe und Achtung verdienen, und auf seine Zeit und Kräfte
Anspruch haben, mit dem steifen Ceremoniel
städtischer Gesellschaften verwechseln zu wollen.

Um diese Zeit kam Carl Wesley von seiner heiligen Reise aus Georgien in Amerika
zurük, um in England neue Arbeiter für den
dortigen Weinberg des Herrn zu dingen.
Zugleich lief ein Brief von John Wesley
ein, worinnen folgende Stelle stund: "Nur
"Delamotte ist als Mitarbeiter bey mir, bis
"Gott das Herz einiger seiner Knechte lenkt,

F 4   "ihr

"ihr Leben in seine Hände zu stellen, und uns
"an einem Orte zu Hülfe zu kommen, wo
"die Erndte so groß, und der Arbeiter so we-
"nige sind. Wie, wenn du der Mann bist,
"Whitefield? Fragst du, was dir dafür wird?
"Speiße zu essen, Kleider zur Bedeckung,
"ein Haus, wo du dein Haupt hinlegen
"kannst, wie es unser Herr nicht hatte, und
"eine unverwelkliche Krone der Herrlich-
"keit." — Whitefielden hüpfte das Herz vor
Freude bey dieser Nachricht, und er nahm
den Ruf an, als wenn er von Gott käm.
Wesley war sein Freund. Georgien war
zwar noch in seiner Kindheit, aber wuchs doch
immer stärker an. Der Regierung lag die
Wohlfarth dieser Kolonie sehr am Herzen, und
noch weit mehr dem Whitefield die große Anzahl der neuen Anbauer, die noch keine Schulen hatten, und die Indianer, welche an die
Provinz gränzten. Die Seereise glaubte er,
würde seine schwachen Kräfte stärken, und
es blieb ihm immer die Freiheit, nach seinem Vaterlande zurükzukehren. Alle diese
Umstände bestimmten ihn, den Ruf sich zur
Gewissenssache zu machen, und ihn für göttlich zu halten. Er schlug nun alle andere
Anträge aus, die ihn zu Pfründen in England gemacht wurden, und machte Anstalten
zur Abreise, die sich aber noch ein halb Jahr
verzog. Er benutzte diese Zeit, öftere Reisen

sen nach Oxford, Bristol, Gloucester, Bath
und London zu thun, und wo er predigte,
waren die Versammlungen zahlreich und aufmerksam. Der Abschied von dem Bischoff,
von seiner alten weinenden Mutter und seinen andern Freunden in Gloucester, war sehr
rührend, und da er in der Abschiedspredigt
zu dem Ausdruck kam, daß sie ihn wahrscheinlich nicht wiedersehen würden, zerfloß alles
in Thränen. Er hatte den letzten Tag vom
Morgen bis in die Mitternacht zu thun, einer großen Anzahl Menschen Rath und Trost
zu ertheilen, welche in seine Wohnung strömten, sich noch einmal mit ihm über die Angelegenheiten ihrer Seelen zu unterreden.

Es war ihm sehr angenehm, daß ihm einer seiner Freunde auftrug, in seiner Abwesenheit einige Wochen für ihn bey seiner Land-
gemeinde zu Stonehause zu vikariren. Er
wendete diese stille ländliche Ruhe dazu an,
sich auf sein großes Vorhaben immer besser
vorzubereiten, und er spricht mit Entzücken
von diesem Aufenthalte auf dem Lande. Er
gieng oft mit einer Anzahl seiner Freunde und
Anhänger in ein benachbartes angenehmes
Holz, um den Schöpfer der Natur und den
Erlöser der Welt anzubeten, und Loblieder zu
singen. ”Könnten, sagt er in seinem Tagebuche, die Bäume dieses Waldes sprechen,
sie würden es bezeugen, wie wirksam die All-

F 5

gegenwart Gottes sich an uns äusserte. Oft wurde meine Seele vom Gefühl der Nähe und Majestät des Unendlichen so sehr überwältigt, daß ich mich auf das Angesicht ins Gras hinwarf, und ihm meine Seele hingab, auf sie, als ein weißes Blatt zu schreiben, was ihm gefiel!„ Er pflegte ausser den Predigten Sonntags, auch noch Abends im Pfarrhause Erbauungsstunden zu halten, zu welcher auch Einwohner benachbarter Dörfer kamen, und da es etwas spät wurde, und sich ein Gewitter aufzog, so begleitete er sie selbst zu Hause. Indessen, daß der Donner die andern schon schlaftrunkenen Einwohner in ihren Betten weckte, und die Blitze von einem Ende des Himmels zum andern führen, hörte man ihn mit seinen Begleitern auf dem Felde Danklieder singen und beten, daß Gott sie wachend finden möchte, wenn Jesus vom Himmel mit Feuerflammen zum letzten Weltgericht kommen würde. Ich führe diese besondern kleinern Vorfälle in seinem Leben an, weil sie charakteristisch sind. Er fand sich um diese Zeit auch gedrungen, seine Predigt über die Natur und Nothwendigkeit unserer Wiedergeburt drucken zu lassen, welche oft aufgelegt wurde, und eine große Erweckung wirkte; und da ihm viele seiner Predigten nachgeschrieben, und mit Fehlern nachgedrukt wurden, so glaubte er es sich und andern schuldig

dig zu seyn, den Druck selbst zu veranstalten,
und jede Predigt des Druckes würdig zu achten, welche Nutzen und Erbauung stiftete und
verlangt wurde, wenn sie auch die Kritiker,
ja, er selbst, in anderer Betrachtung, für
keine Meisterstücke halten konnten. Diese
Predigt zog ihm den Neid und Haß vieler
Geistlichen zu, weil er darinnen den Wunsch
äusserte "daß seine Brüder ihre Zuhörer doch
öfter mit Reden über die neue Geburt unterhalten möchten." Viele wollten ihm ihre
Kanzeln nicht einräumen, bis er diese Stelle
widerrufen hätte. Allein seine Ueberzeugungen waren fest, und er gesellte sich daher mehr
zu den Dissenters, wo er die Wahrheit ohne
Zwang lehren konnte. Er pflegte oft zu sagen, daß wenn diese Lehre von der Wiedergeburt und Rechtfertigung durch den Glauben
an Jesum in der hohen bischöflichen Kirche
fleißiger getrieben würde, in kurzem nur noch
sehr wenige Dissenters in England gefunden
werden dürften. Und freilich gehört diese
Lehre, wenn sie wohl verstanden, und nicht
gemißbraucht wird, zu dem Wesen der christlichen Religion.

Nachdem er im Lande umher Abschied genommen hatte, brachte er die ganze Zeit bis
zu seiner Abschiffung mit Geschäften in London zu. Er machte bey dem General Ogle-
thorpe und den Trustees von Georg en, so wie

bey

bey dem Erzbischoff von Canterburg und dem
Bischoff von London, seine Aufwartung. Man
forderte ihn auf, in sehr vielen Kirchen zu
predigen und das Abendmal austheilen zu helfen. Die Versammlungen vermehrten sich
von Tage zu Tage, und die Neugierde wurde
desto größer, je mehr nun von ihm wider sein
Wissen und Willen in den Zeitungen gesprochen wurde. Drey Monathe lang predigte er
gewöhnlich jeden Sonntag viermal, und sonst
noch einmal an jedem Wochentage. Der
große Zulauf, den er hatte, machte die Spe-
culation der Vorsteher von Armen = und Wai=
senhäusern rege, welche ihn einluden, sogenannte Collectenpredigten *) zu halten, weil
er das Herz so zu bewegen wußte, daß jeder
gern hingab, was er bey sich hatte, daher
er auch von seinen Spöttern im Scherz der
geistliche Taschendieb genennt wurde. Die
größten Kirchen waren so gedrängt voll, daß
man hätte glauben sollen, man könnte auf
den Köpfen der Zuhörer hinwandeln, und
gleichwol mußten Tausende wieder weggehen,
die keinen Platz fanden. Es wurden große
Summen gesammelt, und eine seiner Predigten bey dieser Gelegenheit über die frühzeitige
Frömmigkeit wurde von der Gesellschaft zur
Ausbreitung christlicher Kenntnisse im Drucke
verlangt. Da seine Abreise nahe war, setzte
man

*) Charity - Sermons.

man Wochenpredigten in Kirchen an, wo sonst
nur des Sonntags gepredigt wurde, und am
vollsten pflegte es Morgens bey Anbruche des
Tages zu seyn, wo er die erste Predigt hielt,
und das Abendmal austheilte. Die Straßen
waren alsdenn in der Dämmerung mit Leuten
angefüllt, welche mit Laternen nach der Kirche giengen, und sich untereinander von göttlichen Dingen unterredeten. So groß die
Versammlungen waren, so herrschte doch die
feyerlichste Stille; alles war ganz Aufmerksamkeit, und schien für die Ewigkeit hören zu
wollen. — Er war sehr schwächlich, und
seine Freunde riethen ihm, sich selbst zu schonen, allein er antwortete: Je mehr ich für
Gott thue, desto mehr wünsche ich für ihn
zu thun.

Im Verhältniße mit seiner Volksliebe und
seinen Beifall wuchs auch die Feindschaft gegen ihn. Der Neid mißgönnte ihm den
Ruhm, den er erndtete, und die Schmäh-
sucht drückte ihre Pfeile gegen ihn ab. Dagegen gab es aber auch viele Rechtschaffene,
die seinen Werth schätzten, und mit ihm in
inniger süßer Freundschaft lebten. Er errichtete in Privathäusern kleinere religiöse Gesellschaften, und die Erbauungsstunden, die
er am Abend daselbst hielt, dienten ihm zur
Erholung. Wenn er gleich den ganzen Tag
gearbeitet hatte, brachte er oft noch die
Nacht

Nacht mit seinen Freunden in großen Gebeten um die gute Sache des Evangelii und Fortsetzung des angefangenen guten Werkes in den Seelen der Menschen zu; und nach einer solchen Nacht war er noch so heiter, daß er sich am Morgen niedersetzte und die Predigt über die Fürbitte schrieb. Es wurde ihm sehr schwer, sich von diesen Vertrauten seines Herzens zu trennen, in deren Umgange er das Glück einer frommen Freundschaft so oft genoßen hatte. Je näher seine Abreise kam, desto mehr folgte ihm das Volk nach, wo er gieng oder stund. Die Reichen und Vornehmen überhäuften ihn mit Geschenken für sich und die Armen in Georgien. Man bat für ihn in allen Kirchen, und ganze Gesellschaften folgten ihm zu Fuß und Pferde bis nach Deptford nach, wo er an Bord des Schiffs gieng.

————

III.

III.

Erste Reise nach Georgien über Gibraltar.

Whitefield hat sieben Reisen nach den verschiedenen Provinzen in Amerika, und besonders nach Georgien gemacht, wohin er zuerst berufen war, und wo er ein Waisenhaus stiftete. Das Schiff, auf welchem er das erstemal dahin reißte, nahm seinen Weg über Gibraltar. Der erste Anblick seiner Reisegesellschaft war nicht sehr ermunternd. Die Soldaten und Matrosen gaben ihm nicht undeutlich zu verstehen, daß sie ihn für einen Schwärmer und Verführer hielten, und er hörte anfänglich fast nichts von ihnen als Fluchen und Gotteslästerung. Sein kluges und einnehmendes Betragen aber überwand alle Schwierigkeiten, und er wußte sich gar bald Eingang in ihr rohes Herz zu verschaffen. Er fieng mit den Soldaten an, las unter ihnen Gebete, hielt kurze Ermahnungen an sie, und freute sich, daß diese seine rothröckigten Pfarrkinder (wie er sie nennte) endlich willig wurden, sich über das Gehörte catechisiren zu lassen. Von dem Capitain konnte er es lange Zeit nicht erhalten, daß er seine Einwilligung zu einem öffentlichen Gottesdienste in der Cajütte oder auf dem Verdecke gege-

gegeben hätte. Whitefield stellte ihm vor,
daß er sich als den Schiffs-Capellan betrachte, daß es aber sonderbar aussehe, wenn er
blos zu den Untergebenen, und nicht auch zum
Meister predigen dürfe, und als er ihn noch
einmal ernstlich, aber bescheiden um seine Er-
laubnis bat, in der großen Cajütte in seinem
Beiseyn vor dem versammelten Schiffsvolke
predigen zu dürfen, antwortete ihm endlich
der Capitain: "Es mag geschehen, wenn wir
sonst nichts zu thun haben." Es wurde in
diesem Capitain, so wie in andern Officiers
gar bald eine Veränderung sichtbar. Whitefield hatte einst auf dem Bettküßen desselben
das Buch: Der unabhängige Whig, gefunden, und an dessen Stelle ein anderes mit
dem Titel: Der Selbstbetrüger, gelegt. Am
folgenden Morgen dankte ihm der Capitain
lächelnd für den glücklichen Tausch, und bat
ihn, das Buch behalten zu dürfen, weil es
ihm nützlich sey. Das Haupthinderniß war
nun überwunden. Es wurde regelmäßig auf
dem Decke Gottesdienst gehalten. Nach ge-
rührter Trommel versammleten sich die Soldaten in einem Kreis um ihn herum, und er
predigte in der Mitte zwischen zweyen Capitains mit großem Nutzen. Statt des Schwörens und Fluchens hörte man nun Unterredungen über Erlösung und Seeligkeit. Die
Karten und weltlichen Bücher wurden über
Bord

Bord geworfen, und er theilte ihnen dafür
Bibeln und geistliche Schriften mit, welche
er in Menge von der Gesellschaft zur Fortpflanzung christlicher Kenntnisse mitgenommen
hatte. Bey einem einreissenden Fieber auf
dem Schiffe zog er die Herzen durch Zuspruch
und geistliche und leibliche Erquickungen immer mehr an sich, weil er unermüdet zwischen
den Verdecken zu jedem Kranken insbesondere
herumgieng, und kurz, das Schiff wurde ein
wahres Bethel.

Da das Schiff vom widrigen Winde eine
lange Zeit zurükgehalten wurde, erhielt er
von den Küstenbewohnern zu Margate, Ramsgate, Deal, Dover häufige Einladungen, ihnen das Reich Gottes zu verkündigen. Wer
da weiß, was für ein rohes Volk es ist, das
sich meistens von Strandgut und Schleichhan-
del nährt; wer sich erinnert, daß die Matrosen, die an den Küsten gebildet werden, eine
Menschenklasse von den rohesten Sitten ist,
welche ihre Lebensart erzeugt; daß sie gewöhnlich die schwimmende Hölle genennt
werden, der wird das Verdienst zu schätzen
wissen, nach welchem Gefühle von Mensch-
lichkeit und Religion in ihre Herzen gebracht
wurden. Whitefield stiftete in diesen Plätzen
einige fromme Gesellschaften und Methodi-
stenversammlungen, und die guten Leute erinnern sich mit vieler Dankbarkeit an ihn, als

IIter Thl.　　　　　　　G　　　　　ihren

ihren geiſtlichen Vater, und zeigen noch die
Kanzeln als eine Merkwürdigkeit, auf denen
er gepredigt hat.

Nach vierzehn Tagen kamen ſie in Gibraltar an. Der Anblick dieſes Felſen, welcher
durch die Natur ſo merkwürdig und unüber-
windlich iſt, und wo ſich im letzten Kriege der
jezige Lord Heathfield, als damaliger General
Elliott, ſo unſterblich gemacht hat, flößte in
ſeine Seele Empfindungen der Macht und
Größe ſeines Schöpfers. Auch andere Rei-
ſende verſichern, daß es ein ungemein großer
Anblick iſt, durch dieſe Meerenge zu ſegeln,
welche zwey Welttheile trennt, und von beiden Seiten die Vorgebürge und Felſen zu ſehen. Seine Seele erweiterte ſich, und da
der Hafen in Gibraltar ein Zuſammenfluß aller Nationen iſt, ſo glaubte er die Welt im
Kleinen zu ſehen. Der damalige Gouverneur Sabine nahm ihn ſehr freundſchaftlich
auf, und bat ihn jeden Tag zu ſeiner offenen
Tafel, und als er ihm aus dem Buche Eſther
den Wink gab, ob man auch, wie beym
Gaſtmahle des Ahasverus, niemand zwänge,
was er trinken ſollte, ſo antwortete der Gouverneur, daß er dafür ſorgen werde, daß jeder thun ſollte, wie es ihm wohlgefiele. Auſ-
ſer ſeinen Arbeiten an Bord der Schiffe mit
Gebeten und Katechiſationen predigte er drey
bis viermal die Woche in der Garniſon - und
Stadt-

Stadtkirche, und nach allen Umständen zu
schließen, stiftete er daselbst großen Nutzen.
Er fand daselbst unter den Soldaten, bey welchen Religion und Christenthum doppelt liebenswürdig erscheint, zwey kleinere Gesellschaften, die ihre Privatversammlungen zur
Erbauung hielten, aber in Grundsätzen von
einander abgiengen, und wovon man die eine
dunkle Laternen, die andere aber neue Lich-
ter nennte. Er bemühte sich, sie zu vereinigen, und sie bey aller Disharmonie in Meinungen dennoch zum Eintracht in der allgemeinen Liebe zu Gott, Christus und Menschen zu bringen. Seine Bemühung war
nicht umsonst. Wie wenig er geneigt gewesen sey, eine eigne Sekte zu stiften, erhellt
auch aus den Anmerkungen, die er bey dieser Gelegenheit in seinen Reiseberichten macht.
"Wie viel Unglück, sagt er, hat die Tren-
"nung unter Christen gestiftet! Theile und
"Herrsche! ist das Motto des Teufels in der
"Religion. Wie ist es zu beklagen, daß das
"ungenehte und ganz gewirkte Kleid Jesu um
"gleichgültiger Dinge willen von den Chri-
"sten zertheilt wird?"

Die Reise selbst wurde mit allen denen
Auftritten und Abwechselungen fortgesetzt, denen das Schiffs- und See-Leben unterworfen ist. Bald hatten sie Sturm; bald Wind-
stille. Es wurden viele krank, und es star-

ben

ben auch viele von ihnen, die nach Schiffsge-
brauch begraben wurden. Die Todten auf
Schiffen werden nämlich in einer Hängematte
auf ein Bret gebunden; es werden die Gebete über sie verlesen, welche in der englischen
Liturgie vorgeschrieben sind, und alsdenn werden sie über Bord in die Tiefe gesenkt. Welch
ein großes Grab ist das Meer, das auch
einst seine Todten wieder hergeben soll. Unter andern starb ein junger Mensch, welcher
noch nicht getauft war. Whitefield konnte
also die vorgeschriebenen Gebete nicht über
ihn verlesen, hielt aber eine Anrede, welche
dem Umstande angemessen war. Er predigte
öfters über die Pflichten der Soldaten, und
über die Sünde des Schwörens und der
Trunkenheit, wozu ihn der fromme Capitain
selbst ermunterte, welcher Arnds wahres
Christenthum, das ins Englische übersetzt ist,
und Laws Abhandlung über die christliche
Vollkommenheit gelesen hatte, von welchen
beiden Büchern Whitefield das Urtheil fällt,
daß sie mit Golde aufgewogen werden sollten,
weil sie jeden, der sie aufmerksam ließt, zur
wahren Bekehrung leiten könnten. Es war
ein junger Mensch mit auf dem Schiffe, der
sich oft mit ihm unterredete. Er gestund ihm,
daß er sich anfänglich sehr gewundert habe,
wenn er hörte, daß wir alle unsere Gedanken,
Reden und Handlungen Gott heiligen müßten.
Allein

Allein jezt sehe er ein, daß die neue Geburt auch neue Begriffe wirke, und daß es zwar den Weltmenschen schwer seyn müsse, sein ganzes Leben zu einem Opfer für Gott zu machen, daß aber der erleuchtete geistliche Mensch dieses mit großer Leichtigkeit thun könne, weil er eine gewisse anziehende Kraft in seiner Seele empfände, die ihn auf ähnliche Art zu Gott zöge, wie der Magnet die Nadel zum Nordpol.

So sehr Whitefields Seele gleichsam nur immer auf einen geistlichen Ton gestimmt war, so empfänglich war sie doch auch aller Eindrücke von großen Gegenständen in der Natur. Alle die Unbequemlichkeiten und Gefahren der Seereise wurden ihm von dem unaussprechlichen Gefühl der Größe und Macht Gottes reichlich vergolten, welches der Anblick der großen Tiefe und ihrer Wunder in ihm erweckte. Am meisten vergnügte ihn an einem Nachmittage ein Schark, welcher ihr Schiff verfolgte, und die Länge eines Mannes hatte. Es ist ein ganz eignes Seegeschöpf, welches den Mund so tief am Untertheile des Kopfs hat, daß es sich umwenden muß, seinen Raub mit seiner Reihe spitziger Zähne, auf beiden Seiten zu erhaschen, womit es Beine, Aerme, wohl ganze Leiber eines Menschen, der in seinen Rachen fällt, zerschneidet. Der Altermann Watson, ein

noch

noch jetziges Mitglied des englischen Parlements, der bis jetzt einen hölzernen Fuß trägt,
war in seiner Jugend, die er in Amerika zubrachte, in Gefahr von einem solchen Thiere
getödtet zu werden. Er schwamm, sich zu ba-
den, in der See; ein Schark eilte auf ihn zu,
und ehe er noch sein Schiff erreichen und
von Bootsleuten heraufgezogen werden konnte, biß ihm der Schark einen Fuß ab.
Ganz merkwürdig ist es, daß dieses gefräßige
Ungeheuer immer eine Anzahl kleiner Fische
zu Begleitern hat, die sich an ihn halten, und
die ihn auch da nicht verlassen, wenn er gefangen wird, sondern sich fest an seine Fin-
nen hängen, und die er aus Dankbarkeit
nicht angreift, auch wenn er noch so hungrig
seyn sollte. Wie Salomo den Faulen zur
Ameise, so möchte man den undankbaren und
treulosen Menschen zum Schark und seinen
Lotsenfischen, (so werden sie genennet) hin-
weisen. Der einzige Anblick eines solchen
Seewunders, bemerkt Whitefield, würde hinreichend seyn, einen Gottesleugner von dem
Daseyn Gottes zu überzeugen, wenn es anders einen theoretischen Atheisten geben kann.

Nach vier Monathen sahen sie Land, und
kamen endlich in den gewünschten Hafen im
Flusse der Savannah. Das Andenken an
diese Reise machte ihm noch viele Jahre hernach ungemeines Vergnügen, und er nahm

von

von seinen Begleitern Abschied, wie ein ster-
bender Vater von seinen weinenden Kindern.
Johm Wesley hatte hier schon viel vorgearbeitet, und ob er gleich in allen Spuren einer Colonie fand, die noch in ihrer Kindheit
war, und nicht mehr als alles nöthig hatte,
so hofte er doch unter Gottes Hülfe, sie bald
in bessern Zustand zu sehen. Sein erster
Gedanke war die Errichtung eines Waisenhauses, und er gab sich Mühe, etwas ähnliches zu thun, was August Herman Franke
in Deutschland gethan hatte, für welchen
Mann er ausserordentliche Hochachtung bezeig-
te. Die Anbauer waren meistentheils verarmte Handelsleute aus London und England;
schottische Hochländer, mährische Brüder, und
die Salzburgischen Auswanderer, welche die
arbeitsamsten unter allen waren. Vier Meilen von Savannah hatten die eingebohrnen
Indianer eine kleine Besitzung, unter welchen
er Gutes zu thun trachtete. Indessen war er
genöthigt, nach England wieder zurükzukehren, wenn er die Zwecke erreichen wollte, die
er sich vorsetzte, nemlich in seinem Vaterlande die
Ordination eines Priesters zu erhalten, und
zugleich einen Fond für sein Waisenhaus zu
sammeln. Er besuchte einen einzigen Indianer, mit dem er aber wegen des Mangels
der Sprache nicht viel reden, und welcher
blos durch Zeichen zu verstehen geben konnte.

G 4   daß

daß er zwar einen Himmel, aber keine Hölle
glaubte. Ueber einen andern Verstorbenen
weigerte er sich am Grabe die Gebeter zu lesen, weil er auf dem Krankenbette sich erklärt
hatte, daß er darum nicht wisse, was für
eine Religion er wählen sollte, weil es so viele Secten in derselben gäb. Doch ließ sich
Whitefield überhaupt bey der so gar großen
Verschiedenheit der Einwohner und ihrer Meinungen immer von der Liebe leiten, mit welcher er auch die meisten Herzen gewann, in
welchen es noch eben so uncultivirt aussahe,
als auf dem Land selbst. Er reißte nach Frie-
derica und Ebenezer, in welchem letzten Orte
die Salzburger sich niedergelassen hatten, deren Arbeitsamkeit, Eintracht und gute Einrichtungen er nicht genug rühmen konnte.
Ihr Prediger Bolzius entschied alle Mishelligkeiten unter ihnen, und er erzog ihre Jugend
in wahrer Gottesfurcht.

Nach einem kurzen Aufenthalte reißte er
nach Charlestown in Süd = Carolina, und
schifte sich daselbst nach England ein.

———————

Die Rükreise war sehr langsam und beschwerlich, und es giengen neun Wochen dahin, ehe sie in Irland landeten. Das Schiff
wurde durch widrige Winde hin- und herge-
worfen; es entstund ein heftiger Sturm, der
ihnen allen den Untergang drohte, und wo
alles

alles voll Schrecken und Verwirrung war; die
Lebensmittel, besonders das frische Waſſer, nahmen ab; und ſie waren in großer Gefahr. Ein
Schiff von Jamaika, das ihnen begegnete,
und Ueberfluß hatte, half ihren Bedürfnißen
ab. Whitefield war über die Langwierigkeit
der Reiſe zwar unruhig, aber doch nicht un-
thätig. Er hatte in dieſer Lage, und bey den
öden einfachen Anblicke des Meeres Gelegenheit, ſich zu ſeinen Arbeiten auf dem feſten
Lande vorzubereiten, und der Ausſpruch des
Henry: Der Schnitter verliert die Zeit
nicht, die er auf das Wetzen der Sichel und
Sense wendet, gereichte ihm dabey zu grö-
ſern Troste. In der Einſamkeit, wenn wir
ſie wohl zu benutzen wißen, ſammeln wir
Kräfte zur Wirkſamkeit in der Geſellſchaft; und
der ſtille Umgang mit Gott iſt das beſte Mittel für einen nützlichen Umgang mit der Welt.
Auf Verlangen des Capitains, welcher ein
hitziges raſches Temperament hatte, predigte
er einmal über heftigen Zorn und Aerger, welches viel Eindrucke in ſeiner Seele zurückließ.
Zu einer andern Zeit predigte er wider das,
auch auf Schiffen ſo gewöhnliche Laſter der
Trunkenheit, zu welchem ſie aber zuletzt keine
Verſuchung mehr hatten, weil der Mangel ſo
ſehr einrieß, daß ſich der Mann nur mit einem
Nöſel Waſſer des Tages begnügen laſſen mußte. Sie liefen endlich im Hafen zu Limerick

ein,

ein, und das Andenken an die überwundene
Gefahr machte ihm Vergnügen, und er bemerkt dabey, daß eben so auch die Stürme
und Unruhen dieses Lebens dazu dienen werden, den Hafen der ewigen Ruhe desto angenehmer zu erreichen. Ein frommer Landedel-
mann, welcher von seiner Ankunft gehört hatte, ließ ihn sogleich zu sich auf sein Schloß
holen, und suchte seine matten Kräfte durch
tausend Stärkungsmittel wieder herzustellen.
Gottes Stunde, sagt er, war nun gekommen,
und das Wasser verwandelte sich in Wein.

Auf einer Durchreise durch Irland streute
er überall einen guten Saamen aus, welcher
in der Folge viel gute Früchte getragen hat.
Er reißte mit seinen Bedienten gewöhnlich zu
Pferde, fand den Zustand der armen Landbe-
wohner, welche meistentheils Catholicken sind,
und ihre Hütten überaus armselig , und
wünschte, daß vor allen Dingen die Bibel in
ihre eigne Sprache übersezt ihnen in die Hände gegeben werden möchte, damit sie mit eignen Augen sehen, und nicht mehr als Blinde
von blinden Leitern geführt werden dürften.
Er hatte einen andern Wunsch, daß Protestantische Freyschulen errichtet werden möchten, welchen er in Dublin, der Hauptstadt,
äußerte, und welcher hernach in Erfüllung ge-
sezt worden ist. Denn Irland, welches nun
sein eignes Parlement hat, ist auf die Errichtung

tung solcher Pflanzstätten der Wissenschaften
und der Religion mit rühmlicher Sorgfalt be-
dacht gewesen, und oft ist dieser Gegenstand
selbst in der Rede des Unterkönigs vom Throne
der Aufmerksamkeit und Berathschlagung des
Parlements empfohlen worden. Denn welchen grössern Vortheil kann eine Obrigkeit
dem ganzen Staate verschaffen, als durch
Sorgfalt für die Erziehung der Jugend und
die Errichtung guter Schulanstalten? Sonst
fand er die Wege und Poststraßen ziemlich gut,
und die Lebensmittel sehr wohlfeil. Der Bischoff von Limerik ließ ihn in der Cathedralkir-
che predigen, und bot ihm seinen Pallast zur
Wohnung an. Wo er hinkam, hielt er erst
bey dem Prediger des Orts um die Eröfnung
der Kanzel an, und überwand die falsche
Schaam, die mit solchem Selbstanbieten verbunden ist. Denn er war der Meinung, daß
die Predigt eines Fremden mehr Nutzen bey
einer Gemeinde stiften kann, als viele von
dem Prediger, den sie stets hören, und an
deßen Vortrag sie gewöhnt sind. Deswegen
ist es auch unter den Methodisten eingeführt,
daß ihre Prediger wechseln, und von einem
Orte zum andern reißen, damit das Christenthum durch die Verschiedenheit der Gaben seiner Lehrer von allen Seiten angenehm gemacht werde. Und in der That, laßt den
Mann einen Engel vom Himmel seyn, der

eit-

zeitlebens einer einzigen Gemeinde dient, und
Sonntags zweimal, und in der Woche ein=
mal, wie der Fall bey deutschen Gemeinden in
London ist, vor ihr auftreten muß, und der
gleichwohl sich nicht auspredigen, und immer
neue Eindrücke machen soll; er wird denn doch
endlich dem einen oder dem andern gleichgül=
tig werden. Es ist daher auch längst ausge=
macht, daß die zu vielen Predigten eines
Mannes unter den Protestanten nur geringen
Nutzen stiften, und wenigstens die Diener des
Evangelii unter die Nothwendigkeit versetzen,
die alte Wahrheit mit einem neuen Kleide zu
zieren, das ihr nicht allemal ansteht

Zu Dublin hatte er auch eine Conferenz
mit dem Erzbischof von Armagh, welcher der
Primas von Irland ist, und welcher ihn zum
Mittagmahl einlud. Wo er auf seinen Wege
durchreißte, wurde er angehalten zu predigen,
oder bot sich selbst dazu an, und seine Talen=
te sowohl, als die Macht der Wahrheit die
er vortrug, erschütterte viele Herzen. Denn
immer drang er auf innere Reinigkeit und Er=
neuerung der Seele; eine Lehre, die damals
wenig getrieben wurde, und jezt ziemlich wie=
der verdrängt zu werden scheint. In Man=
chester fand er eine sehr gute Aufnahme, und
kaum war er in London angekommen, so eilte
er in die Arme seiner christlichen Freunde
und

und Brüder, und fand zu seinem Vergnügen,
daß das Werk des Herrn seit seiner Abwesenheit unter ihnen einen glüklichen Fortgang gehabt hatte.

IV.

Sein Erster Versuch, unter freyem Him-mel zu predigen.

So viel ich in seinen Tagebüchern finde,
war es auf einem Berge bey Bristol,
wo er den ersten Versuch machte, unter freyem
Himmel zu predigen. Schon vorher war ihm
der Gedanke oft eingefallen, diesen Schritt zu
thun, wenn seine Zuhörer zu hunderten oder
wohl gar tausenden außer den Kirchen in London, wo er predigte, in den Zugängen oder
auf den Kirchhöfen stehen bleiben mußten, weil
jede, selbst die größte Kirche, zu klein wurde,
wo er sprach. Wenn ein Mann von solcher
Wärme für die Wahrheit, und zugleich von
solchem lebhaften Temperamente, als Er war,
eine solche Menge Menschen, die doch begie-
rig waren, etwas Gutes zu hören, weggehen
sehen müßte; so kann man es sich leicht vorstellen, wie viel Versuchung er zu dem Enthusiasmus hatte, den einige in ihm getadelt,
andere gelobt und bewundert haben. Wenn
aber ein gewisser enthusiastischer Stoß zu jeder

der grossen Handlung gehört, deren kleine
Seelen gar nicht fähig sind, so war dieses
Unternehmen, das ihn so vielen Mishandlun-
gen, nicht selten der Lebensgefahr blos stellte, gewiß ein Beweis der Größe seines Geistes und seines göttlichen Muthes. Es kam
noch dazu, daß er dazu wie genöthigt wurde.
Der große Ruf, in dem er schon bey dem Volke stund; die ganz unglaubliche Begierde ihn
zu hören, an welchem Orte er auch auftrat,
hatte in den Herzen seiner Mitbrüder, welche
Stellen und Aemter, aber keine Zuhörer hatten, Neid und Mißgunst erregt. Viele von
ihnen giengen so weit, ihm Kanzel und Kirche
zu versagen. Was sollte er bey einem solchen
Verbote thun, wenn gleichwol das Volk zu
tausenden ihm zuströmte? Und war er nicht
ein Engländer, der da reden darf, wo es
nicht gegen den Wohlstand und die Gesetze des
Landes ist?

Da ihm schon längst die armen Kohlen-
leute am Herzen gelegen hatten, die noch in
England zur rohen Klaße der Menschheit gehören, und von denen die meisten ohne Erziehung und ohne Religion heranwachsen; und
da ihm gleichwol Kirchen und Schulen verschloßen waren; so wählte er zu ihrem Unter-
richte das offene Feld. Er machte bekannt,
daß er auf einem benachbarten Berge um Bristol an einem gewißen Tage zu einer festgesetz-
ten

ten Stunde predigen würde, und es erschienen das erstemal ohngefähr zwey hundert Zuhörer. Die Neuigkeit der Sache und die Unwiderstehliche Gewalt seiner Beredsamkeit lock-
te bald mehrere auf den Versammlungsplatz,
und in kurzer Zeit belief sich die Anzahl seiner
Zuhörer auf viele tausende. Eine Anhöhe
oder ein Berg war hier seine Kanzel, und der
Himmel das Schallbret. Viele Meilen weit
kam man in Kutschen und zu Pferde, diesen
neuen Redner zu hören, weil es der Mühe
werth war. Diesen ungewohnten Anblick sich
zu verschaffen, wo die Religion und die Schönheit der Natur sich vereinigten, die Herzen der
Menschen zu feßeln, und die tiefsten Eindrücke in daßelbe zu machen. Man stelle sich ihn
vor, wie er auf einer Anhöhe, allen sichtbar,
alle übersieht, wie sie sich zu tausenden um ihn
her sammlen, oder auf Bäumen ihm zuhorchen;
wie er bey untergehender Sonne, oder in der
feyerlichen Stunde der stillen Abenddämme-
rung mit der Stimme eines Stentors, mit
der Kraft eines Paulus, unter allgemeiner
Aufmerksamkeit die großen Wahrheiten des
Evangelii und die Auftritte der Ewigkeit ihnen
verkündiget, und alsdenn eine solche Menge
einen feyerlichen Gesang anstimmt — und
beym Nachhausegehen jeder Blick und jedes
Wort voll Religion ist — wer wünschte sich
nicht, so etwas wenigstens einmal in seinem
Leben

Leben zu sehen und zu hören? Der Nutzen seiner Predigten wurde auch sehr bald offenbar;
und die ersten Zeichen seines Eindrucks auf
die Herzen seiner Zuhörer konnte er gewöhnlich selbst schon entdecken, wenn er durch ihre Menge gieng, und auf den schwarzen Gesichtern der Kohlenarbeiter die weißen Rinnen
bemerkte, welche die herabfließenden Thränen, die Ausdrücke eines erweichten Herzens,
längs ihren Wangen herunter gewaschen hatten. Es entstund unter diesen Leuten eine solche Veränderung, die Jedermann mit Bewunderung erfüllte, und das Evangelium äußerte
diejenige Kraft an Menschenseelen, als zu der
Zeit eines Apostels, von dem man es seiner
göttlichen Würde und Einfalt das erstemal
hört. Sie wurden aus Heyden Christen; ihr
Tygerherz verwandelte sich in Lammessinn;
ihre Wildheit machte dem feinern Gefühle
Platz, welches die Religion durch Einschär-
fung deßen, was wohllautet, und tugendhaft
und lobenswürdig ist, hervorbringt; von ihren Lippen, die sonst von nichts als Fluchen
und Verwünschungen ertönt hatten, hörte
man jezt Gebet und Gesang, und ihre Dörfer
und Städte wurden jezt die Wohnsitze der stillen Gottesverehrung und der häuslichen Zufriedenheit. Es ist unglaublich, wie viel Verdienste Whitefield um diese armen Leute hatte.
Er war auch nirgends lieber als unter ihnen,
und

und sie verehrten ihn als ihren geistlichen Vater mit einer Liebe womit sie gewiß den letzten
Tropfen Blut für ihn vergoßen haben würden.
Er legte noch selbst vor seiner Abreiße nach
Amerika den Grundstein zu einem Schulhause
für sie in Kingswood, und die beyden Wesleys setzten mit dem glücklichsten Erfolge das
gute Werk in dieser Gegend fort, das er zuerst angefangen hatte.

Ein glücklicher Versuch macht Muth zu
den folgenden. Die Bahn war gebrochen;
und er glaubte dazu einen Beruf zu haben,
diese Art zu predigen fortsetzen zu müßen.
Haiden, Marktplätze, Wiesen, Kirchhöfe, Landstraßen und Anhöhen auf dem Felde waren
nun gewöhnlich seine Hörsäle. Er fand dabey
Anfangs nicht so viel Widerstand als er glaubte, sondern vielmehr Ermunterung. Eine ge-
schloßene Gesellschaft zu Bristol öfnete ihm aus
eignem Triebe einen weiten grünen Rasenplatz,
auf welchem sie sich im Kugelkollern *) zu üben
und zu vergnügen pflegte, und wo er nun öffentlich selbst vor Leuten vom Stande predigte.
Da ihm Bischöffe und Priester die Kirchen, als
geweihte Heiligthümer des Herrn versagten;
weihte er sich selbst jeden Grund, den er mit
seiner zahlreichen Versammlung betrat. Als
er nach London zurükkehrte, und in Islington,
einem

*) bowling-Green.

Ilter Thl.   H

einem nahegelegenen Flecken, mit Erlaubniß
des Predigers der sein Freund war, in der
Kirche seine Predigt ablegen wollte, kam einer
der Kirchen-Väter, als er eben zur Kanzel
gehen wollte, zu ihm, und foderte ihm die
schriftliche Erlaubniß zu predigen ab. Ohngeachtet er als ordinirter und geweihter Priester der Englischen Kirche auf seinem Rechte
hätte bestehen können, die Kanzel zu besteigen,
stund er, seinen Freund zu schonen, von seinem
Vornehmen ab; aber nach geendigten Gottesdienste und Abendmale stieg er auf einen
Leichenstein im Kirchhofe, und predigte zu der
erstaunten und horchenden Menge mit desto
größerm Eindruck, je mehr der Widerstand
das Volk auf seine Vorträge aufmerksam gemacht hatte.

Unter allen seinen kühnen Versuchen, öffentlich zu predigen, ist keiner merkwürdiger,
als der, wo er sich das erstemal auf den grossen weiten Platz in London wagte, der Moorfields genennt wird. Dieser offene geräumi-
ge Strich Landes, an deßen östlicher Seite
das große Tollhaus, Bedlam, gebaut ist, war
bißher der Sammelplatz der Werber, der Seil-
tänzer und der Poßenreißer gewesen, und er
wagte es also, die Zügellosigkeit und das Laster auf der allergefährlichsten Seite für sich
anzugreifen. Da die Sache neu und ungewöhnlich, und die Zeit seines Auftritts von
ihm

ihm öffentlich angekündigt war, so fand er
beym Aussteigen aus dem Wagen eine unglaubliche Menge des niedrigsten Pöbels versammlet, von deren einigen er die Drohung
hörte, daß er schwerlich aus diesem Platze wieder lebendig davon kommen sollte. Zwey gute Freunde nahmen ihn in die Mitte, sich mit
ihm durchzudrängen, welche aber bald von seiner Seite gerißen wurden. Der Tisch, der
in die Mitte des Platzes gestellt war, auf
den er steigen wollte, war in tausend Stücken
zerbrochen. Mit der größten Gegenwart des
Geistes drang er sich durchs Gewühl wieder
zurück zu einer Mauer, welche den Platz in
zwey Theile scheidete. Die beßer gesinnten
bedeckten ihn, und machten ihm eine Straße
dahin. Er bestieg die Mauer und setzte durch
seinen Vortrag diese tobende Menge in eine
solche Stille und Aufmerksamkeit, als ob sie
in einer Kirche gewesen wären. Noch denselben Abend bestimmte er seine Zuhörer auf einen andern offenen Platz, Kennington=Com-
mon, ohngefähr drey Englische Meilen von
London, wo sich wieder eine unglaubliche Menge Zuhörer versammlete, und predigte da mit
unaussprechlichem Nachdruck. Auch die große
schwarze Haide, (Blackheath) die allen Reisen-
den, die von Dover nach London kommen,
wohl bekannt ist, machte er zum Schauplatz
seiner ungewöhnlichen Handlungen, und man

weiß

weiß es aus glaubwürdigen Nachrichten, daß
die Anzahl derer, welche sich daselbst einmal versammleten, sich auf funfzigtausend be-
laufen hat. Man konnte das Singen zwey
Englische Meilen weit hören; man errichtete
eigne Gerüste in der Nähe, wo er stand, ihn
desto beßer zu hören, und wenn sich die Versammlung so stellte, daß der Wind seine mächtige durchdringende Stimme über sie führte,
so konnte man ihn in einer weiten Entfernung
hören.

In der ungeheuren Königsstadt London
entstund eine allgemeine Erweckung, und selbst
der Bischoff von London fand es für nöthig,
an seine Geistlichkeit eine öffentliche Warnung
ergehen zu laßen, sich in diesem Zeitpunkte
vor den Abwegen der Schwärmerey sowohl
als der Laulichkeit in der Religion zu hüten.
Whietefield hatte gleichwol aber auch immer
einige große Leute von Einfluß und Ansehen
auf seiner Seite. Man sahe die Kutschen
und Pferde derselben zu hunderten halten,
wo er predigte, und ob er gleich, wie Luther
sich nur auf seine gerechte Sache und auf das
göttliche Wort verließ, so gaben ihm doch seine Beschützer ein Ansehen, ohne das er vielleicht im ersten Versuche untergelegen wär. ––
Er sammelte dabey in eigner Person und im
Priesteranzuge Collecten für das Waisen- und
Erziehungshaus, das er in Georgien für die
aus-

ausgewanderten Salzburger zu Ebenezer anzulegen gedachte, und er versichert uns selbst,
daß er einmal an einem solchen Tage auf 20.
Pfund Sterling allein in halbpfennigen oder
Kupfergelde von den Aermern gesammelt habe,
die eine solche Last machten, daß die Stärke
eines Mannes nicht hinreichte sie zu tragen.

Wer in Deutschland sich beifallen laßen
wollte, so etwas zu wagen, den würde ich
zwar nicht geradezu für einen Thoren und
Schwärmer halten. Aber, wenn seine für
Gott und Religion gestimmte Seele auch noch
der Vorsicht und Klugheit fähig wär, welche
unser Erlöser seinen Aposteln eben so nachdrücklich als den Eifer empfahl, dem würde ich
zu bedenken geben, welcher große Unterschied zwischen der Regierungsform, den Gesetzen, den
Sitten, der Lebensart und selbst der geogra-
phischen Lage der Oerter in England und
Deutschland sich findet. Er müßte in einer
ähnlichen Lage sich befinden, als Whitefield;
und durchaus kein Nachahmer, sondern Original seyn. —

V.

Seine Reisen, Bemühungen und Schiksale in Schottland und Irrland.

Auch diese Königreiche ist er verschiedenemale durchreißt, und hat daselbst sehr viele Anhänger gefunden. Er predigte zu Edinburg, einer Universität und der Hauptstadt, zu Glasgow, Aberdeen, Paisley, Perth, und in andern Städten meistens auf dem Felde und unter freyen Himmel, welches in Schottland nichts ungewöhnliches war, schon ehe ers in England einführte. Die Presbyterianer legten ihm anfänglich viel Hindernisse in den Weg, und wollten ihn durchaus nicht als ihren Bruder eher erkennen, bis er seine Grundsätze über das Kirchenregiment änderte, und ihrem feyerlichen Bündniß unterschrieb. Sie hielten auch eine Zusammenkunft, worinn sie ihm gewisse Fragen vorlegten. Allein er ließ sich in solche Nebenstreitigkeiten nicht ein. "Der Bau der Kirche, sagte er ihnen, fordert Arbeiter von aussen und innen; ich bin einer von den letztern, ich halte mich nicht bey Ornat, Umschlag, Gebetformular und Hut auf, sondern weiße, nach Anleitung meiner Bibel, Sünder jeder Religionsparthey gerade zu Christo, und wenn mir der Pabst seine Kanzel öffnete, würde ich

ich mit Freuden weiter nichts als das einfache
Evangelium verkündigen.„ Eine herrliche
Maxime, die mehr als alles eine Religions-
vereinigung zu stiften im Stande ist. Das
ewige Streiten über Form und Orthodoxie
wird keinen Nutzen stiften: aber die reine
apostolische Lehre in Einfalt, Kürze und Nachdruck an die Herzen gelegt, würde bald die
Menschen zu Brüdern machen, die sich jetzt
untereinander verketzern, und die Religion zur
Dienerinn der Zanksucht und des Unglücks
machen.

Ein Prediger in Edimburg schildert die
Veränderung, welche Whitefields Predigten
stifteten, in folgenden Worten: "Die Er-
"weckten fangen an, in allem einen wahrhaf-
"tig christlichen Sinn zu zeigen. Nach der
"Nacht, in der sie lebten, klären sie sich wie
"die Morgenröthe in ihrem Laufe zum voll-
"kommenen Tage auf. Die Religion fängt
"an in dieser sündenvollen Stadt aufzuleben.
"Die Kirchen werden fleißiger besucht. Neue
"Gesellschaften zu Gebet und brüderlicher Er-
"bauung werden errichtet. Christliche Ge-
"spräche verdrängen am Theetische die Ver-
"leumdung, und Christen schämen sich nicht
"mehr, ihren Herrn öffentlich zu nennen,
"und von ihm zu reden. Selbst die Un-
"mündigen sprechen von ihm, und sonst un-
"verbefferliche Sünder sind unter das Kreuz

H 4   "gede-

"gedemüthiget.„ Die damaligen öffentlichen
Blätter waren voll von ausserordentlichen Erweckungen, welche Gott durch den Dienst dieses seines treuen und eifrigen Dieners in dieser Gegend der Welt wirkte.

Ein anderer beschreibt seinen Charakter
auf folgende Art: "Ich betrachte diesen jungen Mann als ein besonders erwecktes Werkzeug Gottes, neue und kühne Versuche zur
Verbreitung des wahren Christenthums zu machen; und er hat alle Eigenschaften, die ihn
unter den härtesten Versuchungen dazu ge-
schikt machen. Er ist sich immer gleich; sein
Leben und Umgang ist der Abdruck seiner
Predigten. Es ist wirklich etwas Seltenes,
so viel Gutes in einem Manne beisammen zu
erblicken; so viel Demuth bey so viel Beifall;
so viel Geduld bey so viel Tadel; so viel Liebe
bey so viel Haß der Feinde; so viel Eifer für
Christi Ehre und für die Wohlfarth der Seelen; so viel Zufriedenheit bey so einem geringen Lohn; so viel Feuer für Gott und gegen die Sünde auf der Kanzel, und doch so
viel Leutseligkeit im Umgange. Er ist behut-
sam, jemanden einen Anstoß zu geben, aber
doch ohne Menschengefälligkeit. — Wenn er
predigt, ists oft, als wenn der heilige Geist
über ihn und seine Zuhörer käm. — Der
Satan wütet gegen ihn, denn er weiß, was
für Abbruch er seinem Reiche thut. — Er
zer-

zerstört unsern blinden Religionseifer, und
unsere Partheysucht, und sagt uns, daß nichts
gilt, als eine neue Geburt. — Ich bin oft
mit ihm in Gesellschaft gewesen, und habe
allezeit etwas Gutes von ihm gelernt, und
ich errinnere mich nicht, irgend ein unnützes
oder überflüßiges Wort von seinen Lippen gehört zu haben. „ —

Bey einem zweiten Besuche in Schottland das folgende Frühjahr fand er zwar
Früchte seiner Aussaat, aber auch heftigen
Widerstand. Die Presbyterianer und Sece-
ders ließen ihren Unwillen öffentlich gegen
ihn aus, und stellten einen Buß = und Fasttag
an, daß Gott sie vor einreissenden Irlehren
bewahren wolle. Denn ganze Kirchspiele waren schon in ihrem Christenthume lebendiger
geworden, und verlangten nun nicht mehr
Vorträge über Polemik, sondern Nahrung
für ihre Seele. Dieser heftige Widerstand
aber mußte selbst dazu dienen, das angefan-
gene Werk zu gründen. Die Denkungsart
und das Verhalten derer, die sich für Methodisten erklärten, war ein einleuchtender und
starker Beweis ihrer gerechten Sache. Ihr
ernstliches Verlangen, den sichersten Weg
zum Himmel zu finden; ihr gewissenhafter Umgang; ihre Treue in der Abwartung ihrer
Geschäfte und Pflichten; ihre Bereitwilligkeit
zum Ersatz und zur Vergütung irgend eines

Un-

Unrechts oder Schadens, den sie sonst ge=
than hatten; ihre Neigung, gelinde von an=
dern, strenge von sich selbst zu urtheilen; ihre
Vermeidung aller Processe und Streitigkeiten
und ihre Bemühung mit Jedermann in Fried
und Einigkeit zu leben: Alle diese liebens=
würdigen und himmlischen Eigenschaften muß=
ten jedem aufmerksamen Beobachter einleuch=
ten, zumal, wenn sie an Leuten hervorblick=
ten, welche sonst einen entgegengesetzten Cha=
rakter gezeigt hatten. Dieses waren That=
sachen wodurch alle Beschuldigungen in ihrer
Blöße dargestellt wurden, und die Religion
gewann dadurch mehr als durch Folianten
von Streitschriften. Man schrieb und predigte
wider Whitefield; aber er wußte auch wie=
der zur rechten Zeit zu reden und zu schwei=
gen. Seine Antworten, die er gab, liefen
immer dahinaus, daß er ohne Unterschied des
äusserlichen Bekenntnisses jeden, der Jesum
für seinen Herrn hielt, für seinen Bruder
erkläre; und da selbst Leute, die sonst im Ge=
rücht der Frömmigkeit stunden, und in der
Hauptsache mit ihm übereinstimmten, blos
wegen einiger Nebendinge wider ihn einge=
nommen waren, so zeigte er gegen sie das
größte Mitleiden, und machte daraus den
Schluß, wie viel Ursache er und andere Kin=
der Gottes hätten, sich für fehlerhafte Ge=
schöpfe zu halten, über ihr Herz zu wachen,

sich

sich einander in Liebe zu ertragen, und immer mehr in der Erkenntnis und Vollkommenheit zu wachsen. Er fand also wieder den besten Eingang; und bey Cambuslang war einmal eine Versammlung, welche das ganze Volk Gottes in Schottland zu enthalten schien. Sie hielten in den Feldern das heilige Abendmal; in einer gewissen Entfernung waren drey Zelte errichtet, um sie in kleinere Haufen abzutheilen, und es waren nicht weniger als zwanzig fromme Prediger zugegen, welche ihm halfen. Predigt, Gesang und Gebet, dauerte fast die ganze Nacht hindurch, und man kann sich vorstellen, mit welchen Empfindungen dieses geistliche Heerlager in ihre Wohnungen zurückkehrten.

Es wurden seinetwegen zwey Synoden gehalten, worinn die Frage war, ob die Prediger ihm ihre Kanzeln eröffnen sollten? Einige waren dawider. Man wendete ein, er sey ein Priester der Kirche von England; sey sehr unbehutsam; sein Lieblingsgedanke, das Waisenhaus und eine Akademie in Georgien sey Chimäre; er behaupte, daß Versicherung von der Vergebung der Sünden zum Glauben nothwendig sey; er dringe auf starke Gefühle und unmittelbare Offenbarungen; spreche zu kühn das Urtheil, ob jemand bekehrt sey oder nicht; er sey veränderlich und falle morgen wieder in den Fehler, den er
                                        heute

heute bereue; u. f. w. Andere aber und noch
viel mehrere, vertheidigten ihn. "Ich werde schamroth, sagte einer, wenn ich höre,
daß meine Brüder so eingeschränkte Begriffe
haben, und unsere verschwisterte Kirche von
England verachten. Sie hat ihre Mängel,
die einer Reform bedürfen, aber welche Kirche hat diese nicht? Einen Butler, Scher-
lock, Secker, würde ich gern auf einer
Schottländischen Kanzel hören, wenn sie gleich
Bischöffe der englischen Kirche sind." "Whitefields Charakter, sagte ein anderer, ist offenbar, wie die Mittagssonne; er ist geprüft
und bewährt gefunden worden. Seine Fehler sind keine Fehler eines bösen Herzens,
sondern höchstens eines irregeleiteten Urtheils,
das oft die besten und größten Männer auf
Abwege geführt hat. Man verdrehet und
mißbraucht seine Lehre. Er hält keine Predigt, worinn er seine Zuhörer nicht vor dem
zu starken Vertrauen auf bloße Gefühle warnen und ihnen sagen sollte, daß ein heiliges
Leben der beste Beweiß unsers Gnadenstandes
ist." Alles also, was zu seinem Tadel gereichen sollte, fiel zu seiner Ehre und zu seinem Lobe aus. In Irland, welches er das
erstemal im Jahr 1753. und hernach mehrmals besuchte, eröffnete sich ein anderer weiter Schauplatz für ihn. Er predigte zu Dublin,
Athlone, Limerik, Cork, Belfast und in allen
andern

andern berühmten Handels- und See-Plätzen.
Die Römischcatholische aber, die damals noch
etwas von dem Geiste ihrer Väter zu haben
schienen, welche das fürchterliche irländische
Blutbad verursacht hatten, jezt aber gelinder
in ihren Grundsätzen werden, hätten ihm beinah sein theures Leben geraubt. Es war
an einem Sonntage Nachmittag, wo er auf
einem offenen berüchtigten Spielplatze in
Dublin predigte, und da es eben Krieg war,
seine Zuhörer ermahnte, nicht nur Gott, sondern auch ihrem König treu zu seyn, und dem
damals von allen Seiten bedrängten König
von Preußen glücklichen Fortgang von Gott
erbitten zu helfen. Es flogen einige Steine
um seinen Kopf, die ihm nichts schadeten;
allein, da er nach Hause gehen wollte, und
seine Begleiter im Gewühle verlohr, stürm-
te der Pöbel von allen Seiten mit einem
Steinregen auf ihn los. Er konnte gerade
noch ein nahegelegenes Haus erreichen, in
welches man ihn, aber mit Blute bedeckt,
sprachlos und wie todt hineinzog. Man gab
ihm Erfrischungen, wusch seine Wunden, und
brachte ihn wieder zu sich selbst. Er freute
sich über die Ehre; erstaunte, wie er bey
der großen Wunde, die er besonders nahe
am Schlafe erhalten hatte, noch leben könnte, und nicht vielmehr wie Stephanus auf
der Stelle im blutigen Triumph zu seinem

ver-

verklärten Mittler hinübergerückt sey. So
handle, so leide der Mann, der in phleg-
matischer Ruhe und stolzer Aufklärung voll
Mitleiden auf Whitefield als einen Schwärmer herabsieht, und die Einsammlung des
Zehnten und der Kirchengebühren für den
wichtigsten Zweck seines Amtes hält. —

In beiden Ländern hat er Eindrücke zurük-
gelassen, welche noch nicht verloschen sind,
sondern manche fromme Handlung, manche
nützliche Anstalt erzeugt haben. Seine Predigten vertrieben den Geist des blinden Eifers, der über kleinen Nebendingen die Hauptsache vergißt, verbanden die Herzen zu einer
allgemeinern Liebe, weckten manchen Lasterhaften, ermunterten manchen Frommen, bekehrten manchen Studenten und Prediger,
und hatten besonders in ihren langen Anwendungen, die aber der horchenden Menge immer noch zu kurz schienen, eine unwiderstehliche Gewalt übers Herz. Durch seine An-
stiftung wurde manches Waisenhaus, manche
Schulanstalt besonders für die armen Hochländer im nördlichen Theile Schottlands errichtet. Sein Umgang war einnehmend und
erbaulich, und es würde dem witzigsten Kopfe
schwer werden, eine Gesellschaft auf eine so
angenehme und nützliche Art zu unterhalten.
Seine Anhänger wurden zwar verachtet, aber
dagegen waren auch Leute genug von Ansehen,

sehen, die seine Parthey nahmen. Ein gewisser Herr Gillespie, sein Anhänger, ein
Prediger, wurde durch einen Schluß der
Generalversammlung der Kirche von Schottland seines Amtes entsetzt. Allein das fromme Publikum unterstützte ihn reichlich, und
Whitefield freute sich, daß der Teufel so blind
sey, und daß der Pabst sich in einen Presbyterianer verwandle. —

VI.

Errichtung seines Waisenhauses bey Sa-
vannah in Georgien.

Von England aus, nahm er auf seiner zweiten Reise nach Amerika etwas über tausend Pfund Sterling mit, die ihm zum Anfange der Ausführung seines Plans, zur Erbauung eines Waisenhauses dienten. Auch
in Amerika machte er hin und wieder in den
Städten der verschiedenen Provinzen, wodurch er reißte, und wo er predigte, Sammlungen zu diesem Behuf. Das Beyspiel des
berühmten Stifters des hällischen Waisenhauses, Franke, gereichte ihm beym Anfange
und Fortgange des Werks zu vieler Ermunterung. Es wurden 500 Acker unbebautes
Land angekauft, und im Jahr 1740 legte er
selbst den ersten Grundstein, und nennte das
Haus

Haus, Bethesda. Die Zahl der armen Kinder, welche er aufnahm, und welche gespeiset, gekleidet und unterrichtet wurden, belief sich bald über vierzig, und wenn er die Arbeitsleute, die Aufwärter, Lehrer und andere zum Werke gehörigen Personen, rechnete, mußte er täglich für etwa hundert sorgen, die nun auf ihn sahen. Das Geld im Vorrathe war bald aufgezehrt, und er war oft wie Franke in dem Fall, daß er am Morgen die Mittel nicht wußte, die für die Bedürfnisse des Tages gehörten, die er aber erglaubte und erbetete. Die Provinz Georgien war eine der entlegensten und unbebautesten, folglich auch eine der dürftigsten, daß er in ihr selbst wenig Unterstützung fand. Seine Vorstellungen vor dem Parlamente und den verschiedenen Statthaltern fruchteten auch wenig, und Gott war es allein, von dem er Hülfe erwartete und erhielt. Doch bediente er sich aller Mittel, die ihn seinem Zweck nahe brachten, und erwartete da kein Wunder, wo Gott es in seine Gewalt gegeben hatte, selbst Rath zu schaffen.

So nahm er unter andern ausdrücklich eine Reise durch Amerika vor, seinen armen Waisen Brod zu schaffen. Er ließ sich dabey die größten Beschwerlichkeiten gefallen, und lag oft des Nachts auf den bloßen Boden in den Wäldern, wo er mit seinen Reisegefährten ken ein Feuer um sich her machte, um nicht nur sich zu wärmen, sondern auch die wilden Thiere abzuhalten. Ein herrliches Bild von dem Schutz, den der Allmächtige den Seinigen wiederfahren laßen will, wenn er ihnen versprochen hat, eine feurige Mauer um sie herum zu seyn. Zu *Philadelphia* predigte er auf den Feldern, und tausende wurden aufmerksam. Viele Negers kamen ernsthaft zu ihm und fragten: Ob sie wirklich eine Seele hätten? Des Tages war er mit Arbeit beschäftigt und des Nachts ritt er betend und singend durch die Wälder weiter. Die Wirkungen seiner Predigten in diesen noch wilden Gegenden waren sehr auffallend. Nicht nur die Zuhörer, sondern auch die Lehrer großer und kleiner Gemeinden wurden erweckt. Einer unter den Predigern erklärte den nächsten Sonntag von der Kanzel, daß er bisher sich und sie betrogen habe, und daß er jezt nicht predigen, aber wohl mit ihnen beten könne. Ein Indianer hörte ihn einst, und sagte, daß er nun gehen und seinen schwarzen Brüdern verkündigen wolle, was er gehört habe. Selbst seine Spötter und Feinde empfanden eine geheime Ehrfurcht gegen ihn und den Inhalt seiner Vorträge, welches aus folgendem merkwürdigen Vorfall erhellt. Eine Trinkgesellschaft hatte einen jungen Neger zur Aufwartung, der eine große Stärke besaß, zu ihrer Belusti-

IIter Thl.　　　　J　　　　gung

gung die Reden und den Gang anderer nach-
zuäffen. Sie befohlem ihn, Whitefields Predigtart nachzuahmen. Erst wollte er nicht,
da sie aber in ihn drangen, stund er ernsthaft
in ihrer Mitte mit den Worten auf: „Ich rede die Wahrheit in Christo und lüge nicht: Es
sey denn, ihr thut alle Buße, sonst werdet
ihr alle verdammt.„ Es machte einen solchen
Eindruck, daß die Gesellschaft aufbrach und
sich niemals wieder versammelte. — Zu Charles-Town fand er den stärksten Eingang. Er
erhielt Einladungen nach Boston, und sein
eignes Verlangen, die Abkömmlinge der alten
ächten Puritaner zu sehen, zog ihn von selbst
dahin. Bey seiner Abschiedsrede zu Boston
sollen zwanzigtausend Menschen versammlet
gewesen seyn. Die Deutschen emigrirten
Herrnhuter sowohl, als auch einige Englische
Prediger in diesen Gegenden hatten schon vor
ihm einen guten Grund gelegt, aber bey seiner
Ankunft schien ein neues Leben unter alle zu
kommen, und sie alle dankten ihm mündlich
oder in Briefen für die Aufmunterung, die er
ihnen auf dem Wege nach dem Himmel gäbe.
Zu Neu-York streute er einen Saamen aus,
der bis jezt noch gute Früchte trägt, so wie
seine Reisen, die viel Aehnliches mit den
Apostolischen haben, in Amerika überhaupt zu
diesem Zwecke gedient haben. Ueberall war
Kopf, Herz, und Hand von ihm gleich geschäftig

tig für die Erweiterung des Reichs seines
Herrn, der ihn sendete, und sein Gedächtniß
bleibt in vielen tausend Gemeinden in Segen.

Er brachte von diesen seinen Reisen über
siebenhundert Pfund Sterling für seine Wai-
senkinder mit, welche bey seiner Rückkunft und
Bekanntmachung dieser Wohlthaten in Dankbarkeit und Thränen zerfloßen. Er verließ sie
noch dieses Jahr, um nach England zurückzukehren, aber sein Geist war stets bey ihnen
gegenwärtig. Dieses Waisenhaus hat sowohl
während seines Lebens, als auch nach der Zeit
verschiedene und zum Theil traurige Schicksale
gehabt. Schon in zwey Jahren drauf war
es in Gefahr, so wie die ganze Provinz in die
Hände der Spanier zu fallen, und die Kinder
mußten in ein Privathaus zur Sicherheit gebracht werden. Er war damals in Edinburg,
und schrieb ihnen folgendes zum Troste: „Ich
sehne mich sehr nach euch, und recht gern wollte ich an eurer Spitze seyn, wenn ihr kniet
und betet, obgleich ein Spanier sein Schwerd
an meinen Hals setzen sollte. Der Gedanke
der göttlichen Liebe erhebt mich über Alles.
Die Spanier können uns diese nicht rauben;
dieß kann kein Mensch, kein Teufel. Ich hoffe
indessen, daß ich im kurzen von eurer zeitlichen
und geistlichen Wohlfarth hören werde.„ Diese Hofnung wurde gekrönt, denn die Spanier wurden zurück getrieben. Es war einer

J 2   seiner

seiner Lieblingsgedanken, dieses Haus nicht
nur zu einem Zufluchtsorte vaterloser Waisen,
sondern auch zu einem Sitz der Wissenschaften
und zu einer Pflanzschule junger Prediger und
Gelehrten zu machen. So etwas fehlt auch
wirklich noch im südlichen Theile von Amerika.
Allein dieses war ohne Unterstützung der weltlichen Obrigkeit nicht möglich, und es blieb
diesesmal dabey, daß er bloß schriftlich seine
Absicht gehörigen Orts anzeigte, und ersuchte, dem Hause eine gewisse Zahl Negers zu
verwilligen, das Land zu bauen, so wie dieses
überhaupt auch zum Aufnehmen der ganzen
Provinz gereichen würde. Im Jahr 1765.
setzte das Parlement Georgien auf denselben
Fuß mit andern Provinzen, und es zeigten
sich einige Stralen von Hofnung, daß eine
Universität zu Stande kommen würde. Der
Statthalter sowohl als die Rathsversammlung
war dafür, und es wurden dem Waisenhause
noch zweytausend Acker Land geschenkt. Er
selbst reißte deshalb nach England, und es
war schon beim geheimen Kabinet soweit gekommen, daß das Formular eines Stiftungs-
briefs aufgesetzt wurde. Allein es sollten die
zwey Punkte hineingesetzt werden, daß der
Kanzler oder das Haupt ein Mitglied der Kirche von England seyn, und die öffentlichen
Gebete nach der bischöfflichen Liturgie, und
nicht aus dem Herzen verrichtet werden sollten.

ten. Whitefield konnte darein nicht willigen,
weil das Haus durch Wohlthaten von Dissenters erbaut sey, und er schrieb zwar mit aller Bescheidenheit aber auch im Geist eines
freyen Engländers einen Brief an den Erzbischoff, worinnen er sagte, daß er ihm weiter
nicht beschwerlich fallen wollte, wenn der
Freybrief auf keine andere Art eingerichtet
werden könnte. Er wollte durchaus keinen
Zwang, sondern Freiheit, und legte deswegen
doch eine Art Akademie an, die unter der
Aufsicht gewisser Vorgesetzten stehen sollte. Es
wurden dem Hause zwey Flügel angebaut,
und bey der Einweihung war der Gouverneur
und Rath zugegen, die beide öffentlich in den
Zeitungen seine Verdienste um die Provinz
rühmten. Gern hätte er noch bey Lebzeiten
diese Anstalt in voller Blüthe gesehen, allein
die Hauptabsicht blieb unvollendet. Er starb
im Jahr 1770. und hinterließ in seinem Testamente Haus, Land, Negers, Vieh, und alles Zubehör der Lady Huntingdon mit der
Bitte, seinen Plan noch nach seinem Abster-
ben auszuführen. Im Amerikanischen Kriege,
welcher die blühenden Provinzen überhaupt
verheert hat, wurde auch diese herrliche Erziehungsanstalt großentheils zerstört, aber
doch sind ihre Besitzungen nicht verloren gegangen. Die Gräfin Huntingdon, welche
jetzt, da ich dieses schreibe, noch am Leben ist,

J 3   läßt

läßt als rechtmäßige Erbin die Sache betrei-
ben, und es ist kein Zweifel, daß auf einem
solchen Grunde noch künftig vieles fortgebauet
werden könne. Zwar stund zu fürchten, daß
auch dieses Haus so wie andere confiscirte
Güter der Royalisten von den Amerikanischen
Staaten eingezogen werden würde, allein die
Gräfin Huntingdon ist endlich als die rechtmäßige Besitzerinn anerkannt worden.

Unter dem Gelde, das für diese Anstalt
gesammelt, und wovon er hernach Eigenthü-
mer oder vielmehr Verwalter wurde, war kein
Schilling, der nicht freiwillig wäre beigetragen worden. Oft schlug er Beiträge aus,
wenn sein Kredit dabey hätte leiden können.
Ein junges Frauenzimmer bot ihm einmal in
Schottland ihr ganzes Vermögen an, welches
in Geld und liegenden Gründen siebentausend
Pfund betrug. Da er es verbat, wollte sie
es seinem Waisenhause schenken, aber auch
dieses nahm er durchaus nicht an. Es ist dieses ein Beweiß seiner Uneigennützigkeit und
Redlichkeit, welche seine Feinde so oft haben
in Zweifel ziehen wollen. Die reichlichen
Kollekten aber, die er machte, waren eine
Frucht seiner großen Beredsamkeit, womit er
die Herzen zu irgend einem Entschluß lenken
konnte. Sehr viele hat er auch für bedrück-
te Protestanten in fremden Gegenden gemacht.
Unter andern sammelte er einmal in seinen

Ka-

Kapellen über vierhundert Pfund für die un-
glücklichen Preußen, die im Kriege von den
Rußen so viel gelitten hatten. Se. Majestät,
der letzte König von Preußen hat ihm seinen
Dank für diese großmüthige Liebe gegen seine
Unterthanen selbst versichern lassen.

VII.

Bekanntschaft mit der Gräfin Hun-
tingdon.

Es war gewißermaßen eine öffentliche Be-
glaubigung seines Werthes, daß diese
Dame sich seiner annahm und ihn zu ihren
Hauskapellan erklärte. Man hätte sonst
glauben können, daß er nur mit der Sprache
des Pöbels bekannt sey, und die Kunst verstehe, die Religion zu einem Zaume des Pöbels zu machen, wozu sie stolze Freygeister so
gern machen wollen. Wenn gleich nicht viele Edle nach dem Fleisch berufen sind, so waren doch einige in England, die sich für ihn
intereßirten, und eben hierdurch einen Beweiß
gaben, daß für den König, so wie für den
Bettler nur ein und eben derselbe Weg zum
Himmel sey. Es war im Jahr 1748. da er
eben aus Amerika kam, als sie ihn vor ihr
predigen ließ. Es waren einige andere von
Adel zugegen, die ihn mehrmals zu hören

J 4   wünsch-

wünschten. Graf Chesterfield, welcher ihn
damals hörte, versicherte ihn, daß er ihm
selbst das Lob nicht sagen wollte, das er ihm
vor andern geben würde. Lord Bolingbroke
fällte das Urtheil, daß er in seiner Predigt
meisterhaft über die göttlichen Eigenschaften
gesprochen habe, und selbst der berühmte David Hume, der sein Zuhörer damals war, bewunderte seine Beredsamkeit. Diese Zeugnisse haben eben kein Gewicht, aber sie sind
doch merkwürdig.

Lady Huntingdon, welche damals anfieng
der Welt zu entsagen, wurde durch ihn immer
fester in dem Entschlusse bestärkt, sich ganz dem
Herrn zu heiligen, und ihr ganzes Vermögen
zu frommen Gebrauch noch bey ihren Lebzeiten
zu verwenden. Sie errichtete daher eine
große Anzahl Kapellen in London, und in allen Theilen des Königreichs, welche Whitefield meistens einweihte. Die zu Bath, eine
der ersten, die er eröfnete, ist ein schönes
Gebäude, in welchem Einfachheit mit Majestät und heiliger Würde gepaart ist. So eröfnete er auch die Erziehungsanstalt, und die
Kirche dabey, welche diese fromme Dame im
südlichen Theile des Fürstenthums Wallis zu
Talgarth in Brecknockshire errichtet hat, aus
welcher schon mancher brauchbare fromme
Diener Christi gezogen worden ist. Bey der
Einweihung der Kapelle zu Tunbridge Wells,
einem

einem berühmten Gesundbrunnen, predigte er
über die Worte: Hier ist nichts anders als
Gottes Haus, und dieß ist die Pforte des
Himmels 1 Mos. 28, 17. und in der That sind
alle Gottesverehrungen in diesen Kapellen so
reizend und erbaulich, daß man sich im Himmel zu seyn glaubt, wenn man ihnen mit Andacht beiwohnt. Sie hat viele solche Kapellen in London, von welchen die vornehmste
die in Spafields bey dem Dorfe Islington ist,
bey welcher sie selbst nahe wohnt. Ihre ganze Seele lebt in Jesu, wie in ihrem einzigen
Elemente, und diese feurigen Empfindungen
dauern biß in ihr jeziges hohes Alter fort.

Ihrem Rath und Einfluße hatte Whitefield
einen großen Theil seiner Unterstützung zu
danken, die er bey Errichtung seiner eignen
Kapellen genoß. Gleich nach seiner ersten
Rückkunft von Amerika wurde er veranlaßt,
auf dem weiten Platze bey London, welcher
Foundry heißt, und wo schon Wesley vorher
eine große Kapelle errichtet hatte, eine Art
von großer Hütte bloß mit breternen Wänden
aufzuführen, die vor der Hand dazu dienen
sollte, seine große Anzahl Zuhörer, zu denen
er auf freyem Felde predigte, vor Wind und
Regen zu schützen. Er nennte es das Taber-
nackel, und es ist in der Folge seine größte
Kapelle in London geworden. Gewöhnlich
sind hernach alle Kapellen, die er erbaut hat,

Taber-

Tabernackels genennt worden, z. E. die zu Bristol, zu Norwich. Eine der besuchtesten ist die in Rottenham=Court=Road in London, bey welcher zugleich ein großer Kirchhof ist, und an welcher nicht nur ein Haus für die reißenden Prediger, sondern auch für arme methodistische Wittwen angebaut ist. *) Es ist sehr auffallend, wenn man des Sonntags diese Kapellen mit Menschen ganz angefüllt und die eigentlichen Englischen Kirchen ganz leer findet. In jenen herrscht Feuer, Andacht und Leben, wenn in diesen nichts als Trockenheit, Kälte und mechanische Andacht sichtbar ist. Es wäre der Mühe werth zu untersuchen, warum die Prediger den größten Zulauf haben, welche das Evangelium predigen, und diejenigen fast zu leeren Bänken reden, welche blos Moral in einem schönen Gewand vortragen? —

Ich muß hierbey sogleich einer Kapelle erwähnen, welche in Long=Acre, einer Straße, wo die berühmtesten Kutschmacher wohnen, nahe bey den beiden königlichen Schauspielhäusern zu Drurylane und Coventgarder liegt, in

---

*) Ein benachbarter Geistlicher der Englischen Kirche pflegte diese Kapelle, Whitefields Seelen=Falle zu nennen. (Whitefield's Soul-Trap. —) Und in der That ist manche Seele hier im geistlichen Verstande gefangen worden, um frey zu werden.

In welcher jezt Sonntags eine sehr zahlreiche
Versammlung ist. Whitefield fand großen
Widerstand, als er das erstemal darinnen
predigte, weil vermuthlich die Unternehmer
Abbruch befürchteten. Es war eine Anzahl
des niedrigen Pöbels, nebst Trommelschlägern
und Pfeiffern gedingt, den Gottesdienst zu stö-
ren. Er sowohl, als die Zuhörer wurden ge-
mißhandelt, und einige der letzten stark ver-
wundet durch die Steine, wodurch die Fenster
zerbrochen wurden. Er schrieb einige Briefe
an den Bischoff, und sagte ihm, daß auch ihm
der Weg zum König offen stünd, dessen Gesetze keinen einzigen seiner Unterthanen auf so
widerrechtliche Art zu verletzen erlaubten. Er
bat, den unruhigen Köpfen Einhalt zu thun,
und fragte, ob er als Kapellan einer der wür-
digsten Reichsgräfin, als ein Mitglied der Kirche von England, und als ein Sohn und
Freund der brittischen freyen Reichsverfassung
nicht ein Recht zu so einer Bitte haben? Da
indessen die Aufrührer nicht abließen, schafte
er sich wirklich durch die weltlichen Gesetze
Ruhe. Es wurden ihm einige Briefe einge-
händigt, worinn ihm mit einem schnellen
Meuchelmord gedroht wurde; allein er blieb
unbeschädigt, da die Briefe dem Staatssecre-
tair übergeben und öffentlich eine Belohnung
auf die Entdeckung des Verfassers gesetzt
wurde.

Man

Man wußte sich aber auf eine andere Art zu rächen. Er wurde nämlich auf der Schaubühne selbst in einer Farce durchgezogen und lächerlich gemacht. Samuel Foote ließ sich zum Werkzeuge brauchen, den würdigen Mann nicht nur, sondern selbst die Religion und einige Stellen der Bibel, die er oft anzuführen pflegte, auf eine Art vorzustellen, wie es die Zuschauer zum Lachen bewegen mußte; denn das Stück, in welchem dieses geschahe, der Mündel, (the Minor) ist an sich ein schwerfälliges unbedeutendes Ding. Der Prediger Madan, Verfasser der berüchtigen Telyphthora, schrieb zwar deshalb an den David Garrik einen Brief, aber ohne Wirkung. Als der Spieler Foot im Jahr 1770. das Nachspiel in Edinburg aufführen wollte, entstund ein Streit unter den Zuschauern, ob es nun noch aufgeführt werden könne, da Whitefield todt sey? Man konnte es zwar vor diesesmal nicht hindern, allein, das Stück wurde hernach verdammt und durfte nicht mehr aufgeführt werden. So etwas müssen sich nun wohl auch Staatsmänner und Könige gefallen lassen, die Geißel der Satyre zu fühlen, und sich im Schauspiel sagen zu lassen, was sie aus beßern Quellen schöpfen könnten; allein bey so einem Charakter, wie Whitefield, war es zu bedauern, daß selbst die Bibel, dieses ehrwürgigste heiligste aller Bücher, entehrt

ehrt wurde. Die Religion verlor indessen so
wenig dabey, daß sie vielmehr gewann. Denn
Whitefield that durch seine Predigten über den
schädlichsten Einfluß der Schauspieler auf die
Sittlichkeit, diesen Häusern wirklichen Abbruch, aber die Spieler füllten durch ihre
Gaukeleyen seine Kapellen. Denn dieß machte ihn erst vollkommen bekannt und berühmt,
und viele haben sich nichts weniger, als die
Neugierde reuen lassen, die sie trieb, ihn zu
hören. Das neuere Stück, der Heuchler,
das nach dem Tartüffe des Moliere umgear-
beitet seyn soll, und oft im Winter in London
aufgeführt wird, ist nichts anders als eine
feine Satyre auf die Methodisten, und ob es
gleich mit der Moral schließt, daß man wahre
Religion hochachten und falsche verachten müsse, so fürchte ich doch, daß der Zweck deßelben nicht erreicht, sondern das Gegentheil gewirkt wird, welches überhaupt der Fall ist,
wenn man gleich zur Schande des Christenthums noch immer fortfährt, die Bühne für
eine Schule der Sittenlehre zu halten. Lachen
ist freilich der menschlichen Natur einmal we-
sentlich, und wie die Aerzte sagen, dienlich für
die Gesundheit. Man lache also, wenn man will,
über einen alten Stutzer, über eine bejahrte
Coquette, die nach verlornen Reizen noch auf
Beyfall ausgeht, über den Soldaten, der eine
Memme ist, über den Redner, welcher stot-
tert

tert — kurz über die Thorheit derer, die etwas seyn wollen, was sie nicht sind, und nicht werden können. Aber man lache nicht über die Religion und ihre Lehrer; der Gegenstand ist zu heilig für den lachenden Spott, und Fehler und Mißbräuche des Christenthums müssen eher beweint, als belacht werden.

VIII.

Vermischte Nachrichten von seinen Reisen in verschiedene Ländern.

Im Fürstenthume Wallis, von welchem der Englische Thronerbe seinen Namen hat, hieng zu seiner Zeit ein großes Licht auf, wozu er vieles beitrug. Es war schon durch einen gewissen Herrn Jones viel vorgearbeitet, und es waren gewisse fromme Verbrüderungen gestiftet worden, welche viele rechtschaffene Geistliche in sich schloßen, die nun mit den Methodisten in Gemeinschaft traten. Die Walliser sprechen ihre eigene Sprache, welche mit der Englischen gar keine Aehnlichkeit hat. Sie halten sich für die uralten Bewohner der Insel, für die ächten Britten, die zu Zeiten der Angelsachsen, der Normannen und Dänen in ihre Berge flüchteten, und niemals überwunden wurden. Sie sprechen aber gleichwol Englisch dabey.

Zu

Zu Plymouth, einem der wichtigsten See-
häfen und Kriegs - See - Arsenäle mußte er
einst fünf Wochen lang auf die Convoy warten, und kam einmal in große Lebensgefahr.
Eine Bande junger Bösewichte hatte ihm den
Tod geschworen. Einer von ihnen bat ihn
zum Abendeßen im Gasthofe, allein er schlug
es ab und nöthigte den jungen Menschen, der
sich für einen Sohn eines seiner Freunde in
Amerika ausgab, auf sein eigenes Zimmer.
Schüchtern sahe er sich während des Eßens
immer um, als wenn er etwas im Sinn zu
thun habe, gieng aber doch endlich fort, und
versicherte seinen Kameraden, daß er so höflich bewirthet worden sey, daß er unmöglich
sein Vorhaben hätte ausführen können. Ein
junger Seelieutenant nennte ihn eine feige
Memme, und erbot sich das Geschäfte zu
übernehmen, und zwar noch dieselbe Nacht.
Whitefield war schon im Bette, als er sich
anmelden ließ, und weil er glaubte, daß Jemand ihn wegen seines Seelenzustandes sprechen wollte, ließ er ihn vor sich kommen.
Kaum hatte er unter der Larve der Heuchelen
die erste Anrede gemacht, so fieng er an zu
fluchen, und auf den guten Whitefield mörde-
rische Angriffe zu machen. Die Wirthin
sprang noch zu rechter Zeit hinzu, aber ehe
man ihn festhalten konnte, war der Bandite
entwischt. Wenn gleich die That nicht vollendet

det wurde, so war sie doch mit allen Schrecken eines schnellen und gewaltsamen Todes begleitet. Wie er das erstemal wieder auftrat, kamen tausende von Neugierigen, die alle den Mann sehen wollten, der dem Tode so nahe war. Er predigte gewöhnlich auf den Schiffswerften und Feldern bey Plymouth, und die Fahrleute nahmen von keinem etwas, der sich übersetzen ließ, um ihn zu hören. Fern sey es von uns, sagten sie, das Wort Gottes zu verkaufen.

Zu York in Neu-England wurde er einst sehr plötzlich krank. Gleichwol war Nachricht gegeben worden, daß er predigen würde. Dieß war seine Universal-Medicin, wie er es nennte. Ohngeachtet der größten Schwachheit predigte er. Das Volk hörte ihn wie einen Sterbenden, und da er selbst glaubte, daß er noch vor Morgen in der Ewigkeit seyn würde, und da also die unsichtbaren Güter der künftigen Welt seiner Seele so wichtig wurden, so hatte sein Vortrag eine solche Kraft, wie noch niemals. Er wurde zu Hause getragen und auf ein Bette vors Feuer gelegt. Jedermann hielt ihn für todt. Allein Gott erhielt ihn noch. Ein armes Negerweib, die ihn wartete, sagte ihm dieses voraus. In gebrochenem Englisch redete sie ihn an: „Meister, ihr seyd gerade jezt vor der Thür des Himmels. Aber Jesus Christus sagt: Fort,
fort,

fort, du mußt noch nicht hierher kommen, geh erst und rufe noch einige arme Negers." Whitefield wurde dadurch sehr ermuntert, und es sind wirklich durch seinen Dienst Tausende nicht nur von Schwarzen, sondern auch von Weißen zum Himmelreiche berufen worden.

Wie im Jahr 1745 die Belagerung gegen Cape Breton vorgenommen werden sollte, bat ihn ein Officier, Scherburne, um ein Motto in seine Flagge, weil dieß eine Menge seiner Anhänger freywillig in Dienst ziehen, und den Sieg befördern würde. Er wollte erst nicht einwilligen, weil so etwas sich nicht vor ihn schicke; da aber sein Freund darauf bestund, gab er endlich die Parole: Nil desperandum Christo Duce. Nun ließ sich eine große Menge werben, an die er erst eine Rede hielt, und in einer Zeit von sechs Wochen kam die Nachricht, daß Luisburg erobert sey.

Um seiner Gesundheit willen reißte er einige Zeit auf die Insel Bermudas. Das Rathhaus wurde ihm als eine Kirche eingeräumt, und er hielt hernach auch Vorträge in Privathäusern und auf dem Felde vor den Negers, denen er das erstemal ihre Lieblingssünden, Fluchen, Stehlen und Lügen verhaßt zu machen suchte. Er sagte ihnen, ihre Herzen wären so schwarz wie ihre Gesichter. Einige waren darüber aufgebracht, und wollten

ten ihn nicht weiter hören. Sie erwarteten,
daß er ihren weißen Herren das Gewissen
schärfen sollte, welches er das erstemal nicht
so geradezu thun wollte, weil er gelernt hatte,
immer Schlangenklugheit mit Taubeneinfalt
zu verbinden. Andere hingegen wurden wirklich zu einem lebendigen Gefühl der Buße
und des Glaubens gebracht; und alle, Weiße
und Schwarze, gewannen ihn endlich lieb.
Als er Abschied nahm, saß Aufmerksamkeit auf
jedem Gesicht, und Thränen zitterten in jedem
Auge.

Zu Northampton wurde er mit dem berühmten D. Doddridge, dem Prediger dieses Kirchspiels, und mit dem angenehmen
Schriftsteller Hervey bekannt, mit welchem er
einen ganzen Nachmittag zubrachte. Der
letzte schrieb über ihn an einen Freund, folgendes Urtheil: "Ich habe den vortreflichen
Knecht Jesu, Whitefield kennen lernen. Gewiß, ich sahe noch keinen Christen, der schon
auf der Erde dem Himmel so nahe gekommen
wär. Man kennt ihn nicht, diesen liebenswürdigen und musterhaften Mann, sonst würde man, statt ihn zu verkleinern, ihn lieben und
achten. Ich, für meinen Theil, sahe noch keinen so lebhaften Abdruck unsers Herrn, kein
so lebendiges Ebenbild unsers Erlösers, kein
solch erhabenes Vergnügen in Gott, kein solches allgemeines Wohlwollen gegen Menschen,

schen, keinen solchen Glauben an die göttlichen Verheissungen, keinen solchen brennenden Eifer für die Ehre Gottes; und alles dieses ohne die geringste mürrische Laune, ohne Zwang, erhöht durch das einnehmendste Wesen des Umgangs, und regiert durch gesunde Vernunft und durch die Weisheit der Schrift. „ — Sie wurden hernach die besten Freunde, wechselten Briefe und besserten einer an des andern Schriften. Es giebt hierinn folgende Stelle in Whitefields Briefe an Hervey Licht: "Daß ich den Kritiker über Ihre Schriften machen soll, ist so viel gefodert, als daß ich der Sonne ein Licht vorhalten soll. Indessen, da Sie es so verlangen, will ich einige Stellen bemerken, ob ich gleich weiß, daß unser Selbst nicht gern sterben will, wenn es auch auf die sanfteste Art getödtet wird, ohne wenigstens einigen Unwillen gegen den künstlichen Mörder zu empfinden. — Ich danke Ihnen tausendmal für die Durchsicht meiner armseligen Arbeiten, welche Sie gewiß nicht mit aller schuldigen Strenge behandelt haben. Wie viel Vergebung werde aber ich nöthig haben, daß ich Ihr Gespräch zwischen Theron und Aspasio, nicht nur zerstümmelt, sondern beinah ganz zernichtet habe? Wenn Sie glauben, daß meine Predigten sich vor das Publikum wagen dürfen, so senden Sie mir dieselben bald zurück. Ich habe keinen Trost dabey,

bey, als den, daß Gott sich schwacher Werkzeuge bedient, die Starken zu demüthigen, Ich schreibe für die Armen, Sie für die große und feine Welt; Gott wird gewiß Ihre Schriften segnen.„ — — Diese vortrefliche Stelle macht seinem Herzen eben so viel Ehre als seinem Geschmack. Tausendmal ist es nicht nur ihm, sondern auch andern gründlichen und frommen Männern vorgeworfen worden, daß sie Gelehrsamkeit, Sprachen und schöne Wissenschaften verachteten. Allein solche Beschuldigungen widerlegen sich von sich selbst. Freilich verachten sie jede Wissenschaft, die blos zur Eitelkeit und Nahrung der Neubegierde dient; sie verachten die Wortklauberey, und das jetzt in vielen periodischen Schriften so herrschend werdende Schulmeisteriren — aber sie achten die Worte um der Sache willen, und bleiben nicht bey der Schale stehen, sondern suchen den Kern.

Im Jahre 1754 nahm er seinen Weg nach Amerika über Lissabon, und hielt sich daselbst etwa einen Monath auf. Dieser Aufenthalt diente dazu, nicht nur seine wankende Gesundheit zu stärken, sondern auch ihn für die großen Wohlthaten und Verdienste der Reformation dankbarer zu machen. Er erstaunte über das Gemisch von menschlicher List und blinden Aberglauben, wodurch Tausende von der Einfalt des Evangelii abgezogen

gen werden, und über die Processionen besonders des heiligen Franzis, wo beinahe
zweihundert Bußfertige bey Mondschein in
der Nacht durch die Straßen zogen, und lange große Ketten an ihren Füßen schleppten,
die ein fürchterliches Gerassel machten, und
wovon einige sich mit ledernen Riemen, an
denen Stücke Eisen befestigt waren, bis
aufs Blut geisselten. Wie dankte er Gott,
daß nicht nur Britannien, sondern auch viele
andere Länder von dieser geistlichen Knecht-
schaft befreyt, und durch das wundervolle
Werk der Reformation zur wahren Erkenntnis gelangt wären. Er beschreibt in einigen
seiner Briefe die abergläubischen heiligen
Spiele, die er am grünen Donnerstage und
Charfreytage treiben sah. Uebrigens gefiel
ihm aber doch die Lebhaftigkeit, mit welcher diese Prediger des Aberglaubens ihre
Reden ans Volk hielten, denn er behauptete,
daß für die Wahrheit, die wir auf unserer
Seite hätten, das Erhabne und Rührende
im Ausdruck, und jede andere Kunst und Zier-
de der Beredsamkeit sich viel besser schicke,
als für Aberglauben und Lügen. Eine Bemerkung, welche die Aufmerksamkeit nicht nur
englischer Prediger verdient, die ohne alle
Bewegung in der unerträglichsten Einlautigkeit
ihre zehnminutenlange Predigt ablesen, sondern
auch derer, die in Deutschland jetzt anfangen,

K 3   die

die feurige Beredsamkeit eines Saurin, Mosheim und anderer zu verachten, und die Kanzel für einen Katheder halten, wo Philosophie gelesen werden soll.

In Holland, wohin er im Jahr 1760
reißte, hielt er sich nicht lange auf, predigte
aber doch viermal in Rotterdam.

Zum Schluß dieses Abschnittes will ich
sogleich seiner Schriften Erwähnung thun.
Da vieles unter seinem Namen gedruckt wurde, ohne sein Wissen und wider seine Zustimmung, so war er genöthigt, von Zeit zu Zeit
etwas herauszugeben. Zuerst waren es meist
einzelne Predigten, welche hernach in Sammlungen gebracht worden sind. Die ersten
Ausgaben seiner Tagebücher enthalten freylich
vieles, was er in der ersten Wärme der Empfindung niedergeschrieben, und was ihm in
den Verdacht eines Enthusiasten gebracht hat.
Allein er hat hernach die anstößigen Stellen
ausgestrichen. Nach seinem Tode hat sich
D. Gillies um die Sammlung und Herausgabe seiner Werke verdient gemacht, welche
in sieben Oktavbänden herausgekommen sind,
und wovon der erste die Denkwürdigkeiten seines Lebens, die drey folgenden seinen weit-
läuftigen christlichen Briefwechsel, und die übrigen seine Predigten und kleine Streitschriften und Abhandlungen enthalten. Man kann
sie gebunden für ohngefehr zwey Guineen kaufen,

fen, und der englische Titel ist: The Works
of the Rev. George Whitefield, M. A. late
Chaplain to the Right honorable the Coun-
teſs of Huntingdon. London 1772.

IX.

Sein Tod und Charakter.

Die ſiebente Reiſe nach Amerika war ſeine
letzte, und niemals hat er England wieder geſehen. Als ob es ihm und ſeinen
Freunden eine geheime Ahndung geſagt hätte,
daß ſie ſich nicht wieder ſehen würden, nahmen ſie von einander Abſchied. Tauſende eilten, ſeine letzten Predigten in ſeinen Kapellen
zu hören, deren äuſſerliche Verwaltung er in
den Händen einiger bewährten Freunde verließ, die ihn bis nach Gravesend begleiteten.
Die Unterhaltung mit ihnen war ſüß, aber
der Abſchied bitter; indeſſen, der Blick in jenes Leben tröſtete ſie. Seine Abſchiedsrede
über Joh. 12, 32. wurde von Geſchwind-
ſchreibern nachgeſchrieben, und war, wiewohl
mit einigen Fehlern, im Druck, noch ehe er
abreißte.

Nach einer langen und gefährlichen See-
reiſe kam er zu Charles-Town in Süd-Ca-
rolina an, wo er noch den nemlichen Tag
predigte, als er an das Land trat. In ſeinem

lieben

lieben Bethesda fand er alles in guter Ordnung und im blühenden Zustande. Der Statthalter der Provinz Georgien und der Rath
versicherten ihm öffentlich ihren Dank für seine
Verdienste um die Kolonie überhaupt, und
um das Waisenhaus und Erziehungsinstitut
insbesondere. Seine Gesundheit war besser
als jemals, und er nahm eine Reise nach
den nördlichen Provinzen in Amerika vor, in
der Hofnung, daß er zu Wehnachten wieder
unter den Seinigen in Bethesda seyn würde.
Allein er starb am 29sten September 1770
zu Newburg an einer Engbrüstigkeit. Es
war an einem Sonntag Morgen, da er zu
seines Herrn Ruhe eingieng. Tages vorher
predigte er noch auf den Feldern bey Exeter
über 2. Cor. 13, 5. über zwey Stundeulang,
welches also seine letzte Predigt war. Ein
gewisser Freund, der bey ihm stund, sagte
ihm, daß er mehr nöthig habe, zu Bette zu
gehen, als zu predigen. Er gab ihm Recht,
faltete seine Hände und betete: "Herr Jesu,
ich bin in deinem Werke ermüdet, aber desselben
noch nicht müde. *) Wenn ich meinen Lauf
noch nicht vollendet habe, so laß mich noch
einmal für dich in den Feldern sprechen, deine Wahrheit versiegeln, und zu Hause gehen
und sterben." Zu Newburg hatte er versprochen, den Sonntag zu predigen. Er gieng
an

*) J am weary in, but not of thy work,

an diesem Orte zeitig zu Bette, kniete aber
erst an dessen Seite nieder, sein Abendgebet
zu verrichten, welches eine Gewohnheit ist,
welche die Kinder von ihrer frühsten Jugend
an in jeder nur etwas ehrbaren und tugendhaften Familie lernen, und bis in ihr Alter beibehalten. Morgens um 2 Uhr erwachte er, und bat seinen Freund, Herrn Smith,
der die Nacht bey ihm aufsaß, um ein Glas
Aepfelwein, beklagte sich auch zugleich über
schweres Othemholen. Da ihm sein Freund
rieth, nicht so oft zu predigen, antwortete er:
"Ich will lieber von zu vieler Arbeit, als zu
vieler Ruhe sterben."*) Nachdem er Gott
gebeten hatte, daß er alle seine gehaltene
und noch zu haltende Predigten, sein Be-
thesda-Collegium, und alle seine Gemeinden
in London segnen wolle, fiel er wieder in
Schlaf, von dem er aber nach einer Stunde
erwachte, und an das Fenster gieng, frische
Luft zu schöpfen. Aber er fühlte nun selbst
die Nähe seines Todes, ließ sich in einen
Armstuhl nieder und sagte: Ich sterbe. Die
Spuren davon zeigten sich auch wirklich auf
seinem Gesichte, und als der herbeigeholte
Arzt kam, versicherte er, daß es zu spät sey,
und wirklich holte er noch in seinem Beiseyn
das letztemal Oden um 6 Uhr des Morgens.
Die Einwohner des Orts kamen sogleich, häu-

K 5   fig

*) J had rather wear out, than rust out.

fig zu der Predigerwohnung, wo er verschied,
und beweinten den Verlust, den Amerika und
England durch den Tod dieses Knechtes Gottes leiden würde. Er wurde unter vielen
Thränen in dem Gewölbe der Kirche beigesetzt.
Als die Nachricht davon in London ankam,
war alles in Bestürzung, und der alte Herr
Johann Wesley hielt ihm die Leichenpredigt.
Er war noch nicht völlig 56 Jahr alt, wovon
er 34 in unermüdeter Arbeit für die Ehre
Christi angewendet hatte, und wenn man das
Leben nicht nach der Zahl der Jahre, sondern
nach der Gemeinnützigkeit, mit der man sie
verlebt, nach dem Bestreben, stets gut und
christlich zu denken und zu handeln, und nach
dem Einfluß, welchen eine wahre Frömmigkeit auf die Wohlfarth der Welt hat, beurtheilen muß, so hat Whitefield länger gelebt,
als andere, die ohne solche Eigenschaften die
höchste Stufe des menschlichen Alters erreichen. —

Zu Abergavenny in Wallis heyrathete er
im Jahr 1741 die Wittwe Elisabeth Burnell,
mit welcher er einen einzigen Sohn zeugte,
der zu seinem großen Leidwesen vier Monathe
nach seiner Geburt starb. Sie selbst gieng
einige Jahre vor ihm in die Ewigkeit, und
liegt auf dem Kirchhofe beym Tabernakel in
London begraben.

Ich

Ich wage mich nun an die Beschreibung
seiner Person, seiner Lehrart, und seines
Charakters, und ich werde dabey nichts sagen, als was sich mit Beweisen seiner Lebensgeschichte belegen läßt, und was selbst
von Gleichgültigen und Feindseligen zugestan-
den werden muß. Ohne Partheilichkeit und
Vorliebe werde ich seine Fehler sowohl als
seine noch viel größern Tugenden anmerken,
und den Lesern ein Bild aufstellen, das ohn-
erachtet seiner kleinen Flecken ihre Aufmerksamkeit und Bewunderung, ja ihre Nachahmung verdient.

Whitefield war wohl gewachsen, etwas
über die mittlere Größe; er hatte dunkelblaue,
zwar kleine, aber feurige Augen, und ob er
gleich mit dem einen schielte, so schadete doch
dieses der Männlichkeit und Schönheit seines
Gesichts nicht im Geringsten. Er hatte Blick
und Stimme in seiner vollen Gewalt. In
seinem Anzuge und seiner Kleidung war er
allemal reinlich und anständig, und er pflegte
oft zu sagen, daß auch in dieser Absicht ein
Diener des Evangelii ohne Flecken seyn müsse. Sein Umgang war ohne Steifigkeit und
Formalität; leicht, ungekünstelt und gefällig,
und das war es, was seine Gesellschaft so
angenehm machte, und weswegen er bey Hohen sowohl als Niedrigen beliebt war; denn
vor jenen zeigte er die gehörige Bescheidenheit,

und

und vor dieſen Herablaſſung. In ſeinen jüngern Jahren war er ſehr hager, welches die
ſtrenge Lebensart verurſachte, der er ſich unterwarf, aber im vierzigſten Jahre ſeines Alters wurde er ſtark und unterſetzt, ob er gleich
jederzeit mäßig im Eſſen und Trinken blieb.
Man hat unterſchiedene Gemälde und Kupfer-
ſtiche von ihm, von denen aber einige ſehr
elend gerathen ſind.

Wenn wir ſein Leben von der Zeit an betrachten, wo er in den Weinberg ſeines
Herrn gerufen war, ſo müſſen wir den un-
ermüdeten Fleiß bewundern, mit welchem er
alle ſeine Kräfte, und ſeine ganze Zeit zur
Ehre der Religion anwendete. Die Liebe
Chriſti nahm ſeine ganze Seele ein, und aus
dieſer Quelle floſſen alle ſeine Gedanken, alle
ſeine Worte und Handlungen. Ich möchte
ſagen, jeder Othemzug von ihm war dem
Herrn heilig. Er ſchlief nur ſehr wenig, und
ſo bald er erwachte, nahmen ſeine Arbeiten
den Anfang, und dauerten wieder, bis er
die Augen ſchloß. Den Tag hielt er für nicht
völlig benutzt, wo er nicht mehr als zwey
oder dreymal predigen konnte, und an Sonn-
tägen predigte er gewöhnlich, vier, fünf oder
ſechsmal. Kaum ſollte man bey einer nähern Kenntnis des Baues unſerer Lunge glauben, daß ein Mann, der zumal, wie er, zu
ſo vielen Tauſenden, ſo ſtark und hörbar und
mit

mit einem solchen Eindruck sprach, und das
täglich fortsetzte, es so lange hätte aushalten
können. Aber die Macht der Gnade besiegte
bey ihm die Schwachheit der Natur. Alle
Augenblicke seiner Zeit waren weislich einge-
theilt und wurden benutzt. Nicht nur in
Predigten, sondern auch Gesprächen unter-
richtete er Unwissende, tröstete er Traurige,
wieß er Irrende, oder die eines Rathes bedurften, auf die rechten Wege, und er war
beständig mit einer Menge solcher Menschen
umgeben, die ihn als ihren geistlichen Vater
betrachteten, und seine Berathungen hören
wollten. War er in Gesellschaft, so wußte
er immer das Gespräch auf Gegenstände zu
lenken, die endlich auf Religion und Erbauung
abzielten. War er in seiner Einsamkeit, so
schrieb er an seinem Tagebuche, oder an seinen Predigten, oder an seinen Briefen, und
jedes Wort floß aus einem Herzen voll Liebe,
Frömmigkeit und heiligem Eifer. Ein Leben,
das auf diese Art verfließt, ist keineswegs so
finster und traurig, als es sich der Mann vorstellt, der blos irdisches Vergnügen zum
Zweck seines Lebens macht, oder seine Zeit
mit Kleinigkeiten tödtet. Der glückliche Geschäftsmann, der unermüdete Gelehrte kann
nicht so viel Freude empfinden, wenn ihre
Arbeiten Beifall und Belohnung finden, als
er fühlte, wenn er erfuhr, daß eine Seele
durch

durch seine Schriften oder Predigten erweckt
oder erbaut worden wär; und er hielt fast
keine einzige Predigt, wo nicht wenigstens
über einen Sünder Freude war, der Buße
that. Nicht nur Millionen, sondern Myria-
den Seelen werden ihm dort zurufen, daß
er ihr Retter war. — Denn er selbst predigte nicht nur gern und oft, sondern alle
Gattungen von Menschen strömten ihm auch
zu Tausenden zu, ihn zu hören, und nicht
nur aus Neugierde einmal, sondern jemehr
sie ihn hörten, desto feuriger wurde ihr Verlangen, ihn öfters zu hören. Man kann
sicher annehmen, daß seit den Tagen der
Apostel kein Prediger in der Christenheit gewesen ist, der von so vielen Menschen zugleich
gehört worden ist. Gewöhnlich waren es
alle Einwohner des Dorfes oder der Stadt,
durch die er zog; in volkreichen Plätzen beliefen sie sich von fünf bis zehn tausend, und
bey manchen Gelegenheiten auf den Feldern
um London zu zwanzig und dreyßig tausend.
Aber seit den Zeiten der Apostel ist auch wohl
kein Mann gewesen, der von Gott mit so viel
Gaben ausgerüstet worden wär, so viele in
Aufmerksamkeit zu erhalten. Welche Stille
herrschte, wenn er anfieng, zu sprechen! wie
hieng man an seinen Lippen, so lange er
redete! wie viel Seelen waren erschüttert, ergriffen, erweckt, und wie viel Thränen floßen,
als

als er endigte! Seine Beredsamkeit riß wie
ein Strom alles mit sich fort. Selbst der
härteste, gefühlloseste mußte erweicht werden. Er bahnte sich allemal durch den Verstand den Weg zum Herzen, und seine Anwendungen waren stets der längste Theil seiner Predigten. Er verstand die große Kunst,
jeden Umstand, der sich ihm von der Zeit,
dem Orte, kurz von dem Kasuellen anbot,
zu seinem Zwecke zu benutzen, und zwar
auf eine Art, die eben so neu und überra-
schend, als erbaulich und rührend war. Um
sich davon zu überzeugen, braucht man nur
eine oder die andere seiner gedruckten Predigten zu lesen. Er hatte seine ihm ganz
eigne Lehr- und Predigtart. Er ahmte niemand nach, sondern war selbst Original.
Er hat auch bis jetzt von niemand nachgeahmt werden können, und jeder Versuch von
der Art ist unglücklich und unnütz. Ein gelehrter würdiger Mann fällte von ihm, nachdem er ihn das erstemal unter freyen Himmel gehört hatte, das Urtheil: "Wenn Paulus an diesem Orte und zu dieser Zeit gepredigt hätte, er würde nicht anders als Whitefield gepredigt haben."

Die Grundsätze seine Beredsamkeit hatte
er nicht sowohl in der Schule der Kunst, als
der Natur gelernt. Es war sein Herz, das
ihn beredt machte. Plan und Anordnung war
jedes-

jedesmal in seinen Predigten, aber die Wendungen und Worte selbst floßen ihm auf der Stelle zu. Seine gedruckten Predigten sind ihm entweder nachgeschrieben und von ihm durchgesehen, oder nachdem sie schon gehalten waren, von ihm selbst wieder, gewöhnlich an Bord der Schiffe bey langen Seereisen aufgesetzt worden. Er empfand selbst jedesmal das Gewicht der Wahrheiten, die er andern vortrug, und diese waren gewöhnlich der tiefe Verfall und das Verderben des Menschen, die Barmherzigkeit Gottes in Christo Jesu gegen bußfertige Sünder, und der lebendige Glaube an einen göttlichen Mittler mit allen den Früchten der Absagung der Welt, und Selbstverleugnung, der Demuth und Liebe, welche dieser Glaube zeugt. Wenn er das Herz des Sünders mit dem Donner des Gesetzes erschüttert hatte; so wußte er das aufgewachte und unruhige Gewissen wieder durch den Trost des Evangelii aufzurichten. Er verwundete, aber er heilte auch wieder. Die Schrecken der Ewigkeit und Verdammnis wußte er auf eine Art zu mahlen, daß der rohste Sünder wie betäubt über den Abgrund der Hölle zitterte, und nach Rettung verlangte: Aber indem er so die Furcht rege gemacht hatte, wußte er auch wieder die Hofnung zu wecken. Das Evangelium geht selbst keinen andern Weg, als daß es diese zwey

zwey großen Triebfedern in der menschlichen
Seele, Furcht und Hofnung, belebt und auf
die rechten Gegenstände richtet. In seinen
Worten war nichts Gesuchtes, nichts Ge-
zwungenes; alles war natürlich und passend.
Gleichwohl schienen alle seine Reden die
Frucht des langen Nachdenkens und der Aus-
arbeitung zu seyn, wenn sie gleich aus dem
Steg reife gehalten wurden, und die rührenden und einnehmenden Wendungen waren
den wilden zerstreuten Schönheiten der Natur
nicht unähnlich, in denen bey aller Regello-
sigkeit dennoch so viel Zweck und Größe
herrscht. Er schien sich selbst dieses großen
Talents nicht bewußt zu seyn. Wär er in
Gerichtshöfen, oder in der brittischen hohen
Rathsversammlung zum Redner gebildet worden, er hätte es einem Fox, einem Pitt,
einem Scheridan, glaub ich, nachgethan;
aber er gebrauchte, gewiß nicht ohne besondere göttliche Lenkung, seine bewundernswür-
digen Vorzüge zu einem noch andern großen
Zweck. Er fand den größten Beifall, ohne
ihn zu suchen. Aber Ueberzeugung und Gefühl von dem was er sagte, und eine herzliche Liebe zur Rettung und für das Wohl
der unsterblichen Seelen, die er gern alle
selig haben wollte, das war es, was aus
allen seinen Ausdrücken hervorleuchtete. Daher ließ man sich, wenn der Vortrag gehört

IIter Thl.   £   war,

war, nicht in Beurtheilung desselben ein,
sondern die ganze Seele war mit dem In-
halte beschäftigt. Man vergaß den Prediger,
und dachte nur an die Predigt; man fühlte
ihm nach, man wollte, was er wollte, und
man bewilligte alles, was er wollte, wenigstens für die Zeit, da das durch ihn erregte
Feuer der Neigungen und Begierden noch
nicht verlöscht war. Dieß zeigte sich besonders in seinen Kollektenpredigten. Selbst
zurükhaltende weltgesinnte Menschen trugen
auf das reichlichste bey, und wenn ihre vorige Denkungsart wieder in ihnen erwachte,
und ihnen die Reue ankam, glaubten sie, daß
ihnen ihr Geld auf eine unwiderstehliche Art
weggezaubert worden sey.

Die Sprache und Stimme hatte er
völlig in seiner Gewalt. Die letzte war hell
und abwechselnd, männlich und einnehmend.
Seine fruchtbare lebendige Einbildungskraft
war voll von den schicklichsten erhabensten
Bildern, die er durch jeden Blick seines Au-
ges, durch jeden Zug seines Gesichts, durch
jede Bewegung seiner Hand, und durch jede
Stellung des Körpers so anschaulich zu machen wußte, daß man das zu sehen glaubte,
was man hörte. Der Zerstreuteste mußte aufmerksam werden, und der Einfältigste mußte
verstehen. Gewöhnlich hob er seine beiden
Arme über den Kopf in die Höhe, wenn er
etwas

etwas nachdrückliches zu sagen hatte. Er
haben über das Lob sowohl als über den Tadel seiner Zuhörer, gewiß seiner großen Ge-
sandtschaft, sprach er mit einem Ansehen,
das jedem seiner Worte Nachdruck gab. Man
hat Beispiele gehabt, daß Leute, die mit den
feindseligsten Absichten kamen, ihn zu hören,
ja ihm wohl gar den Tod geschworen hatten,
durch seinen bloßen Anblick und durch seine
Worte auf der Stelle getroffen und verändert
worden sind.

Bisher haben wir ihn blos als Redner
kennen lernen, wir müssen auch in ihm den
Christen, den Menschenfreund kennen lernen. Der herrschende wesentliche Zug seines
Charakters war ein dankbares, demüthiges ge-
fühlvolles Herz gegen Gott und Menschen.
Er fühlte es jeden Augenblick seines Lebens
sehr stark, wie viel Gnade ihm von Gott
und Jesu seinem Herrn wiederfahren sey,
und aus Liebe und Dankbarkeit wünschte er
nichts mehr, als daß alle Menschen so selig
seyn möchten. So viel an ihm war, hätte er
gern von Pol zu Pol die Macht und Gnade
Jesu bekannt gemacht, nach welcher er Sünder begnadigen will und kann. Die Liebe
Christi drung ihn. Er war überaus mitthei-
lend, *) eine der liebenswürdigsten und nütz-
lichsten Eigenschaften eines Christen, die

£ 2   darinn

---

*) Communicative.

darinn besteht, wenn man seine eigenen Empfindungen in andere flößen, und andere Empfindungen zu den seinigen machen kann.
Daher seine Geradheit, Herzlichkeit mit andern über ihren Seelenzustand in seinem
Briefwechsel; daher jene öffentlichen und besondern Fürbitten für seine Freunde, Feinde,
und alle Menschen; daher sein großes Vergnügen bey einer neuen christlichen Bekanntschaft; daher sein Mitleiden gegen alle Arten
von Nothleidenden und Hülfsbedürftigen; daher seine Wonne, wenn er ihren Schmerz
lindern, ihre Thränen trocknen, ihren Be-
dürfnissen abhelfen konnte; daher seine Her-
ablassung gegen Leute vom niedrigsten Stande; seine Brüderlichkeit im Umgange mit andern, seine mit Witz und Erbauung gewürzte
Gesprächigkeit in Gesellschaft. Seine Lippen
floßen stets von dem über, wovon sein Herz
so voll war. Jeden allmählich zum Gefühl
des Verderbens zu bringen, welches die
Sünde über alle Menschen gebracht hat; jeden von der Nothwendigkeit seiner Sinnesänderung, des Glaubens an Jesum Christum,
und einer ungeheuchelten Frömmigkeit zu überzeugen, das war der Endzweck aller seiner
Unterredungen, Predigten und Schriften.
Das Wesen der Religion, die er lehrte, war
ein Glaube, der durch die Liebe thätig ist.
Gern hätten ihn seine Feinde beschuldigt, daß
er

er zu sehr auf Glauben, und zu wenig auf
Werke dringe. Und gleichwohl hat keiner seiner Gegner, die so viel blos von Moralität
sprachen, so viel gute Werke gethan, als er,
der doch seine besten Werke für ein unflätigs
Kleid hielt. Aber er war auch nichts weniger, als ein Antinomianer. Immer drung
er auf Früchte des Glaubens, und nicht auf
bloße Gefühle, als das sicherste Kennzeichen
unsers Gnadenstandes. Der Mensch ist nur
in so weit fromm und heilig, sagte er, so
ferne er in seinen besondern Beruf und Verhältnis fromm und heilig denkt und handelt;
und nur der allein kann wahrhaftig fromm
seyn, der alle seine Pflichten aus Liebe zu
Gott und seinem Erlöser erfüllt. Er war der
geschwornste Feind aller Eitelkeit, aller un-
nützen Zeitvertreibe, aller Vergnügungen,
die blos den Sinnen schmeichelte; so wie aller
Aengstlichkeit und Gesetzlichkeit, und alles
kurzsichtigen Eifers in Absicht der Nebendinge
des Glaubens. Jeden hielt er für seinen
Bruder, der Jesum Christum für seinen Herrn
und Heiland erkannte, und er wünschte, daß
alle Partheynamen in der Christenheit aus-
sterben, und sich in dem einzigen: Christen,
vereinigen möchten. Daher konnte ihn der
Kalvinist, der Lutheraner, der Katholik mit
gleichem Nutzen hören, weil er nur immer das
Wesentliche trieb, welches alle Partheyen

bey

bey ihren sonstigen Unterscheidungslehren zum
Grunde legen müssen, und der Jude, der
Heyde, der Mahomedaner, hätten ihn dergleichen Leute häufig gehört, würde von der
Nothwendigkeit überzeugt worden seyn, daß
er ein Christ werden müsse. Bey dem großen
Ansehen, in dem er stund, bey der großen
Gewalt, die er über Menschenherzen hatte,
bey dem unglaublichen Eifer und Beifall,
mit welchen man ihm anhieng, wär es ihm
sehr leicht gewesen, eine eigne Sekte zu stiften, und sich zum Haupte derselben aufzuwer-
fen: Allein das wünschte er eben so wenig
als Luther, nach dessen Namen sich gleichwohl
seine Anhänger genennt haben. Er würde es
sehr gern gesehen haben, wenn seiner ganz
vergessen worden wär, und wie Johannes
dachte er: Christus muß wachsen, ich aber
will abnehmen.

Sehr leicht hätte er auch beträchtliche
Stellen in seiner Mutterkirche erhalten können, wenn es ihm darum zu thun gewesen
wär, reiche Pfründen zu haben, und ein ge-
mächliches Leben zu führen. Allein dieß litt
seine Uneigennützigkeit, und sein großer Zweck
nicht. Man hat ihn zwar des Eigennutzes
beschuldigen wollen, als wenn er bey der
Art, wie er das Lehramt führte, seine Rechnung besser gefunden hätte. Allein sein Leben beweißt das Gegentheil. Alles, was er
erhielt,

erhielt, wendete er zum Bau des Reichs Gottes an, und begnügte sich für seine Person damit, wenn er Nahrung und Kleider hatte. Er war der Vormund aller Armen, der Vater der Waisen, der Versorger der Wittwen, und die Einrichtung, die er zur Erhaltung zwölf armer christlicher Wittwen gemacht hat, die nahe an seiner Kapelle frey in London wohnen, ist ein fortdauernder Beweis, daß die Methodisten ihren Glauben in guten Werken zeigen. Er lebte mehr für andere, als für sich selbst. Er war auf die Noth der Christenheit im Ganzen, so wie im Einzelnen aufmerksam, und machte für ihre Bedürfnisse die reichsten Sammlungen. Wir haben schon der reichen Kollekte Erwähnung gethan, welche er für die durch den Krieg verunglückten Preußen machte; und zu einer andern Zeit sammelte er für die ausgewanderten Pfälzer, die als eine Kolonie nach Amerika giengen. Der Hofprediger Ziegenhagen empfieng einmal von ihm die Summe von 400 Pf. Sterling zur Austheilung; der andern beträchtlichen Summen nicht zu gedenken, die er für die französischen gedrückten Protestanten, und für die Armen in Schottland und Amerika gesammelt hat. Das Vermögen, welches er hinterließ, als er starb, belief sich ausser den liegenden Gründen des Waisenhauses in Amerika und den Kapellen in England, deren Ein-

L 4

künfte

künfte auf ihre Erhaltung verwendet werden,
ohngefehr auf 2000 Pf. St. die er theils
von seiner Frau, theils durch freywillige Vermächtnisse einige Jahre vor seinem Tode erhalten hatte, und dieses hinterließ er in seinem Testamente an arme christliche Verwandte,
Freunde und Dienstboten. Als sich die Bischöffe, wie man sagt, einst bey dem König
beschwerten, daß er zu viel predige, und das
Volk an sich ziehe, antworteten Se. Majestät, daß kein besseres Mittel dawider sey,
als ihn zum Bischoff zu machen. — Allein
vielleicht hätte er auch diese Würde ausge-
schlagen, wie so manche andere Pfründe, die
ihm wirklich angeboten wurde. Er wollte
nicht an einen Ort gebunden seyn, er glaubte
einen besondern Beruf zu haben, aller Welt
das Evangelium zu verkündigen, und die
Sünder selbst auf Landstraßen, hinter Hecken
und Zäunen zum Himmelreiche einzuladen.
Und davon ließ er sich keine Hinderniß, keine
Lebensgefahr abschrecken; davon konnten ihn
alle angebotne Schätze nicht abhalten. Wollte man sagen, daß gleichwohl daraus eine
gewisse Ungebundenheit, ein Hang zum immerwährenden Reisen und zur Veränderung
hervorleuchtete; so kann man antworten, daß
gewiß etwas mehr als so ein Hang ihn bewegen mußte, eine solche Lebensart, die mit
so vieler Unruhe und Gefahr gleichwohl ver-

knüpft

knüpft war, über dreyßig Jahre fortzusetzen.
Es war ihm wohl, wenn er, wie er sich
ausdrückte, stets auf die geistliche Jagd ausgehen konnte; aber wer sieht nicht, daß blos
Liebe zu unsterblichen Seelen ihn dazu trieb?
Der glückliche Fortgang, den er hatte, war
unter so vielen widrigen Umständen ein Siegel, das Gott seiner Lehre und seinen Bemühungen aufdrückte. Denn die größten
Gaben und Kräfte sind unwirksam, wenn sie
nicht durch eine höhere Macht, und durch gewisse Umstände, welche die Vorsehung anord-
net, ans Licht gezogen und begünstiget werden. Tausende sind durch ihn nicht nur erweckt, sondern wirklich bekehrt worden, und
in dem Glauben gestorben, den er in ihnen
angezündet hatte. Haben wir seit den Zeiten
der Apostel von irgend einem Manne gelesen,
der das Evangelium auf einem so großen
Theile der bewohnbaren Welt mit solcher
Macht verbreitet, und so viele Sünder von
der Finsterniß zum Licht gebracht hätte? Die
Berge und Ebenen in Großbritannien, und
in Irland, die Wälder und Wüsteneyen in
Amerika mögen davon zeugen, welche große
Dinge, bald möchte ich sagen, Wunder der
Allmächtige durch diesen seinen Knecht gethan
hat.

Er war freilich nicht ohne Fehler, so wie
die Sonne nicht ohne Flecken ist. Der Glanz

L 5   seines

seines Charakters wird durch einige Schwachheiten verdunkelt: Aber wer will einen ganz
Reinen finden, bey denen, da keiner rein
ist? Es waren aber nicht Fehler des Herzens, sondern der menschlichen Einschränkung, welche allen gemein sind. Seine Jugendsünden machten ihm manchen Kummer,
und er bekennt und bereut sie vor aller
Welt mit der liebenswürdigsten Offenherzigkeit. Im Anfange seines Lehramtes trieb
ihn sein Eifer bisweilen, Urtheile über
Schriften und Personen zu fällen, welche
vielleicht zu hart schienen. Er hatte unter
andern das so beliebte Buch, die ganze
Pflicht des Menschen, verworfen, und von
Tillotson hatte er behauptet, daß er so wenig von der wahren Religion wisse, als
Mahomet. Diese Aeusserungen, so wie viele andere, die sich in seinen Tagebüchern
finden, hat er in der Folge der Zeit und
bey reifer Ueberlegung widerrufen. Vieles
gab man ihm auch Schuld, das blos auf
die Rechnung seiner Nachahmer und Anhänger gesetzt werden muß. Die nemliche Sonne, welche Felder befruchtet und blühend
macht, bringt auch Dünste und Geschmeiße
hervor; und das Feuer, das er anzündete,
war nicht ohne Rauch. Die Gemeinden, die
er stiftete, waren Heerden, die auch ihre
räudigen Schaafe hatten, und wer will einen
guten

guten Hirten darüber anklagen? Ich will es
auch gar nicht läugnen, daß er in seinem
Streit mit Wesley und Zinzendorf etwas heftig gewesen sey. Allein, was er nach seiner
Ueberzeugung als Wahrheit aus dem göttlichen
Worte erkannte, das wollte er der Liebe gegen seine zärtlichsten Freunde nicht aufopfern.
Er hat aber gleichwohl vieles hernach in einem ganz andern Lichte eingesehen, und wurde immer behutsamer. So bald er etwas als
Fehler erkannte, gestund er ihn ein, und
suchte ihn abzulegen. Er bat seine Freunde
um nichts so sehr, als ihm seine schwache
Seite aufzudecken, um ihn gegen die häufigen
Schmeicheleyen, und den vielen Weihrauch,
der ihm gestreut wurde, in der Demuth und
Niedrigkeit des Herzens zu erhalten. Er war
biegsam und gelehrig, und wuchs bis an sein
Ende in Erkenntnis und Erfahrung.

Dieses ist das wahre Bild eines Mannes,
der, wie sein Herr und Meister, von vielen
verkannt und verachtet, von vielen aber auch
hochgeschätzt und geliebt wurde. Ich bin deswegen etwas umständlich in der Zeichnung
seines Charakters gewesen, um die vielen irrigen und schiefen Urtheile wegzuräumen, die
man von ihm gefällt hat, und noch fällt. Es
war beinah unmöglich, sein Geschichtschreiber
zu seyn, ohne sein Lobredner zu werden. Vielleicht scheint es einigen, daß ich zu viel von
ihm

ihm gesagt habe. Diese müssen aber bedenken, daß er einer von den Männern war,
von denen man auch nicht zu wenig sagen
darf. Etwas Unwahres von ihm zu sagen,
wäre Feindseligkeit gegen Wahrheit und Religion, und lieber gar nichts sagen wollen,
wenn man kann, wäre eine vorsätzliche Zu-
rükhaltung der Opfer, welche man der Würde und den Siegen des Christenthums schuldig ist.

———

Anhang.

Anhang.

I.

Lady Huntingdon.

In einer Gallerie ausgezeichneter und merkwürdiger Frauenzimmer würde diese Dame, welche jezt, da ich dieses schreibe, 82 Jahr alt ist, einen der ersten Plätze verdienen. Der große Grundsatz, nach welchem sie denkt und handelt, und der Endzweck, den sie sich für ihr ganzes Leben vorgesetzt hat, ist dieser: Aus Liebe und Dankbarkeit gegen ihren Herrn und Heyland alles, was sie ist und besitzt, zu seinem Dienste, zur Ausbreitung seines Reichs und zur Beförderung der wahren Herzens-Religion und Frömmigkeit unter den Menschen aufzuopfern. Das ist die Seele aller ihrer Handlungen; dahin gehen alle ihre Wünsche und Sorgen, und sie lebt ganz in Jesu und für ihn. — Schon vor 52 Jahren wurde sie zu dem Dienste des Herrn berufen, und ist seit dieser langen Zeit unverrückt auf einem Ziele geblieben. Bey einer sehr langen Unterredung, welche ich so glücklich war mit anzuhören, erklärte sie sich selbst darüber folgendermassen: "Ich hatte in meinen jüngern Jahren eine geraume Zeit traurige Empfindungen sowohl über den Zustand meines eignen

eignen Herzens, als auch über den verderb,
ten Zustand aller Menschen. Ich suchte Ruhe,
und fand sie nicht, bis Jesus, der Heiland
der Welt, seine große Liebe und Barmherzigkeit gegen Sünder mir deutlich und lebendig
offenbarte. Diese seine Liebe, die er mir
nach seiner freyen Gnade hat schmecken lassen,
weckte alle Regungen der Gegenliebe auf, und
ich wünschte nun, daß alle andere Menschen
das erfahren möchten, was er an meiner
Seele gethan hat. Ich bin und kann nichts
ohne ihn; und was kann ich also anders,
als mich durch ihn und seinen Geist leiten zu
lassen, wohin er will, und in allem seine Ehre vor Augen zu haben. Zu eben der Zeit,
als ich erweckt wurde, stand der theure Whitefield auf, aus dessen Predigten ich großen
Nutzen hatte. Der würdige Hofprediger Ziegenhagen pflegte mich oft aus Kensington zu
besuchen, und sein Umgang und Zuspruch
gereichte mir zu viel Trost und großer Ermunterung. Ich erinnere mich der Zeit lebhaft, wo er mir den Kupferstich des ersten
schwarzen Heidenbekehrers in Ostindien mit
den Worten brachte: Nun wird Jesus auch
seine schwarzen Schaafe und Lämmer zu sich
sammlen. — Gegen Martin Luther, diesen
Glaubensheld habe ich große Hochachtung,
und ich wünschte eine recht vollständige Lebensbeschreibung von ihm in englischer Sprache

che zu haben, wo er nicht sowohl als Refor-
mator, als vielmehr als Christ in seinen innerlichen Seelenerfahrungen vorgestellt würde. — Mein Entschluß, und meine Unternehmungen fanden zwar überall Anfangs
großen Widerstand; und ich hatte mit vielen
innerlichen und äusserlichen Feinden zu kämpfen; aber bis hieher hat mein Herr und
Meister, dessen Magd ich bin, überwinden
helfen. Es war mir immer in der Seele wie
ein lauter Zuruf: Geh durch! Geh durch!
Ich habe freilich auch oft erfahren, daß es
viele giebt, welche zwar den Namen und das
Bekenntnis, aber nicht das Wesen und den
Besitz des Christenthums haben, *) und welche blos die Maske der Religion annehmen:
Aber ich hoffe doch, daß viel guter Saame
ausgestreut ist, der noch Früchte tragen wird,
wenn ich lange todt bin. Wenn ich gefragt
werde, wie es um meinen Seelenzustand
steht, so muß ich antworten: Ich bin ein
recht seliges Geschöpf — aber alles aus freyer
Gnade. — —

Wenn irgend eine Person ihren Glauben
durch ihre Werke gezeigt hat, so ist es diese
verehrungswürdige Christin. Sie hat an-
sehnliche Einkünfte des Jahrs von ihrem Vermögen, und sie alle werden auf religiöse Gegenstände verwendet. Sie hat viele Kapellen
in

*) There are many professors, but few possessors. —

in London, Bath, Bristol, und andern Städten Englands, im Fürstenthum Wallis, in Schottland, und in Irland, anlegen lassen. Sie läßt Prediger und Schullehrer erziehen; läßt Bibeln, Gebet- und Gesangbücher drucken und ausstreuen; und hat durch ihre Missionarien selbst bis nach Amerika gewirkt. Die Güter, welche zu den von Whitefield in Georgien angelegten Waisenhause gehören, das jezt durch Krieg und andere Unfälle zerstört ist, sind ihr in dem Testamente des Stifters vermacht, und sie glaubt, daß wenn sie wohl angebauet werden, sie jährlich viele hundert Pf. Sterl. Zinsen tragen möchten, welche sie gesonnen ist, zur Anlegung einer Akademie und Erziehungsanstalt nach Whitefields Plan in dortiger Provinz anzuwenden.

Ihr eignes Beispiel macht Religion und Frömmigkeit liebenswürdig. Man vergißt ihren Grafenstand im Umgange, und sieht in ihr die herablassende demüthige liebevolle Schwester und Christin, die das Bild ihres Herrn an sich trägt. In Standespersonen zeignet sich die Macht des Christenthums auf eine doppelte Art aus, theils durch die Bildung ihrer eignen Herzen zur Demuth, wenn sie gleichwohl in sich selbst als auch in der Welt so viele Nahrung zum Stolze finden, und Demuth also desto schwerer ist; theils aber

aber auch durch den Einfluß, die das Beispiel einer erhabenen aber frommen Person
auf viele Tausend andere vom niedrigen Stande macht.

Sie selbst kommt nicht an Hof, hat aber
sowohl durch ihre Familienverbindungen als
auch durch ihren frommen Charakter viele
Freunde und Verehrer, so daß sie durch ihren Einfluß vieles ausrichten kann. Denn
wahre Frömmigkeit hat eine solche Würde
und Majestät in sich selbst, daß selbst Menschen, welche sonst nichts weniger als fromm
sind, dennoch dieselbe in andern hochschätzen
und lieben. Sie ist aber wirklich jetzt auch
nicht mehr in den äusserlichen ansehnlichen
Umständen, als sie hätte seyn können, wenn
sie weniger fromm und wohlthätig gewesen
wär; denn sie hat beinahe ihr ganzes Vermögen aufgewendet, und die Interessen für
ihr Capital muß sie mehr in der Ewigkeit, als
auf der Erde erwarten.

Man giebt ihr geistlichen Stolz und
Schwärmerey schuld. Statt aller Antwort
und Wiederlegung will ich eine vortrefliche
schikliche Stelle aus Mosheims Sittenlehre *)
hie-

*) Mosh. S. VI. Theil, S. 517.

IIter Thl.   M

hieher setzen: "Wie weise müssen die seyn,
welche alle Mittel in Händen haben, die Lüste des verderbten Herzens zu vergnügen,
und die doch züchtig gerecht und gottselig leben in dieser Welt! Welch eine seltene Art
der Herrschaft müssen sie über ihre Schätze
und sich selbst besitzen; sie, sage ich, die
das Geld, das mächtigste Mittel, um alles
in der Welt auszurichten — so gebrauchen,
als besäßen sie es nicht! Wie erleuchtet
müssen diejenigen seyn, welche mit Vorzü-
gen der Geburt und allen Ehrenzeichen glän-
zen, und doch nicht von diesem prächtigen
Nichts geblendet, und doch nicht gehindert
werden, durch Haufen von Schmeichlern
und durch das Gewölke von Weihrauch und
Lobeserhebungen mit ihren Blicken durchzu-
dringen, und in ihr künftiges Grab ohne
Entsetzen hinabzusehen! Wie erhaben müssen
die nicht denken, die keine andere Macht
kennen, als die Macht wohlzuthun! —
Endlich wie rein müssen die Seelen dieser
Glücklichen seyn, welche mitten in der ver-
gifteten Luft, welche die Höfe und die Pal-
läste der Großen, wie ehemals den Hof eines Karls des Zweiten, in England, und
Ludwigs des Vierzehnten in Frankreich,
umgiebt, und worinn tausend andere nichts
als Wollust athmen, nicht angesteckt werden, und in diesen Gärten des Vergnügens,

gens, wie die Bienen, nur Honig, nicht
aber Gift, einsaugen! Aber ach, wie klein
ist die Zahl edler und erhabner Seelen,
welche sich durch ihre Weisheit und unüber-
windliche Gottesfurcht über alles Eitle,
Blendende, Verführerische, Sündliche und
Vergängliche erheben, und bis zu Gott selber hinaufschwingen!

——————

II.

Kurze Lebensgeschichte des Herrn Predigers Johann Newton in London.

Dieser merkwürdige Mann, welcher aus einem Schifscapitain und Sclavenhändler ein methodistischer Prediger geworden ist, hat seine Lebensgeschichte selbst ganz kurz in Briefen an einem Freund beschrieben: An avthentic account of some remarkable et interesting Particulars in the Life of London, Johnson, 1775. wovon ich die vierte Ausgabe in Händen habe. Er war im Jahr 1725 gebohren. Seine fromme Mutter, die ihn christlich erzog, starb ihm sehr bald; aber die guten Eindrücke, die ihre Erziehung auf ihn machte, verlor er niemals, selbst unter der lüderlichsten Gesellschaft nicht, in welche er hernach gerieth. Sein Vater, ein Schifscapitain, der ins mittelländische Meer handelte, bestimmte ihn fürs Seeleben, starb aber auch kurz hernach in Jamaica.

Er war weitläuftig mit einer Familie in Kent bekannt, die er vor seiner ersten Seereise besuchte, und wo ein junges Frauenzimmer von 14 Jahren solche Eindrücke auf ihn machte, die, ob er sie gleich nicht offenbarte,

harte, ihn überall auf seinen Reisen begleiteten, und diese Person wurde endlich nach
vielen Jahren und überstandenen Uebeln seine
Frau. Selbst da, wo ihm in der Fremde
nichts mehr heilig war, hatte doch das bloße
Andenken an sie solche Gewalt über ihn, daß
er von dem verwegenen Schritte, sich selbst
das Leben zu nehmen, blos durch den Gedanken zurükgehalten wurde, daß es möglich
seyn könnte, sie noch einmal zu besitzen. ——
Seine erste Reise war nach Venedig, und
er machte sie als gemeiner Matrose mit.
Die schlechte Gesellschaft verlöschte den noch
übrigen Funken von Religion in seiner Seele, und er wurde ein Freygeist. Allein er
hatte einst des Nachts einen Traum, den er
für göttlich hielt, und dessen Ursprung und
Absicht sehr leicht zu erklären ist. Es kam
im Traum ein Mann zu ihm, der ihm einen
Ring anbot. So lange er, sagte der Fremde, diesen Ring behielt, würde er von allen
Uebeln frey seyn; wenn er ihn aber verlöre
oder wegwürfe, würde er unglücklich werden.
Er stekte den Ring an, und es däuchte ihm,
indem er im Hafen auf dem Decke des Schiffs
herum gieng und seine Wache hielt, daß ein
anderer Mann kam, und ihn überredete,
ihm den Ring zu geben. Mit vielen Sträu-
ben zog er den Ring vom Finger, und ließ
ihn neben dem Schiffe ins Wasser fallen.

M 3

Kaum

Kaum war dieses geschehen, so schiene es,
als wenn er die Gebirge hinter Venedig in
lauter Flammen erblickte, und sein Verführer, der ihn auslachte, kündigte ihm an,
daß er mit ihm in diese feurigen Abgründe
gehen müsse. Indem er sehr ängstlich darüber war, erschien der vorige liebenswürdige
Fremde, gab ihm einen Verweiß, senkte sich
aber ins Wasser den Ring heraus zu holen.
Sobald er den Ring wieder erblickte, ver-
löschten die Flammen in den Geburgen; so
sehr er aber bat, diesen Ring wieder zu haben, behielt ihn doch der Fremde mit der
Versicherung, denselben für ihn aufzuheben,
und ihn vorzuweisen, wenn es nöthig für
ihn seyn sollte. —

Sein übriges Leben machte diesen Traum
wahr. Er verlor alle Religion; aber Gottes Langmuth erhielt ihn als ein ausgeson-
dertes Werkzeug. Er wurde als Matrose
auf ein Kriegsschiff nach Ostindien gepreßt,
und sein trauriger hofnungsloser Zustand
brachte ihn, da er die Küsten Englands nicht
mehr sehen konnte, beinahe zu der Verzweiflung, sich ins Meer zu stürzen. Unter der
schlechten Gesellschaft fieng er an, am Daseyn
Gottes und der Unsterblichkeit der Seele zu
zweifeln, uud er wurde bald als ein gottes-
vergessener Mensch ausgezeichnet. Wie sie

an die, afrikanischen Küsten kamen, und ein
Sclavenhändlerschiff trafen, hat er den Capitain, ihn lieber unter diesen Wilden zu
lassen, als ihn mit nach Ostindien zu nehmen. Seine Bitte wurde ihm bewilligt,
und er kam mit dem Schiff in eine englische
Besitzung bey dem Fluß Scherbro in Guinea.
Hier erfuhr er die beschwerlichsten Mühselig-
keiten des Lebens, weil er einem sehr harten
Herrn dienen mußte. Er wurde völlig dem
verlohrnen Sohne gleich, und ob er gleich
wie freyer Engländer behandelt wurde, so
hatte doch sein Herr, und dessen Frau, die
eine Schwarze war, fast weniger Mitleid mit
ihm, als mit den Sclaven selbst. Merkwürdig war es indessen, daß, da er einst Citro-
nenbäume pflanzte, und sein Herr ihm zusahe,
die Frau spöttisch sagte, daß er vielleicht einmal selbst als Herr in bessern Umständen die
Früchte dieser Bäume einsammeln würde.
Sein damaliger Zustand ließ dieses gar nicht
hoffen — und doch hat er viele Jahre hernach, als er mit seinem eignen Schiffe dahin
kam, und diese Leute längst todt waren, wirklich Citronen von diesen Bäumen gesammlet.
Jetzt aber quälte ihn der Hunger oft so stark,
daß er die Wurzeln auf dem Felde ausraufte,
und sie roh verzehrte. Er hatte in der Jugend die Mathematik fleißig studirt, und
Euclides war sein Lieblingsautor. Das ein-

M 4   zige

zige Vergnügen, das er sich also machte,
war, daß er im Sande geometrische Figuren
zeichnete und sich die müßigen Stunden dadurch in seiner elenden Einsamkeit vertrieb.

Man hatte indessen in England von seinem Aufenthalt gehört, und ein gewisser Capitain hatte Auftrag, ihn mitzubringen. Mit
Freuden ergriff er die Gelegenheit. Unter-
wegs waren sie in der größten Gefahr unter-
zugehen, weil ein sehr heftiger Sturm dem
Schiff Mast und Segel nahm. Ein sehr
merkwürdiger Beweiß der über ihn wachenden
Vorsehung war, daß, da er auf einem Boote
ausgesendet werden sollte, er aber aus Verzug
zu lange ausblieb, ein anderer statt seiner ge-
schift wurde, worüber er selbst auf sich unwillig war. Den folgenden Morgen erfuhr
man, daß das Boot untergegangen wär. —
Auf demselben Schiffe hatte er einmal des
Nachts mit seinen Cameraden eine Trinkwette
angestellt, und im Taumel, da ihn sein Hut
über Bord fiel, wollte er nachspringen, ob
er gleich nicht schwimmen konnte, als er noch
ergriffen wurde. — Sie landeten endlich in
Irland. Er reißte nach Liverpool, um mit
einigen Kaufleuten in Gesellschaft des Sclavenhandels zu treten, und nachdem er diese
Angelegenheit zu Stande gebracht, eilte er
auf den Flügeln der Liebe nach dem geliebten

Mäd-

Mädchen, — die er nach sieben Jahren noch unverheirathet antraf. Die Neigung war gegenseitig, und es kostete nicht viel Schwierigkeit, ihr Herz und ihre Hand zu erhalten.

Ihre Liebe war zärtlich und anhaltend; aber seine Geschäfte nöthigten ihn bald wieder, sie zu verlassen. Die Engländer treiben starken Handel nach den afrikanischen Küsten, von denen sie Gold, Elfenbein, Färbeholz, Bienenwachs, und vorzüglich Sclaven holen. Im letzten Handelszweig war er begriffen, und trieb ihn, weil dabei ein Vermögen zu machen ist, aber immer zweifelte er an der Rechtmäßigkeit dieses Handels mit Menschenfleisch. So manche wunderbare Errettung aus Lebensgefahr; so manche innere Rührung; so manche Ermahnungen seines Gewissens trieben ihn, etwas anders zu ergreifen. Noch wußte er nicht, wozu ihn der Herr brauchen wollte. Aber er trieb indessen die lateinische, die griechische und hebräische Sprache auf dem Schiff, hauptsächlich das Wort Gottes verstehn zu lernen, zu dem seine ganze Liebe wieder aufwachte, nachdem er seine Kraft an seinem Herzen erfahren hatte. Besonders war es ihm merkwürdig, daß der Erlöser den Geist Gottes denen verheißen hat, die ihn darum bitten. Luc. 11, 13. Ist, so schloß er, ist

M 5   dieses

dieses wahr: so muß auch ich diesen Geist erhalten, wenn ich darum bitte, und nun legte
er sich ernstlich aufs Gebet. Er kam nach
England zuruk; seine liebe Frau, in welcher
durch Anhörung guter Predigten auch etwas
Gutes gewirkt worden war, empfieng ihn
mit unaussprechlicher Zärtlichkeit, und er
dachte von nun an darauf, das häusliche
Glück besser zu genießen. Er wurde mit
Whitefield bekannt, der damals überall so
viel Aufsehen machte; er wurde in die geheimen Erbauungsgesellschaften zugelassen;
man erkannte gar bald in ihm ein besonderes
Talent des Lehrens und des Gebets, das
durch seine innerliche und äusserliche Erfahrungen noch mehr erhöht wurde, und es
fügte sich zuletzt, daß er einer Gemeinde in
London als Lehrer empfohlen wurde, welche
Stelle er bis jetzt mit vielen Ruhme und
Nutzen verwaltet hat. Es sind auch von
ihm einige Erbauungsschriften herausgegeben
worden, worinn er die Schönheit der Schreibart mit der Gründlichkeit der Gedanken ver-
bindet.

Johann Gottlieb Burckhardt
Vollständige Geschichte
der Methodisten in England